KB215329

기쁜 일상을 위한

일상영성

The Glorious Pursuit

This edition issued by contractual arrangement with NavPress,
a division of The Navigators, USA.
Originally published by Navpress in English
as *THE GLORIOUS PURSUIT*, Copyright © 1998 by Gary Thomas
All rights reserved.

Korean translation copyright © 2015 by CUP, Seoul, Korea.

본 저작물의 한국어판 저작권은 알맹2를 통하여 NavPress와 독점 계약한 도서출판 CUP에 있습니다.
신저작권법에 의하여 한국 내에서 보호 받는 저작물이므로 무단 전재와 무단 복제를 금합니다.

기쁜 일상을 위한
일상영성

지은이	게리 토마스
옮긴이	윤종석
발행인	김혜정
표지 디자인	홍시 김민기
마케팅	윤여근, 정은희
초판	1쇄 발행_ 2015년 6월 25일 ǀ 2쇄 발행_ 2019년 9월 2일
개정판	1쇄 인쇄_ 2024년 2월 23일
	1쇄 발행_ 2024년 3월 5일
펴낸곳	도서출판 CUP
출판신고	제2017-000056호 (2001.06.21.)
주소	(04549) 서울특별시 중구 을지로148, 803호 (을지로3가, 드림오피스타운)
전화	(02) 745-7231
팩스	(02) 6455-3114
이메일	cupmanse@gmail.com
블로그	www.cupbooks.com
페이스북	facebook.com/cupbooks
인스타그램	instagram.com/cupmanse/

ISBN 979-11-90564-61-8 03230   Printed in Korea.
파손된 책은 구입한 서점에서 교환해 드리며 책값은 뒤표지에 있습니다.

게리 토마스의 일상영성 02

기쁜 일상을 위한
일상영성

The Glorious Pursuit

게리 토마스 | 윤종석 옮김

tP

The Glorious Pursuit

Gary L. Thomas

게리 토마스는 탁월한 이야기 실력을 십분 발휘하여 그리스도인의 성품을
예리하고 강력하게 그려낸다. 우리의 마음이 하나님께 활짝 열리도록, 그는
자신의 마음을 우리에게 활짝 연다. 뜨거우면서도 실제적인 이 책은 그리스
도 안에서 성숙한다는 것의 의미를 탁월하게 풀어낸다.

제임스 패커 | 리젠트 칼리지 신학 교수, 《하나님을 아는 지식》 저자

게리 토마스는 그리스도의 영성을 일상적인 언어로 기술하고 그리스도의
영성 가운데 자라갈 수 있는 실제적인 제안들을 내놓는다. 그런 점에서 우
리 모든 그리스도인들은 그에게 큰 빚을 졌다. 매우 값진 책이다.

고든 피 | 리젠트 칼리지 신약학 교수, 《탐욕의 복음을 버려라》 저자

그리스도인들이 겉모습에만 치중할 것이 아니라 내적으로 더욱 그리스도
와 연합하여 그분을 닮아가야 함을 일깨워주는 책이다. 적극적인 제안이 가
득한 통찰력 있는 이 책은 독자들의 제자도와 복음 증거의 질을 높이는 데
큰 도움이 될 것이다.

프랭클린 그레이엄 | 구호단체 〈사마리아인의 지갑〉 총재

기독교의 고전적인 영성을 찾아 떠난 게리 토마스의 여정은 우리 모두에게 유익을 끼친다. 그가 우리의 영광스러운 추구의 길잡이로 내놓은 이 책은 즐거움과 자극과 깊은 만족을 가져다 준다.

조지 그랜트 | Bannockburn 칼리지 인문학 교수

독특하고 흥미로운 이 책에서 게리 토마스는 그리스도인의 삶에서 영성이 차지하는 자리를 설명한다. 그에 따르면 영성이란 우리의 삶을 안에서부터 밖으로 변화시켜 삶에 기쁨을 가져다주는 힘이다.

존 애시크로프트 | 미주리 주 상원의원

달라스 윌라드 서문

그리스도를 살아계신 스승으로
다시 세우라

예수 그리스도의 제자도는 우리가 삶 속에서 얻는 최고의 기회이자 인류 전체가 난공불락의 문제들을 풀 수 있는 유일한 희망이다.

오늘날의 그리스도인들은 예수님의 성육신 시절 그분 곁을 걸었던 제자들과 연합된 존재다. 그때 그분의 제자가 된다는 것은 그분과 함께 있으며 배움을 통해 그분처럼 되어가는 것이었다. 그분의 학생 내지 제자가 되어 하나님 나라의 삶을 사는 것이었다. 그분의 제자들은 그분의 말씀을 듣고 그분의 행동을 보았다. 그리고 그분의 지도 하에 단순히 그분과 똑같이 말하고 행동하기 시작했다. 그들은 부족했지만 점점 성장해갔다. 그분이 가르치셨듯이.

"무릇 온전하게 된 자는 그 선생과 같으리라"눅 6:40.

오늘날도 똑같다. 다만 지금 세상에 두루 행하시는 분은 부활하신 주님이다. 그분은 우리를 불러 자신을 신뢰하라 하신다. 예수님을 의지하는 자들은 그분이 인생살이를 아심과 "마음이 온유하고 겸손하신 예수님의 멍에를 메고 배우는"마 11:29 우리에게 예수님의 생명을 부어주심을 믿는다.

예수님의 멍에를 멘다는 것은 예수님의 일에 동참하여 내 일과 그분의 일이 일치되게 하는 것이다. 예수님을 믿는다는 것은, 우리 삶이 예수님께 완전히 잠기는 것이야말로 우리에게 있을 수 있는 최선의 일임을 아는 것이다.

이렇게 완전히 잠긴 삶으로 '예수님께 배우는' 것이 곧 "먼저 그의 나라와 그의 의를 구하는"마 6:33 방식이다. 그 결과 우리는 점점 말에나 일에나 범사를 마치 그리스도가 하시는 것처럼 할 수 있게 된다골 3:17. 그리스도의 제자로서 우리가 배우는 것은 특별한 종교적 활동을 수행하는 법이 아니라 삶의 매순간을 하나님 나라의 실체로 살아가는 법이다. 나는 내 실생활을 예수께서 나라면 살아가실 그 방식대로 사는 법을 배우고 있다.

내가 배관공이나 점원이나 은행 지점장이나 주부나 선출된 관리나 노인이나 이주 노동자라 해도 나는 특별히 종교적 역할을 생업으로 하는 어떤 사람 못지않게 '풀타임' 기독교 사역자다. 예수님은 내 곁에 서서 내 모든 일 속에서 나를 가르쳐 하나님 세상을 살게 하신다. 그분은 모든 상황에서 하나님 말씀 안에 거하는 법과 그리하여 그분의 참 제자가 되는 법을 내게 보이신다. 그래서 나는 어딜 가나 하나님 세상의 실체를 찾을 수 있고 따라서 죄와 악의 속박에서 벗어날 수 있다요 8:31~32. 우리는 인간적으로 불가능한 상황에서도 선하고 옳은 길을 갈 수 있게 된다. 우리 삶과 말은 하나님의 실체에 대한 끊임없는 간증이 된다.

어려운 배관 일을 앞둔 배관공은 다른 사람에게 그리스도를 전하는 사람이나 회중을 위해 교안을 작성하는 사람만큼이나 자기 일에 하나님 나라를 통합할 줄 알아야 한다. 이 점이 분명하지 않은 한 우리는 삶과 하나님을 연결지으신 예수님의 속뜻을 놓칠 수밖에 없고 자동으로 우리 삶의 대부분은 신앙과 제자도의 영역 밖으로 밀려나고 만다. 예수님은 지상 생활의 대부분을 블루칼라 일꾼으로 사셨다. 오늘날 같으면 '독립 하청업자' 라 할 수 있다. 나중에 하나님 나라의 삶에 대해 가르치실 모든 내용을 그분은 그 직업 속에서 실천하셨다.

내가 주로 묵상하는 예수님 '말씀' 은 신약성경 복음서에 기록된 말씀이다. 그분의 임재 안에서 나는 그분의 선한 교훈과 그것을 행하는 방식을 배운다. 삶이란 위로부터 오는 것이 아니라 구체적으로 내 상황 속에서 받는 것이다. 은혜의 반대는 수고이며, 그 은혜는 노력으로 얻어지는 것이 아님을 배워야 한다.

예컨대 나는 남들을 바보, 멍청이, 천치라 부르는 등^{마 5:22} 타인을 비하하는 언어를 삼가고 대신 점차 사람들을 하나님의 방식에서 자연스레 흘러나오는 존중과 애정으로 대하게 된다. 그것은 다시 나의 대인관계 방식 전체를 긍휼 쪽으로 변화시키며, 인간관계의 통상적 냉담함과 잔혹함은^{학대와} _{살인의 자연스런 기초가 되는} 단지 생각조차도 할 수 없게 된다.

물론 '예수 그리스도께 배우는' 삶은 그분의 사람들 속에서 이루어져야 한다. 그들은 그분의 명령대로 제자를 삼아 삼위일체의 이름의 실체로 감싸고 '내가 너희에게 분부한 모든 것을' 가르쳐 지키게 할 자들이다^{마 28:20}. 단 우리가 삼는 제자들은 그분의 제자이지 절대 우리의 제자가 아니다. 우리는 그들과 함께 나란히 그분의 제자다. 너무 앞서가는지 몰라도 우리는 사도 바울처럼 말할 수밖에 없다. "내가 그리스도를 본받는 자 된 것같이 너희는 나를 본받는 자 되라"^{고전 11:1}.

그분의 사람들 속에 그리스도를 살아계신 스승으로 다시 세우는 것, 이 것이야말로 오늘날 기독교 사역과 본서의 주요 임무다. 역사가 발달을 거듭하면서 예수 그리스도는 도외시되어, 단지 죄를 위한 희생물이나 사회적 선지자와 순교자 역할로 전락했다. 그러나 스승이 없는 곳에는 학생이나 제자도 있을 수 없다.

그분의 학생이 될 수 없다면 우리는 언제 어디서나 그분 말씀의 부요와 능력 속에 존재하는 삶을 배울 길이 없다. 삶의 실제적 세목에 관한 한 마치 버려진 존재인 냥 그저 허우적거릴 수 있을 뿐이다. 바로 이것이 오늘날 수많은 선량한 그리스도인들이 처한 자리다. 하지만 이는 "내게로 오라 … 그리하면 너희 마음이 쉼을 얻으리니"^{마 11:28~29}라고 말씀하신 분의 의도가 아니다.

본서는 이렇듯 기독교 영성계발의 새로운 비전을 제시하고 인간 실존의 모든 구체적 차원 속에서 그리스도의 성품이 일상생활 가운데 우리 영과 몸과 마음의 자연스런 표출이 되는 전인적 제자로 세우는 데 큰 도움이 될 것이다.

달라스 윌라드 | 《하나님의 모략》, 《잊혀진 제자도》 저자

하나님은 우리가 처음 지음 받았던 모습으로 돌아가기를 원하신다

오늘날 영적으로 만족하지 못하고 살아가는 그리스도인들을 주변에서 많이 보게 된다. 어떻게 하면 더 나은 사람이 될 수 있을까? 어떻게 하면 하나님이 내 삶 속에 더 생생하게 임재하실 수 있을까? 하며 고민하는 사람들이다.

성경에 나와 있듯이 하나님은 우리가 처음 지음 받았던 모습으로 돌아가기를 원하신다. 바로 하나님의 아들딸의 자리다요 1:12~13. 하나님은 우리를 구원하시는 일 외에도 우리의 가장 내밀한 모습을 그분의 형상으로 회복시키기 원하신다. 이것은 즉각적인 변화가 아니라 점진적인 변화이며, 하나님이 하실 몫과 우리가 할 몫을 구분해 생각해 보게 한다.

예수님은 "내 아버지께서 이제까지 일하시니 나도 일한다"요 5:17고 하셨다. 그러므로 먼저 우리를 그분의 실체와 임재 안에 깨어나게 하는 것, 그리고 죄의 파괴성과 그분 없는 삶의 허무함을 우리에게 일러주는 것은 그분의 일이다. 이 일, 즉 우리를 향한 하나님의 역사役事를 우리는 은혜라 한다. 우리는 은혜로 구원받았다. 그리고 바울의 말대로, 우리가 "거울을 보는 것같이 주의 영광을 비추게" 되기까지 우리에게 성장과 변화의 능력을 주는 것도 은혜다.

하지만 보이지 않는 하나님은 어떤 모습일까? 예로부터 그리스도인들은 독생자 예수 그리스도의 정신 안에서 하나님의 형상을 볼 수 있음을 알았다히 1:3. 예수님의 인격을 들여다보면 겸손, 인내, 사심 없는 사랑 등 보이지 않는 하나님 성품의 찬란한 특성들이 점차 보이게 된다.

시프리안Cyprian에서 어거스틴에 이르기까지 초기와 후기의 교부들은 "하나님을 본받는 자"엡 5:1 되라는 바울의 권면을 이어받아 그러한 내적 특성들의 성장에 주안점을 두었다. 토마스 아 켐피스의《그리스도를 본받아》와 클레어보의 버나드Bernard of Clairvaux의 논문들 같은 중세기 고전과 보다 최근 들어서 앤드류 머레이의 거의 모든 저서와 특히《겸손》이라는 작은 보물 같은 책에 그 주제가 담겨 있다. 그들이 알았고 기록으로 남긴 그 특성들은 또한 그리스도의 신령한 '성품'으로도 알려져 있다.

여기서 우리가 할 몫이 나온다. 교회사를 통해 분명히 알 수 있듯이, 하나님이 우리의 안팎에서 일하시는 동안 그분께 반응하여 변화를 이루는 것이 우리의 몫임을 그리스도인들은 알았다. 어떻게 반응해야 할까? 자기중심적 성품을 축으로 흉하게 일그러진 우리의 모습을 날마다 의식적으로 그분께 보다 온전히 내어드려야 한다. 또 그리스도의 성품대로 우리의 속사람을 다시 빚으시는 하나님의 작업에 우리의 노력을 합해야 한다. 그럴 때 우리의 일상생활의 문제와 갈등과 도전 속에 겸손, 견고함, 사랑, 절제 등의 그리스도의 성품이 서서히 나타나고, 우리는 "모든 사람에게 비취기"[마 5:15] 시작할 것이다.

지금부터 우리는 게리 토마스와 함께, 그리스도 예수 안에 찬연히 빛나는 많은 중요한 '영성'을 탐색하게 된다. 그는 하나님이 사용하시는 평범한 상황들 속으로 우리를 데려간다. 그리고 그 선하신 분께 반응하도록 그분의 신성을 삶 속에서 비취게 하라고 우리를 촉구한다.

이 책이 그리스도를 닮으려는 당신의 삶에 그리스도의 성품을 심어주고 변화의 삶을 경험하게 해주리라 믿는다.

데이빗 해저드 | NavPress 편집자

감사의 말

이 책을 편집해준 데이빗 해저드와 로리 미셸, 수 가이먼, 낸시 맥앨리스터의 수고에 깊이 감사드린다.

밥 스톤 박사의 영감과 기도와 우정에 영적으로 큰 빚을 졌다.

집필 과정의 여러 시점에서 테리 글래스피, 댄 리틀, 돈 휘트니 박사, 에번 하워드 등 몇 사람이 중요한 역할을 맡아 제안과 요긴한 비평을 해주었다. 그밖에 롭과 질 다케무라, 로저와 데브 엘레프슨, 더그와 수잔 소슨, 진 브라이튼바크, 브레이드 바빙크도 이 모양 저 모양으로 많은 격려와 도움을 주었다.

이 책의 저작권 대리인인 캐시 얘니에게 특별히 감사한다.

아울러 내가 즐겁게 글 쓰는 삶을 살 수 있도록 지원해주는 가족들에게 큰 빚을 지고 살고 있다. 이번에도 시종 아내 리자의 도움을 크게 받았으며, 늘 그렇듯이 앨리슨, 그레이엄, 켈시의 아버지가 된 기쁨은 아무리 감사해도 다함이 없다. 이들이 나의 소명을 이해해주기에, 나의 삶은 커다란 축복이 되어왔다.

마지막이자 가장 중요하게, 책을 쓰는 동안 하나님과 동행한 일은 나에게 특별히 보람된 경험이었다. 그때그때 이 책에 끼어든 작은 '섭리'의 사건들이 너무나 많아서 그분과 공저하고 있다는 느낌을 내내 떨칠 수 없었

다. 그 공로는 마땅히 참 포도나무요 농부이신 하나님께 돌아가야 한다요
15:1~8.

 그분을 떠나서는 아무것도 할 수 없다.

"

누군가를 사랑하면
그 사람을 마음 아프게 하기 싫어지는 법이다.
마찬가지로 우리가 하나님을 사랑하게 되면,
죄와 악습과 악한 태도에 대한 우리의 욕망과 갈증이
서서히 줄어들게 된다.

"

차례

추천의 글 *5*
달라스 윌라드 서문 *7*
편집자의 글 *12*
감사의 말 *15*

Part 01 잃어버린 삶의 예술, 일상영성

01. 변화와 성장은 가능하다 *23*

02. 그리스도의 거룩한 통로가 되자 *37*

03. 우리는 그리스도를 닮을 수 있다 *55*

Part 02 그리스도를 닮아가는 영광스러운 추구

04. 겸손 I 겸손은 영혼의 집을 떠받드는 뿌리이다 *77*

05. 겸손 II 속사람에 겸손의 옷을 입히자 *95*

06. 내어드림 주도권을 하나님께 맡기라 *113*

07. 초연함 하나님을 사랑함으로 자유하라 *129*

08. 사랑 영혼의 에너지를 하나님께 집중시키라 *147*

09. 순결 순결의 뿌리는 영적 충만함이다 *165*

The Glorious Pursuit

10. 베풂 베풂에서 오는 자유를 누리라 *185*

11. 주의력 성령께 우리 삶에 보여주실 시간과 공간을 허락하라 *199*

12. 인내 삶을 받아들이고 하나님과 사랑에 빠지라 *213*

13. 감사 감사는 삶에 동력을 주는 연료이다 *225*

14. 온유함 온유는 내적 힘과 절제와 회복력을 준다 *243*

15. 분별력 하나님의 아름다움에 눈뜸이 분별력의 열쇠 *259*

16. 견고함 하나님의 공급을 의지하는 내면의 힘 *277*

17. 순종 순종은 충만한 삶으로 나아가는 추진력 *293*

18. 회개 회개는 참된 기쁨의 영적 서곡이다 *309*

에필로그 하나님은 우리의 참 삶을 생생하게 돌려주신다 *325*

주 *331*

잃어버린
삶의 예술,
일상영성

Part 1

변화와 성장은 가능하다

일단 하나님을 당신 안에 모시면

당신 안에 하나님이 계신다.

그 하나님은 당신 안에 전기를 일으키는 발전기이다.

피터 크리프트

1949년 8월 20일, 〈워싱턴포스트〉지 1면에 약간 희한한 헤드라인이 실렸다.

"귀신의 손아귀에 잡혀 있었던 마운트 레이니어의 남자아이, 신부를 통해 자유를 얻다."

축사逐邪가 벌어진 곳은 세인트루이스였지만, 이 기사가 〈워싱턴포스트〉에 대서특필된 것은 열세 살 된 그 아이가 워싱턴 D.C. 근처 소읍인 메릴랜드 주 마운트 레이니어 본토박이였기 때문이다.

'로비'라는 남자아이는 무당인 친척 아주머니와 아주 친했었다. 아주머니가 죽은 후로 로비가 있는 방 안에서 물체들이 날아다니기 시작했다. 로비의 가족들은 자기들의 사제인 워싱턴 D.C. 성 스데반 복음주의 루터교회의 루터 마일즈 슐츠 신부에게 도움을 청했다. 슐츠는 반신반의하면서 로비를 자기 방으로 데려가 관찰했다. 로비가 누워 있는 침대가 슐츠 앞에서 흔들리기 시작했다. 슐츠는 매트리스를 바닥에 놓았다. 로비가 위에 누운 채로 매트리스가 다시 침대 위로 올라가 있었다.

당황한 슐츠는 로비의 상황을 천주교회가 잘 안다며 그 가족을 성 제임스 천주교회로 보냈다.

어느 젊은 천주교 사제가 축사 의식을 맡았다가 경험 부족으로 단단히 혼쭐이 났다. 축사의식 도중에 로비가 침대 스프링을 뜯어서 사제를 어깨부터 팔목까지 후려 쳐서 120바늘도 더 꿰매야 하는 상처를 입혔던 것이다. 젊은 신부는 좌절감을 느끼고 포기했다.

가족들은 결국 로비를 세인트루이스로 보내 윌리엄 보던 사제 밑에 두고 그에게 축사 의식의 재량을 주었다. 진을 빼는 영적 싸움이 6주 동안 이어졌다. 그리고 결국 1949년 4월 18일, 부활절 다음 월요일에 로비는 자유를 얻었다.

로비는 과거의 기억을 다 잊었지만 메릴랜드의 옛 이웃들은 사정이 달랐다. 로비의 가족이 살던 집은 곧 '귀신의 집'으로 알려졌고, 로비 일가가 세인트루이스로 이사 간 뒤로 그 집은 마운트 레이니어의 팔리지 않는 애물단지가 되었다. 아무도 그 근처에 얼씬거리지 않았다.

결국 마운트 레이니어 당국은 그곳을 공원으로 만들어 아이들의 놀이터를 짓기로 했다. 그런 사건에 뒤따르는 공포와 의혹을 감안해 시 당국은 집을 완전히 허물고 땅까지 깊이 파낸 다음, 외부에서 공수한 새 흙으로 구덩이를 메웠다.

한 아이가 영적인 흑암 중에 살던 그곳에서 지금은 아이들이 뛰어다니며 술래잡기를 하고, 가족들이 산책하며 피크닉을 즐기고 있다. 한때 쓸모없이 버려졌던 곳이 새 생명을 얻은 것이다.

어떤 의미에서 이것은 하나님이 우리에게 해주시려는 일을 생생히 보여주는 그림이다. 꼭 귀신에 씌어야만 자기중심적 삶의 감옥에서 해방이 필요한 것은 아니다. 이런 변화가 소위 '회심'의 순간에 즉시 일어나기를 바라는 사람들도 많이 있다. 그러나 누구나 알고 있듯이, 우리에게는 첫 회심 이상의 것이 필요하다. 바라던 자유와 변화가 오지 않았거나, 잠깐 나타났다가 슬그머니 사라졌기 때문이다.

진실로 우리는 새롭게 되는 과정이 필요하다. 우리의 영혼을 깊이 파내고 뭔가 새것으로 채워서 옛 삶의 터전에 새 삶을 세워야 한다. 우리는 구습에서 헤어나지 못하고 있고, 권태롭거나 지리멸렬한 삶에 갇혀 있으며 헛된 욕망과 재물에 매여 있다. 이런 우리를 하나님께서 받아 주셔서, 영적 변화라는 기적을 통해 우리 자신에게서 구해주시기를 우리는 원한다. 우리 성품의 거슬리는 모습들을 파내시고 새로운 생기生氣로 바꾸셔서, 우리 안에서 그리스도의 삶이 열매 맺는 새로운 성품을 창조하시기를 원한다.

하나님은 우리를 그분의 형상을 지닌 자로 지으셨다. 우리는 모두 하나님의 특별한 모습을 반사하는 존재다. C. S. 루이스가 현대의 고전 《스크루테이프의 편지》에서 지적한 것처럼, 그분은 우리를 우리 자신에게서 '구하셔서' 우리 안에 '새 사람'을 지으려는 열심이 대단하시다. 고참 귀신 스크루테이프는 부하 웜우드에게 이렇게 설명한다.

"그들이 자아를 잃어야 한다는 하나님의 말씀은 시끄러운 아집을 버린다는 뜻일 뿐이다. 일단 그들이 그렇게 하면 하나님은 정말로 그들의 개성을 다 돌려준다. 그리고 그들이 전적으로 그의 것이 될 때 오히려 이전보다 더 자기다워질 거라고 장담할 수 있다."[1]

잠시 멈추고 자신을 예수님의 긍휼로 행하는 사람, 인내를 지닌 사람, 분별력이 있는 사람, 온유하되 당당한 사람, 하나님의 뜻과 목적에 따라 맡기는 사람으로 상상해보라. 이것이 예수께서 당신에게 주시려는 삶이다.

탐욕이 아니라 아름다움, 이기심이 아니라 후한 마음, 타협이 아니라 고결한 성품, 파괴적인 것이 아니라 창조적인 것이 당신의 동기가 되도록 변화시켜 주시려는 것이다.

그런 사람이 되고 싶은가? 그렇다면 우리 안에 하나님의 형상과 성품을 회복시켜 주는 오래 전부터 계속되어온 성경적 실천이 있다. 예로부터 기독교의 믿음의 스승들은 '그리스도의 영성의 실천'에 대해 말했는데, 이는 그리스도의 성품의 특성들 가운데 자라가는 과정을 뜻한다.

13세기에 쓴 토마스 아 켐피스의 작품 《그리스도를 본받아》대한기독교서회는 영적 성장 안내서의 고전이 되었고, 요한 클리마쿠스John Climacus의 《거룩한 등정의 사다리》은성, 아빌라의 테레사Teresa of Avila의 《영혼의 성城》성바오로, 십자가의 요한John of the Cross의 《가르멜의 산길》바오로딸도 마찬가지다. 위로부터 오는 '새 생명'은 한순간에 완성되는 것이 아니라 속사람이 다시 빚어지는 점진적 결과이다.

회심은 그리스도인의 삶의 시작에 지나지 않는다. 예수님의 성품에 뿌리를 둔 영성계발이 뒤따라야 한다. 우리가 그리스도를 믿고 그분과 동행하면 그분은 우리를 안에서부터 변화시켜 주신다. 우리가 영적으로 빚어지게 되는 것, 그것이 영성계발이다.

구원은 인간의 노력 없이 전적으로 하나님의 자비로 이루어지는 일이지만롬 9:16, 그리스도 안에서의 성장은 하나님과 그 자녀들의 협력을 요한다요일 3:3, 빌 2:12~13. 보디빌더들이 역기로 몸을 다듬는 것처럼 과거의 그리스도인들은 덕의 실천을 '훈련'으로 알았다. 그들은 회심의 기도를 드린 것만으로 거룩함이 '갑자기 나타날' 줄로 기대하지 않았다. 대신 그들은 영성계발을 하나의 의식적인 과정으로 이해했다. 야고보는 말한다.

"인내를 온전히 이루라. 이는 너희로 온전하고 구비하여 조금도 부족함이 없게 하려 함이라."약 1:4

플라톤은 지혜, 용기, 절제, 정의 등 네 가지 덕이 있다고 주장했고, 중세기 믿음의 스승들은 여기에 세 가지 '신학적' 덕인 믿음, 소망, 사랑을 덧붙였다. 과거 우리 신앙의 선배들은 추상적인 선善의 이상을 동경하기보다는 예수님의 '덕'을 즐겨 말했다. 그들에게 덕이란 주님의 내면생활을 보여주는 일련의 영적 속성 내지 마음의 태도를 뜻했다.

우리가 이 책에서 말하는 영성도 그런 뜻이다. 즉 영성이란 예수께서 이 땅에 사실 때 그분의 삶 속에 나타난 내적 성품과 행동이다. 우리가 지배하거나 조종하기보다는 섬기기를 선택할 때, 탐하거나 해치기보다는 존중하기를 선택할 때, 과격하기보다는 온유하기를 선택할 때 이 영성이 드러난다. 영성을 선택한다는 것은 곧 우리의 의지를 하나님께 맡기고 예수님처럼 행하겠다는 선택이다.

악덕을 행하는 것은 자아의 힘에 지배당한다는 뜻이다. 삶이 악덕에 지배당하면 분노와 이기심과 파괴가 아무렇게나 폭발하기 쉬운데, 이는 하나님이 우리를 부르시는 질서 있고 훈련된 삶과는 정반대다. 악덕은 자아를 왕위에 모신다. '나는 내 마음대로 하면서 나를 나 자신의 형상대로 만들 것이다.'

이는 자멸의 삶이다. 영성은 영적 건강을 부르지만 악덕은 우리를 안에서부터 죽이는 영적 암과 같은 존재이다.

이 책에 실린 영성의 목록은 예로부터 인정되어온 것에 기초한 것이다. 물론 이것이 전부는 아니다. 예컨대 소망처럼, 일부 잘 알려진 것은 여기서 다루지 않았다. 하지만 삶과 심령을 변화시켜줄 영성의 세계로 당신이 탐색을 나서는 데에는 여기서 논하는 것만으로 충분한 도움이 될 것이다.

우리가 살펴볼 영성은 예수님의 삶 속에서 쉽게 만날 수 있다. 그 중 가장 으뜸은 겸손이다. 예수님께서 아버지 곁을 떠나 친히 낮아지셔서, 온 인류를 위하여 고난 받는 종이라는 가장 비천한 자리를 취하셨기 때문이다. 겸손의 실천은 우리가 하나님의 권위와 주권 아래에 있다는 것을 상기시키는 평생의 고된 작업이었다.

예수님의 다른 영성으로는 하나님의 뜻과 목적에 주도권을 내어드림, 세상의 안전장치에 의존하지 않는 초연함, 사리사욕이 없는 사랑, 청결한 마음에서 솟아나는 순결, 관용, 영혼을 지키는 주의력 우리 삶을 좌우하는 세력들이 마음에서 나오므로 등이 있다.

아울러 장기적인 성장과 씨름 중에 우리 자신과 타인들을 참아주는 인내, 영안靈眼으로 하나님을 식별할 줄 아는 분별력, 모든 것이 하나님의 손에서 왔음을 알기에 범사에 드리는 **감사, 온유함,** 사람들과 환경이 우리를 등져도 기운을 잃지 않는 **견고함**도 있다. 그밖에도 하나님의 뜻에 협력하는 **순종,** 우리가 범한 과오를 적극적으로 바로잡고 피해를 보상하는 **회개**도 있다예수님은 진정 죄가 없으시지만 우리는 그렇지 못하다. 그래서 우리 각자를 비롯해 타락한 인생들을 위한 기독교의 고전적인 영성의 목록에 회개를 포함시켰다.

영성은 내면의 태도로 이해되었는데, 이런 태도를 통해 예수님은 한 인간으로서 하나님과의 관계, 그리고 다른 사람들과 바른 관계를 유지하는 법을 우리에게 보여주셨다. 많은 그리스도인들이 예수님의 이러한 성품들 가운데 자라가면서, 그들의 성품이 진정으로 변화되었다. 그래서 영적 성장은 성경이나 교리에 대한 지식으로만 아니라 성품의 성숙도를 기준으로 가늠할 수 있다. 그리고 진정한 영속적 변화는 변화된 마음에서 나오는 것으로 이해된다.

오염된 영성

안타깝게도 '그리스도의 영성의 실천'은 오염된 역사를 가지고 있다. 영성이 그리스도인들에게 죄책감과 열등감을 조장하는 도구로 사용된 시절이 있었다. 또 겸손과 회개 등의 영성을 사람들에게 의무로 강요한 시절도 있었다. 그래서 교회사를 돌아보면 겉만 번지르르한 장면들도 보인다. 소위 고행과 회개의 행위로 대중 앞에서 자기 몸을 채찍으로 때리던 사람들이 그런 경우다. 겉모습의 과시가 아니라 우리 존재의 골방에서부터 시작되어야 할 것을 얼마나 심각하게 오해한 것인가. 내면에서 시작되는 영성만이 우리에게 영혼으로부터 능력을 입혀서, 옛 죄와 자기중심성에서 자유를 얻게 한다.

다행히 오늘날 그리스도인들이 영성의 실천을 말씀과 기도 가운데 하나님의 뜻대로 사는 것으로 바로 인식하게 되었다. 이것은 어떤 신비로운 경험이나 비밀스런 지식이라기보다는 영적 성장의 원리에 대한 기본적인 이해를 필요로 한다.

회심의 시점에서 우리의 이상과 현실적 행동 사이에 간격이 있음을 믿음의 선배들은 알았다. 우리는 이 사실을 부정하거나 외면하고 싶을지 모른다. 그리스도인이 회심과 함께 바로^{혹은 회심 후 얼마 안되어} 변화되는 것이라고 믿고 싶을 것이다. 우리는 진정한 영적 성장과 영성계발의 다소 수고스러운 과정을 피해가기 원한다. 그러나 옛 신앙의 선배들은 속지 않았다. 그들은 성품의 변화라는 고되지만 보람된 작업을 그리스도인이라면 누구나 겪는 정상 경로로 보았다. 나쁜 습관을 끊는 데나 좋은 습관을 들이는 데나 시간이 걸리는 것은 상식이다. 기꺼이 배워서 안에서부터 변화되려는 마음이 있다면, 그 사람은 결국 참된 지속적 변화를 보게 될 것이다.

그러나 오늘날 '영성'이라 하면 많은 사람들이^{일부 그리스도인들까지도} 섹스와 쾌락이 없는 무채색 실존을 말하는 줄로 생각한다. 청교도주의를 보는 시각이 왜곡되어 그 실체가 우습게 변질된 것처럼, 영성이란 것도 그렇게 정의되어 왔다. 영성이란 이것저것을 해서는 안 된다는 뜻이라는 것이다. 그러나 선인들이 말하는 성경적 영성은 긍정적인 삶이며 우리가 될 수 있는 모습이다.

예수께서 우리에게 원하시는 삶은 해야 할 일들과 해서는 안 될 일들의 목록에 기초한 것이 아니다. 또 그것은 영적인 행위에 근거한 척도로전도, 성경 읽기, 교회 출석 등을 얼마나 하거나 하지 않는가 따위로 정확히 측정될 수도 없다. 영성의 삶이 자신을 타인과 비교하면서 분투하는 삶이 아닌 것은 더 말할 나위도 없다. 영성의 삶이란 당신 안에 사시며, 당신 안에서 더 확연히 자라기 원하시는 예수 그리스도의 생명과 특성들이 천천히 밝아오는 것이다.

그리스도의 영적 성품 가운데 자라는 법을 배운다고 해서 당신 자신의 삶을 잃는 것은 아니다. 오히려 옛날에는 이것이, 당신의 삶을 당신에게 돌려주시는 하나님의 우선적인 방법으로 이해되었다. 말 그대로 영성이란 우리를 그 아들의 형상으로 다듬어 가시는 하나님의 조각칼이다. 우리 안에 있는 그분의 생명을 경험하는 것은 곧 예수께서 "내가 온 것은 너희로 생명을 얻게 하고 더 풍성히 얻게 하려는 것이라"[2]고 약속하신 그 삶 속으로 들어가는 것이다.

물론 우리는 이 땅에서 영원한 삶의 모든 것을 경험할 수는 없다. 죄 없이 완전한 상태와 완성된 변화는 이 땅에서는 불가능하다. 그러나 예수 그리스도의 성품을 철저히 닮고, 그런 의미에서 삶을 '더 풍성히' 사는 것은 가능한 일이다.

허비한 인생, 보람된 인생

대학 동창회에 참석하자고 했더니 '제니퍼'는 기겁을 했다.

"뭐가 어때서?"

내가 물었다.

"예전 내 행동거지를 생각하면 그 사람들 얼굴을 다시는 못 보겠어. 내 인생에서 그 4년을 지워버릴 수 있다면 얼마나 좋을까!"

아무렇게나 살았던 제니퍼에게 남은 것은 값진 추억보다는 후회의 계절이었다. 하나님이 우리에게 삶을 돌려주시려 하신다는 말이 바로 그런 의미다.

C. S. 루이스 소설의 한 등장인물처럼 인생의 끝에 이렇게 말해야 한다면 얼마나 서글픈 일인가.

"이제 와 돌아보면 나는, 꼭 해야 할 일도 아니고 그렇다고 내가 좋아하는 일도 아닌 것들을 하느라 인생을 거의 다 날렸다."[3]

그리스도의 성품 가운데서 자라가면 당신은 후회의 나날을 보내지 않게 된다. 오히려 초점이 분명한 인생, 보람되고 이타적인 인생을 살아가게 된다.

훌륭한 영성은 우리에게 좋은 평판을 얻게 하고, 솟구치는 열정과 같은 생의 낙을 가져다준다. 피터 크리프트Peter Kreeft는 경건한 영성의 삶을 '영혼의 건강'[4]에 견주었다. 놀라운 생각이 아닌가? 하나님은 당신의 영혼이 건강하기를 원하신다! 그리스도의 영성을 실천하는 법을 배운다고 해서 당신이 이 땅에서 천국으로 옮겨지는 것은 아니지만, 천국의 생명력 있는 능력이 이 땅으로 임하게 된다.

다음 두 장에 걸쳐서 우리는 그리스도의 영성과 임재로 우리가 어떻게 내면으로부터 변화되는지, 그 역동성과 본질을 살펴볼 것이다. 그러고 나서 각각의 영성을 하나씩 살펴보면서, 그 중요성을 알아보고 그것을 일상생활에 실천하는 간단한 방법들을 보여줄 것이다.

이를 통해 우리는 하나의 잃어버린 예술을 되찾고자 한다. 많은 사람들로부터 검증되었고 옛 신앙의 선배들이 실천했던 반석같이 든든한 지식을 되찾고자 한다.

영성의 학교는 진실로 도움이 된다.

당신은 내면에서 솟구치는 샘처럼 활력 있는 삶을 살고 싶은가? 우리 삶의 무거운 짐과 도전에 대응할 영적인 힘을 갈망하는가? 당신 안에 계시고 동행하시는 하나님의 임재에 대한 지식을 찾고 있는가?

그리스도 안에서의 변화와 성장은 가능하다.

그것은 하나님의 약속이자 우리에게 주어진 유산이다. 그것은 우리가 지금까지 바라온 영혼의 새 생명이며, 하나님이 우리에게 온전한 삶을 돌려주시는 검증된 방법이다.

02
그리스도의
거룩한 통로가 되자

그러므로 인생은 의가 아니라 의 가운데 자라는 것이다.
건강이 아니라 치유이고,
다 된 상태가 아니라 되어가는 과정이며,
안식이 아니라 훈련이다.
우리는 장차 완성되어질 모습에 아직 이르지 못했으나
그것을 향해 자라고 있으며,
그 과정은 아직 끝나지 않고 계속되고 있다.
이것은 종착역이 아니라 가는 여정에 있으며,
모든 것이 영광중에 빛나지는 않지만
모든 것이 정결케 되고 있는 중이다.

마르틴 루터[1]

　피곤한 한 주를 보내고도 아직 힘든 시간이 2~3주 더 나를 기다리고 있었다. 서부에서 동부로 가는 길이어서 나는 통로 쪽 좌석을 부탁했다. 일할 공간이 필요했다.

　"손님, 죄송합니다. 가운데 좌석밖에 남은 게 없습니다."

　항공사 직원이 말했다.

　"정말입니까? 비행기가 만원인가요?"

　"네."

　나는 한숨을 내쉬며 줄을 서서 탑승했다. 비행기 안에서 일을 못하게 될 것은 뻔했다. 어깨에 멘 가방에서 책 한 권을 꺼내들고는 내 좌석을 찾았다. 꽤 거구인 어떤 남자와 한 할머니의 가운데 자리였다.

　내가 아직 안전벨트도 매지 않는데 할머니가 말을 걸었다.

　"캘리포니아에 사시오?"

　"아뇨. 이쪽에는 업무 차 왔습니다."

　일흔 줄로 보이는 할머니는 자태가 고왔다. 평범한 할머니였다. 하지만 여러 행사에서 강연한 뒤라 피곤했던 나는 손안에 든 책을 아쉬운 듯 바라보았다. 책 속에 탈출구가 숨어 있었지만, 책장을 편다면 무례가 될 것 같았다.

"미안해요. 책을 읽으려던 게로군."

내 시선을 눈치 챘던지 할머니가 말했다. 나는 정중히 웃으며 책을 폈다.

"그저 말할 기회가 별로 없다 보니…. 15년 전에 영감이 죽은 뒤로 그리 됐다오."

할머니가 나직이 말했다.

할머니의 말은 정신적 레슬링처럼 나를 메쳤다. 나는 피곤했고, 몇 가지 개인적인 압박감에 눌려 자기연민에 차 있었기 때문이다. 대륙을 횡단하는 4시간만이라도 홀가분하게 있고 싶은 이기심이 발동했다. 그런데 그 상황에서도 퍼뜩 떠오르는 생각이 있었다. 얼마든지 다른 자리가 배정될 수도 있었는데 나는 왜 하필 이 할머니 옆에 앉게 되었을까? 최소한 하나님이 나를 4시간 동안 외로워서 말상대를 원하는 이 할머니 곁에 두셨는지도 모르지 않는가.

"그러셨군요. 자제분들은 있으십니까?"

나는 책을 제쳐두며 말했다.

할머니의 얼굴이 약간 밝아졌고 그렇게 대화가 시작되었다. 나는 할 수 있는 한 할머니의 말을 이끌어내고 의견을 묻고, 삶을 엿보았다. 할머니는 그리스도인이었는데 다니는 교회가 몇 가지 어려움을 겪고 있었다.

책 속에 숨고 싶은 유혹이 나를 끌어당겼지만, 나는 할머니의 말씀을 많이 들었다. 나는 계속 이렇게 나 자신을 다독였다.

'이분은 하나님의 딸이다. 누군가 자기 얘기를 들어줄 사람이

마땅히 있어야 할거야.'

비행이 끝났을 때 놀라운 일이 벌어졌다. 비행기에서 내리는 순간 나는 붕 뜨는 기분이었다. 더 적절한 표현이 없다. 나는 하나님이 처하게 하신 상황에 단순히 따른 것뿐인데, 거기서 그리스도의 임재를 맛볼 수 있었고, 내 내면은 놀랍도록 새로워져 있었다. 이전의 압박은 달라진 게 없었지만 내 심령을 별로 짓누르지 않았다.

어떻게 된 것일까? 지금 생각해보면 이렇다.

나는 그 상황을 내 시간을 빼앗는 우발적 상황이 아니라, 하나님이 처하게 하신 상황이라고 믿고 그 상황에 반응했다. 나 자신의 계획이나 안위보다 더 높은 부르심에 응하기로 작정한 것이다. 내 자리가 아버지의 인도하심과 지도 아래 있음을 깨달았다. 그것이 겸손이라는 영성의 핵심이다. 나는 내 뜻을 그분의 뜻에 내어드렸고, 그렇게 함으로서 예수님을 경험했다. 예수님이야말로 내 영혼의 참된 기쁨이므로 내가 잔잔한 희열을 느낀 것은 당연했다.

이 사건을 비롯한 몇몇 경험들을 통해 나는 영성의 실천이 예수님을 경험하는 대로大路임을 깨닫게 되었다. 경청기도를 통해 하나님을 만나는 것처럼, 우리는 그리스도의 영성을 실천함으로 하나님의 임재에 들어갈 수 있다.[2]

하나님을 '경험한다'고 말할 때 우리는 두 가지 긴장에 부딪친다. 내적 체험으로, 즉 기도와 묵상과 고독과 정적 속에서, 또는 종교적 열정의 스릴 속에서 하나님을 경험한다고 주장하는 그리스도인들이 늘 있게 마련이다. 그리고 반대편에는 외적 행동으로, 순종

과 봉사를 통해서, 그리고 보다 지식적인 의미에서 하나님을 경험
한다고 주장하는 그리스도인들도 있다.

그러나 이런 시각에는 한계가 있다. 외적 행동을 지나치게 강조
하면, 능력을 입혀주시는 하나님의 은혜와 사랑을 잘 모른 채 완전
주의를 지향하는 율법주의자들이 나오게 된다.

다른 것들은 제쳐둔 채 성경 지식만 강조하면, 머리로는 옳은 교
리를 꿰고 있지만 지식대로 살려는 뜨거운 마음은 별로 없는 그리
스도인들이 나온다.

또한 내적 체험을 지나치게 강조하면, 그리스도의 자기희생적인
성품을 살리지 못하는 혼자만의 '깨달음'만 좇다가 끝날 수 있다.
성경의 권위와 단절되면 개인의 체험이 곧 하나님이 된다. 자칫 우
리는 자신의 깨달음과 체험을 은근히 자랑하는 위선자가 될 수 있
으며 그 결과, 연합과 섬김의 공동체인 그리스도의 몸 안에서 자기
자리를 찾지 못하게 된다.

그리스도의 영성을 본받는 과정은 영혼의 내적 실체와 일상생활
속의 외적 행동을 이어줄 수 있다. 나는 "알겠습니다, 하나님! 이
순간 저를 향한 하나님의 부르심에 응하겠습니다"라고 말했다. 내
면의 태도는 나를 행동으로 이끌어주었다. 책을 제쳐두고, 나의 관
심과 나눔이 필요한 하나님의 자녀에게 내 시선을 돌린 것이다. 그
리고 그 결과 나는 하나님께서 맡겨 주신 일에 그분과 협력하는 기
쁨을 경험했다.

그 이후로 하나님의 이런 주선周旋을 더욱 민감하게 살피게 되었

다. 최근에 나는 어떤 할머니에게 무거운 가방을 들어드려도 되겠느냐고 물었다. 할머니는 깜짝 놀라며 좋아했다. 그리고 이렇게 말했다.

"내 평생 다른 사람들을 뒷바라지만 하며 살았는데, 다른 사람이 내 가방을 들어주다니 별일도 다 있구려."

그리스도께서 내 안에 살고 계시다는 내적 의식이 없다면, 낯선 사람의 무거운 가방을 들어주는 일은 기쁨 없는 종교적 의무가 될지도 모른다우리는 "내가 가방을 들어준 횟수가 충분한가? 최근에 들어준 적이 있는가?"를 스스로 따지게 될 것이다. 그런데 이제는 경험 자체가 달라진다. 나의 관심은 이제 봉사를 몇 번 하느냐가 아니라, 그리스도를 더 알고 싶다는 것이다. 그것도 머리의 지식이 아니라 마음의 지식으로 말이다. 나는 야고보가 말한 것을 원하는 마음이 생겼다.

"하나님 아버지 앞에서 정결하고 더러움이 없는 경건은 곧 고아와 과부를 그 환난 중에 돌아보고 또 자기를 지켜 세속에 물들지 아니하는 이것이니라."약 1:27

이 말씀을 말 그대로 행하는 사람들에게 하나님께서 친히 자신의 임재의 축복을 알려 주신다는 것을 알게 되었다. 그리고 나는 그 축복을 갈망한다.

나는 후회하는 마음으로 출장길에서 돌아온 적도 있고, 그리스도 안에 사는 기쁨을 맛보며 출장길에서 돌아온 적도 있다. 그리고 내가 그 둘 중 어느 쪽을 원하는지는 뻔하다. 나에게 영성은, 후회 대신 보람을 안고 돌아오도록 도와주는 다리가 되었다. 후회는 영혼을 고갈시키고 힘을 쭉 빼놓는다.

당신도 후회로 괴로웠던 적이 있는가?

여기서 단지 죄에 대해 말하는 것이 아니다. 우리 안에 그리스도의 삶이 없다면, 산 죽음처럼 느껴질 수 있고, 그것은 무기력한 후회를 낳는다. 물론 나름대로 건전한 성경적 원리 아래서 도덕적으로 자신을 지키며 사는 사람들이 많다.

그러나 건강한 내적 성장이 없다면 우리는 본래의 타락한 영혼의 모든 병에서 여전히 헤어나지 못한다. 내적 성장은 자기 몰두, 무관심, 권태, 죄, 실패 등 영혼의 어떤 병에서도 이기게 하며 영적으로 온전히 살아 있다는 느낌을 갖게 한다.

당신은 고갈되어 있는가? 기독교가 다 그렇고 그런 것 같은가? 그리스도인답게 살려고 애쓰느라 지쳤는가? 당신의 삶에 그리스도의 실체가 느껴지길 원하는가? 그것이 당신의 상황이라면, 그리스도의 영성 가운데 자라가는 법을 배우는 것이 당신이 원하는 새로운 삶의 길이 될 수 있다.

우리 안의 그리스도

얼마간 나의 몇 가지 부정적인 태도 때문에 애를 끓인 적이 있었다. 예를들어 상점의 불친절한 고객 서비스나 경솔한 운전자들의 끼어들기 운전 등 사소한 일로 쉽게 짜증을 부렸다. 그런데 한 번은 어느 상점에서 혼자 찬송을 흥얼거리고 있다가 그런 나 자신이 위선자처럼 느껴졌다. 짜증을 내는 나쁜 태도를 버리거나 찬송을 버리거나 둘 중 하나를 선택해야 할 것 같았다. 나는 나쁜 태도를 버리기로 했다.

내 변화의 목표는 조금씩 앞으로 나아가는 것이었다. 나는 '다른 사고방식을 취해보면 어떨까?' 생각했다. 그렇다고 내 마음과 다르게 극단적인 낙관주의자인 동화 속의 폴리아나 같은 그리스도인이 될 수는 없는 것이었다. 모범답안처럼 "오, 주님. 오늘 길이 꽉 막혀서 비행기를 놓쳤으나 너무도 감사합니다. 이렇게 해서 성품이 자란다니 마냥 좋습니다"라고 한다면 그것은 연극일 터이고 실패가 뻔했다. 나는 내 파르르 하는 성격과 그리스도의 성품 사이의 간격을 직시해야만 했다.

그래서 나는 내면의 스트레스를 주님께 올려드리기 시작했다. 그때마다 나는 수용의 태도를 취했다. 내 차가 빨간 신호등마다 전부 걸릴 수도 있고 상점 직원들에게도 각자 고충이 있다는 사실을 받아들였다. 세상은 순탄한 곳이며 만사가 **당연히** 내 계획대로 돌아가야 한다는 비현실적인 시각을 버리기로 했다. 대신 세상은 맥빠지는 일들이 벌어지는 타락한 곳이라는 성경적 시각으로 긴장을 풀었다.

아침마다 나는 나 자신과 내 짐과 목표에 대한 집착을 의지적으로 버렸다. 그리고 내 **빡빡한** 스케줄 속에 하나님의 자리를 내어드려야겠다는 생각을 조금씩 하기 시작했다. 어떻게 하면 다른 사람들의 삶을 좀 더 즐겁게 해줄 수 있을까? 예컨대 웃어 보이거나 먼저 도움을 베풀거나 계산대 앞에서 묵묵히 기다리는 식으로 말이다. 나는 느릿느릿한 계산대 직원에게 인상을 쓰기보다는, 일을 척척 해내는 직원에게 칭찬을 건네기 시작했다.

나는 그리스도 안에서 영적으로 자라가기로 진지하게 결심했다. 이는 내 성품의 변화를 위한 헌신이었고, 예수님의 성품이 내 속에서 조금씩 더 자라도록 내 삶에 자리를 내겠다는 헌신이었다.

그 연습을 시작하고 꽤 시일이 흐른 어느 날, 나는 어느 할인점의 통로를 급히 지나고 있었다. 우리 막내딸 켈시는 내게 말을 하고 있었고, 상점은 혼잡했고, 나는 필요한 책을 찾느라 정신이 팔려 있었다. 나는 어서 그곳을 빠져나와야 했다. 슬슬 짜증이 돋기 시작했던 것이다.

선반을 훑어보다가 반대편에서 오는 여자와 거의 부딪칠 뻔했다. 그녀를 올려다보는데, 예전처럼 짜증이 치미는 것이 아니라 뭔가 다른 기분이 들었다. 내가 본 것은 어떤 방해거리나 짜증거리가 아니라 나와 똑같은 한 인간이었다.

"길을 막아서 죄송합니다."

여자는 당황한 표정으로 말했다.

"아닙니다. 저도 똑같이 길을 막았는걸요."

나는 대답했다. 여자가 가고 나자 그 광경을 지켜보고 있던 켈시가 말했다.

"아빠, 아빠는 왜 항상 그렇게 친절해요?"

항상 친절하다고? 쑥스러워 웃음이 났다. 켈시와 함께 다니지 않아서 천만다행이었던 때가 사실은 더 많았다. 하지만 이번만은, 눈에 띄는 내 안의 변화에 대해 감사했다. 어쩌면 새로운 습관의 시작이었는지도 모른다. 그리고 그것은 내 딸에게 결핏하면 짜증내던 아빠를 인내와 평안의 사람으로 바꾸어주실 만큼 예수님이 실제로 살아 계시다는 증거가 될 것이었다.

다른 사람들이 나를 짜증나게 만드는 것이 아님을 깨닫는 순간, 나는 성장에 눈을 뜨기 시작했다. 사실은, 짜증의 액즙 속에 은근히 절여진 내 속사람이 그들과의 접촉을 계기로 밖으로 표출되는 것뿐이다. 당신은 어떤가? 삶에 대한 반응의 출처는 당신인데, 공연히 다른 사람들이나 다른 것들을 탓하고 있지는 않은가? 잠시 멈추어, 자신의 속사람에게 벌어지고 있는 일을 솔직히 직시해야 할 필요는 없는가? 당신의 삶에서 당신이 집중해야 할 작은 부분은 어디인가?

자신이 그리스도 안에서 성장하지 못하고 있는 진짜 원인을 캐보면, 진실이 드러난다. 우리는 타락한 구원받았지만 여전히 성장이 필요한 사람들이기에 영적 성장은 많은 작업을 수반한다. 하지만 구원은 거저 주시는 것이 아니던가? 예수께서 우리 마음속에 들어오셨으니 이제 마땅히 우리를 키우셔야 하는 것 아닌가?

능력의 은혜

영적으로 성장하기까지 하나님이 다 해주실 것으로 착각하는 그리스도인들이 많다. 우리는 행위가 아니라 은혜로 구원받은 자들이므로 구원이라는 특정 행위에 있어서는 그렇다. 그러나 은혜는 용서 이상이다. 우리가 성장하고 변화되도록 하나님이 주시는 능력 또한 은혜다. 그러므로 은혜와 상호작용하려면 우리 쪽에도 뭔가가 요구된다. 당신과 내가 은혜를 외면하거나 저항할 수도 있기 때문이다.

대개 영적 성장의 초기에는 은혜가 잘 보인다. 자기가 쉽게 얹혀 가는 것처럼 보일 수도 있다. 많은 사람들에게 첫 변화는 빠르고 쉽게 온다. 이전의 어둡고 절망적인 태도에 비하면, 새로 느끼는 소망은 밝고 혁신적이다. 그래서 우리는 자칫 영적 성장이란 하나님의 역사로 와야만 한다고 결론짓기 쉽다.

직접 하지 않아도 많은 일이 해결되는 첨단시대이다 보니, 그런 잘못된 인상을 갖는 것도 이해가 된다.

언젠가 일곱 살 난 아들 그레이엄이 내게 다가와 말했다.

"아빠, 나랑 게임할래요?"

아들은 슈퍼 닌텐도 야구 게임을 막 빌려온 터였다. 나는 그런 게임의 열성 팬은 아니지만 아들이 간절히 원하는지라 같이 하기로 했다.

아들은 마리너스 팀이고 나는 화이트삭스 팀이었다. 아들은 내게 조작 버튼을 설명해준 다음 제1구를 던졌다. 1회가 끝나자 내가 5 대 0으로 앞서고 있었고 2회가 끝났을 때는 9 대 0이었다. 그레이엄은 충격을 받았다. 나는 작전대로 마음껏 공을 쳤고, 현란한

투구로 연속 스트라이크를 던졌다.

언젠가 죽은 거북을 함께 묻을 때도 그레이엄은 이때처럼 조용했었다. 아들의 말없는 얼굴을 보노라니 내 우쭐한 행복감이 갑자기 '조금 봐줘야 되겠다'는 생각으로 바뀌었다.

그래서 나는 번트를 대려고 했는데, 내 선수가 좌익으로 안타를 날렸다. 이상한 생각에 버튼에서 손가락을 떼었는데, 그래도 내 선수는 또다시 안타를 쳤다.

"야, 그레이엄."

내가 말했다.

"왜요?"

"이제보니 우리 둘이 시합하는 게 아니었구나. 게임기가 스스로 움직이고 있는 거였어."

그레이엄은 즉시 생기가 되살아났다.

"그래서 아빠가 이긴 거였구나!"

흥분과 안도가 고함으로 바뀌었다.

두 이닝 동안 나는 내 정확한 타이밍과 예리한 관찰력과 충실한 수비에 감탄했었다. 그러나 알고 보니 나랑은 전혀 무관한 일이었다. 물론 나는 버튼을 눌렀지만, 아동용 컴퓨터가 내 명령을 무시한 채 저 혼자 알아서 모든 일을 하고 있었던 것이다.

영적으로도 똑같은 일이 우리에게 종종 벌어진다. 영적으로 특정 단계 때는 마치 우리가 자동비행으로 날고 있는 것 같다. 옛 습관이 떨어져 나가고, 기도도 하나님을 구하는 일도 새롭고 신나 전혀 힘들지 않다. 특별한 수련회나 세미나 후에는 하나님이 특별한 방식으로 가깝게 느껴지기도 한다. 다른 사람들의 필요에 눈이 뜨이고, 단순한 일상사 속에서 그분의 뜻을 행하는 즐거움도 맛본다. 그 시절에는 단정하고 조화롭게 성숙의 가도를 쌩쌩 달리는 기분이었다.

그러다가 마치 자동비행 스위치가 꺼지는 듯한 날이 온다. 내 삶의 지난 시절을 돌아보면, 지금 힘들어하는 문제들이 왜 그때는 힘들지 않았는지 참 이상하다. 그때는 오히려 지금보다 내가 덜 성숙했을 것 아닌가? 성경지식은 물론 인생 상식도 그때는 더 없었을 것 아닌가?

영적으로 그리스도를 닮아가는 변화는 우리 존재의 중심에까지 깊이 파고들어야 한다는 사실을 우리는 놓쳐서는 안 된다. 출발시점의 우리는 전혀 주님과 같지 않건만, 자칫 우리는 표면상 '착한' 모습 때문에 그렇게 착각할 수 있다. 사실 쉽게 빨리 나타나는 변화도 있다. 특히 표면상의 태도가 그렇고, 특히 성과 없는 행동을 반복하느라 우리가 이미 많이 지쳐 있을 때 그렇다. 그러나 우리에게 필요한 보다 깊고 영속적인 성품의 변화는 우리의 시간과 노력과 심지어 씨름을 통해 온다고 할 수 있다.

여기서 꼭 기억해야 할 것은 우리 위에 운행하시는 하나님의 적극적인 역할이다. 하나님은 그분의 진리 아래 들어가서 성령님께 맡겨야 할 우리 삶의 영역들에 스포트라이트를 비춰 주신다. 거기에 덧붙여 은혜에 반응하는 우리 쪽의 몫이 있음을 강조하고 싶다.

구원의 순간 이후, 그리스도인은 하나님의 일에 협력하는 법을 배워야 한다. 그분은 우리가 성장하고 변화되도록 능력을 부어 주신다. 우리가 이것에 대한 가르침을 제대로 받지 못했기 때문에, 지금 존재의 심연에 고갈이나 무력함을 느끼는 좌절한 그리스도인들이 사방에 널려 있다. 당신도 혹시 그중 하나가 아닌가?

예수님을 믿으면서도 아내나 자녀에게 한바탕 불같이 퍼부을 때가 있을 것이다. 우리가 그리스도인이지만 또다시 우리의 성질이 우리를 이긴 것이다. 자녀의 괴로운 표정을 보며 자신이 괴물처럼 행동하고 있음을 깨닫기도 한다. 그럼에도 불구하고 하나님이 우리에게 그리스도의 평안과 사랑을 입혀주실 수 있을까? 세상에 그리스도의 임재를 증거할 뿐만 아니라, 가정을 엉망으로 만들지 않도록 말이다.

어쩌면 당신은 교회에서 보내는 시간의 양과 신앙의 성숙이 비례하지 않음을 새삼 깨닫고 있는 사람일지도 모른다. 사람들이 당신에게 신앙상담을 청할 만한 '하나님의 사람'이 되어 있기를 소망하지만, 실제로는 회의와 두려움 속에 살며, 이런 생각을 할지도 모른다.

'그리스도인이 되면 하나님을 알게 되고 새로운 피조물이 되는 줄 알았는데, 아직도 내게는 이전의 불안과 회의가 많구나.'

당신이 영적으로 기진맥진한 상태에 있을 가능성도 얼마든지 있다. 유혹과 나쁜 습관과 부정적인 태도를 다스리려고 열심히 싸우는 것은 백 개의 비치볼을 물속에 집어넣으려고 애쓰는 것과 비슷하다. 하나를 밀어 넣는 순간 또 하나가 툭 튀어 나온다. 얼마간 그러다 보면 더 거룩해지기는커녕 그저 무척 피곤할 뿐이다.

'복음에 약속된 평안과 안식, 하나님의 임재 안에 있지 않다는 죄책에서의 자유는 어디에 있는 것인가?'

구원받은 우리는 하나님과의 내적 소통이 자라서 그것이 지속적인 외적 변화로 나타나야 함을 깨닫는다. 감사하게도, 우리의 삶에 외적 변화가 나타나면 내적 성장의 힘과 아름다움도 더 탄력을 받는다. 바로 거기서, 즉 우리의 내면세계와 외면세계가 협력하여 서로 밀어주는 곳에서 성장이 이루어진다.

복음의 기쁜 소식은 우리가 내면의 어둠과 연약함에 종노릇할 필요가 없음을 알려준다. 그러나 성장과 변화는 쉽게 오지 않고, 우리 쪽의 노력을 요한다. 단, 바른 종류의 노력이라야 한다.

이런 '노력' 운운으로 당신은 벌써 낙심하고 풀이 죽었는지도 모른다. 오늘날 많은 그리스도인들이 착해지려는 노력과 특정한 죄와의 싸움에 지쳐 있고, 이기적이고 탐욕스런 세상에 살면서 항상 친절하게 행동하려고 애쓰느라 지쳐 있다. 당신도 그중 하나일 수 있다. 그것이 당신의 경험이라면 이런 생각이 들지도 모른다.

'어떻게 이보다 더 열심히 한단 말인가?'

그리스도의 성품 내지 영성을 실천하는 일은 더 나아지려고 열심히 노력하는 것으로 시작되지 않는다. 그것은 우리 마음의 진짜 태도를 가까이서 똑똑히 보는 것으로부터 시작된다. 그 다음은 그런 태도를 우리의 자비로우신 아버지께 맡기는 것이다. 그분은 가난한 심령으로 그분께 가는 우리를 언제나 반갑게 맞아주신다. 우리에게 '저 안식에 들어가기를 힘쓸' 것을 권고한 히브리서 기자의 말이 바로 그런 뜻이다히 4:11. 그 내용은 다음 장에서 다시 살펴볼 것이다. 일단 여기서 짚어둘 것이 있다. 마치 하나님이 우리의 중심과 참모습을 보실 수 없기라도 한다는 듯이 그분 앞에 겉치레로 '척하는' 태도를 버릴 때, 우리는 하나님 안에서 안식할 수 있다.

그리고 하나님 안에서의 '안식'이 지속되려면 자신의 사랑과 미움, 소원과 야망에 관해 철저히 하나님 앞에 정직해야 하고, 그것이 그리스도 안에서 영적으로 자라가는 우리의 삶의 여정에 있어서 매일의 연습이 되어야 한다. 이런 기도로 시작하면 된다.

"바로 이것이 저이고, 제가 원하는 것이며, 지금 현재 제가 생각하는 것입니다. 주님을 닮아가도록 저를 훈련하여 주소서."

그렇다면 그러한 훈련은 어떻게 할까? 우리를 이끄시고 지도하시고 가르치시고 능력을 주시는 하나님의 몫은 무엇인가? 그리고 그분의 일에 바른 마음으로 반응하여 그 가르침을 따르기로 선택하는 우리의 몫은 무엇인가?

우리는 우리 안에서, 또한 우리 상황에 늘 함께 하시는 하나님의 은혜와 소통하는 법을 배워야 한다.

지금부터 그 여정을 탐색해 보자.

03
우리는 그리스도를
닮을 수 있다

당신의 내면 깊은 곳에서 나오지 않는 경건이라면
그것은 가면일 뿐이다.

잔느 귀용

　어느 날 하나님께서 잠자는 당신을 깨워 타이거 우즈의 골프 실력을 주신다고 상상해 보라. 대단하지 않은가? 또는 빌 게이츠의 컴퓨터 실력이나 사업 수완을 주신다고 상상해 보라. 하나님이 말씀하신다. "네가 다음번 마이크로소프트를 만들어낼 수 있다. 관심이 있느냐?"

　어쩌면 당신의 관심은 문화 쪽일지 모르겠다. 그렇다면 당신의 심장은, 하나님이 당신에게 파바로티처럼 노래를 부르거나 제인 오스틴처럼 글을 쓰거나 렘브란트처럼 그림을 그리는 능력을 주실 때 더 빠르게 뛸 것이다.

　이런 환상에 빠져 있노라면 하루해가 모자랄 것이다. 그러나 사실, 그리스도인에게 주어진 실체는 그보다 훨씬 더 굉장한 것이다. 하나님께서 이렇게 말씀하신다고 생각해 보라.

　"네 안에 나의 영원한 생명을 주겠다."

　기독교의 진리는 하나님이 인간의 모든 능력을 합한 것보다도 무한히 더 값진 것을 우리에게 주신다는 것이다. 사도 바울에 따르면 우리는 '그리스도의 마음'을 가질 수 있다고전 2:16.

　잠시 그것을 생각해 보라. 놀랍게도, 우리 그리스도인들은 영적으로 예수님인간이 되신 하나님의 마음, 즉 하나님을 아는 지식과 심령의 태도를 가지게 된다. 이것은 엄청난 선물이다. 생각만 해도 숨이 멎을 일이다. 우리가 역사상 가장 위대한 인간이신 그분처럼 될 수 있다는 말이 아닌가.

이런 기회를 얻고도 어찌 우리가 그에 못 미치는 것에 안주할 수 있는가. 시간과 에너지와 열정을 앗아가는 사소한 것들을 추구하는 삶으로부터 벗어나, 이제 그리스도의 성품 가운데 영적으로 자라가는 새로운 추구를 해야 한다고 하나님은 우리에게 말씀하고 계신다. 이것은 대담한 일이며, 도전적인 일이다. 성취할 수 없을 것처럼 보인다. 그러나 성경은 그것이 우리에게 가능한 일이라고 약속한다. 우리는 그리스도를 닮을 수 있다.

그렇다면 어떻게 할 것인가?

그리스도의 성품에 참여하라

베드로는 두드러진 실수가 많았기 때문에 늘 충동적으로 행동하고 도무지 '알아듣지' 못하는 둔재요 익살꾼 정도로 치부되곤 한다. 그러나 교회가 복음서의 베드로 못지않게 서신서의 베드로를 공부하는 데 시간을 들였다면, 내가 말하는 영적 성장의 깊이에 대한 그의 심오한 이해에 깜짝 놀랄 것이다.

베드로는 그리스도 안에서 '장성했고' 아무나 얻지 못하는 믿음의 이해에 도달했다. 이 베드로를 알게 되면 우리는 감히 그를 단지 성질 급한 제자로 일축하지 않을 것이다.

특히 베드로의 두 번째 서신을 볼 때 나는 그런 확신이 든다. 베드로후서는 영적 성장에 대한 탁월한 부르심이다. 편지 서두에서 베드로는 하나님의 "신기한 능력으로 생명과 경건에 속한 모든 것을 우리에게 주셨으니"^{벧후 1:3}라고 성도들에게 확실히 말한다. 베드로의 말대로 하나님은 우리에게 생명에 속한^{몸의 실존만이 아니라 살아가는 데에 필요한} 모든 것을 주신다! 그분은 경건에 속한 모든 것도 주셨다. 다시 말해서, 그리스도의 성품을 경험하고 그 안에서 훈련되는 데 필요한 것을 모두 주신 것이다.

이것만으로도 너무 거창해서 믿어지지 않는다. 그런데 베드로는 한 술 더 뜬다. 그는 한 걸음 더 나아가, 하나님이 '보배로운 약속'으로 우리가 "정욕 때문에 세상에서 썩어질 것을 피하여 신성한 성품에 참여하는 자가 되게 하려"^{4절} 하셨다고 단언한 것이다.

베드로는 우리가 신성한 성품에 **반드시** 참여할 것이라고 하지 않고, 참여하는 자가 **되게 하려** 하셨다고 했다.

그렇다면 우리를 방해하는 것은 무엇일까? 애초에 엉뚱한 목표에 초점을 맞추는 것이다. 우리를 빗나가게 할 수 있는 '잘못된 목표'를 몇 가지 살펴보자.

최종 목표는 그리스도를 닮는 삶

많은 사람들이 취하는 첫 번째 잘못된 길은 기독교적 삶의 실천을 전도를 많이 하는 것으로만 보는 접근이다. 여기에만 지나치게 치우치게 될 때, 우리는 성경을 복음에 반대되는 모든 변론을 파할 수 있는 무기고로 삼기 위하여, 시리얼 상자 뒷면을 외우는 어린아이처럼 머리로만 성경을 외울 수도 있다.

전도는 영광스러운 경험이다. 하지만 극단적으로 치우친다면, '그리스도의 성품에 참여하는 것' 을 오로지 전도로만 국한시키는 오류를 범할 수 있다. 우리가 은혜로 구원받은 것은 단순히 다른 사람들이 은혜로 구원받는 모습을 보기 위함이라는 논리다.

또다른 잘못된 길은 거룩함을 최종 목표로 삼는 것이다. 어떻게든 '죄 없는 완전함' 에 이르러야 결국 하나님을 기쁘시게 할 수 있다고 배운 그리스도인들이 있다. 모든 죄는 일보 후퇴로 간주되며, 시간만이 그것을 지울 수 있다. 이생의 초점은 풍성한 삶을 경험하는 것보다는 죄짓는 삶을 피하는 데 있다. 많은 그리스도인들이 자신의 의를 최종 목표로 정해놓고, 그 때문에 병적으로 자기반성에 빠져 비참하게 되는 결과를 직면하곤 한다.

오늘날엔 **행동주의**라는 목표에 시선을 고정시키는 사람들이 점점 늘고 있다. 이 접근은 "내 시간을 많이 희생하고, 검소하게 살고, 하나님을 섬기는 일에 주력하기 때문에 나는 하나님을 기쁘시게 하는 삶을 사는 것이다. 그리고 바라기는, 너무 바빠서 이기심에 빠지거나 죄 지을 틈이 없어야 한다"라고 말한다. 이들 중에는 스트레스와 죄책감과 쫓기는 마음 때문에 혹독한 대가를 치르는 사람들이 많다. 영혼의 안식에 들어감으로써 얻어지는 그리스도를 닮은 모습은 간 곳이 없다.

좀 더 나아가서 일부 그리스도인들은 소극적 저항주의라는 목표를 만들어냈다. 논리를 검보다는 방패로 사용하는 이들의 논지는 이런 식이다.

"그리스도께서 이미 십자가에서 모든 일을 이루셨다. 내가 할 수 있는 일은 아무것도 없다. 하나님이 나를 변화시키실 것이다. 모두 그분께 달려 있다. 내가 꾸준히 교회에 잘 나가고, 성경을 읽고, 정말 어려울 때 기도하기만 한다면 하나님이 나를 새사람으로 만들어주실 것이다."

여기에 한 술 더 떠서, 그리스도인들은 너무나 타락하고 비천한 '벌레' 같아서 그 한심한 죄악의 상태를 절대 벗어날 수 없다고 가르치는 비관론적 접근도 있다. 인간의 타락 쪽으로 너무 치우친 이 접근은 그리스도 안에서 취할 수 있는 귀중한 유업을 머나먼 미래로 미루어둔다. 그리고 논리적인 성경 지식 못지않게 우리의 영광스러운 변화 자체도 전도의 일부임을, 그리고 그 변화가 지금부터 시작된다는 것을 인식하지 못한다.

이 외에도 여러 가지 접근들이 있지만 하나만 더 말하겠다. 초자연적인 '벼락'이 쳐서 자기를 한순간에 변화시켜주기를 기다리는 그리스도인들의 경우 전부는 아니지만 이들 중 일부의 최종 목표는 이 초자연적 능력의 중심에 서는 것이다. 그들의 초점은 주로 기적을 베푸시는 예수님의 능력에 있고, 그분의 겸손이나 성품이

나 고난은 거의 안중에 없다.

이들 각 접근에는 진리가 조금씩 들어 있다. 우리의 신앙을 다른 사람들에게 나누는 것은 중요하다. 우리는 죄를 피해야 한다. 우리의 믿음은 하나님과 사회와 다른 사람들을 향한 섬김을 낳는다. 우리의 삶에 변화를 일으키는 주도자는 하나님이시다. 우리는 인간의 모든 능력을 초월하는 능력을 경험할 수 있다.

그러나 이들 각 접근이 균형을 잃을 때 하나의 진리를 우상화하는 우를 범하게 된다. 어떤 하나만을 진리라고 주장하면, 다른 측면의 능력과 지도指導를 막는 것이다. 그리고 이 모든 접근의 문제점은, 어떻게 하나님의 마음에 드는 상태를 유지하거나 입증할 수 있는가에 초점을 맞추는 경향이 있다는 것이다. 이런 접근은 그리스도께서 본을 보이신그리고 그분의 제자들이 가르친 삶과는 은하계만큼이나 거리가 멀다. 예수님의 삶은 삶의 전 영역에 걸친 내면의 태도와 성품에 의해 결정되는 삶인데, 바로 거기서 역사상 가장 아름답고 완전한 삶이 나왔다. 우리의 경주는 그리스도의 성품 가운데 자라가는 것이며, 우리의 최종 목표는 그리스도를 닮는 것이다.

내면의 역동적인 변화에 함께하시는 하나님

오래 전에 큰딸이 올림픽 피겨스케이팅 선수들에게 홀딱 빠져 있었는데, 어느 날 딸이 내게 말했다.

"아빠, 올림픽에 나가면 골드나 실버나 브라스브래지어의 bras, 동(銅)을 뜻하는 brass와 발음이 같다—역주를 따는 것 맞지요?"

나는 책을 읽던 중이었고 책을 빨리 반납하고 싶어서 딸의 방해를 그냥 무시하기로 했다.

"그렇지, 앨리슨."

"하지만 어린 여자아이들은 브라스를 할 수 없잖아요."

딸은 걱정스런 목소리로 물었다.

그제야 나는 말귀를 알아들었다. 우리 딸은 자기가 올림픽에 나갔다가 혹시라도 3등을 해서 전혀 쓸모없는 상품을 받게 될까 봐 걱정이었던 것이다.

단어의 의미를 수정하는 것을 보류하고 내가 말했다.

"그야 그렇지, 어린 여자아이들은 브래지어를 할 필요가 없지."

그랬더니 앨리슨은 셔츠를 치켜 올리고는 말했다.

"하지만 나도 곧 하게 되는 것 맞죠?"

신체적인 발달이 당연하고 자연스런 삶의 과정임을 앨리슨은 알았던 것이다. 그러나 딸의 영적인 성장은 그렇게 쉽게, 또는 자연히 이루어지지 않는다. 본인이 그것을 선택해야만 한다.

예수님의 제자들은 외적인 성장을 가져오기까지는 내면의 역동적인 변화가 있었음을 보여준다.

"우리의 속사람은 날로 새로워지도다."고후 4:16

그러나 바울의 말을 천천히 읽어보면 그 변화가 우리의 수고만으로 되는 것이 아님을 알 수 있다.

"이를 위하여 나도 내 속에서 능력으로 역사하시는 이의 역사를

따라 힘을 다하여 수고하노라."^{골 1:29}

바울은 수고하고 있다. 단 그의 힘으로가 아니라 그의 속에서 '능력으로 역사하시는' 성령의 힘으로 애쓰고 있다.

본문의 문맥을 보면 바울이 영적 성장을 직접 언급하고 있는 것은 아니지만, 신약 전반에 걸쳐 여러 번 되풀이되는 한 가지 기본적인 영적 원리를 보여준다. 즉 우리가 노력하고 있지만 우리 안에 있는 성령의 초자연적인 능력으로 그렇게 한다는 것이다. 영적 성장에 관한 좀 더 명백한 말씀을 빌립보서에서 볼 수 있다.

"두렵고 떨림으로 너희 구원을 이루라. 너희 안에서 행하시는 이는 하나님이시니 자기의 기쁘신 뜻을 위하여 너희로 소원을 두고 행하게 하시나니^{빌 2:12~13}."

이런 모순에 발목이 잡힌 그리스도인들이 많이 있다. 하나님이 일하신다는 것인가, 아니면 우리가 일한다는 것인가? 우리는 이미 온전해진 것인가, 아니면 온전해져가는 과정에 있는가?

사실은 이는 서로 모순이 아니라 보완이 된다. 우리의 결정, 의지, 정신적·신체적 노력에는 우리의 신념이 필요하다. 그리고 우리 자신의 그 힘은 우리보다 무한히 크고 영원하신 하나님의 힘과 연결되어야 한다. 우리를 향하신 하나님의 뜻과, 우리의 능력과 수고가 하나님의 그 무한하신 권능 안에서 만나야 하는 것이다. 이는 우리 속에서 역사하시는 하나님의 은혜를 상쇄시키는 것이 아니라, 상대적으로 미약한 우리의 의지와 영향력을 하나님께 내어놓기로 선택하는 협력의 과정이다.

그리스도의 영성은 이것을 이해하는 열쇠다. 우리에게 능력과 변화를 주시겠다는 하나님의 선택이 있고, 거기에 바른 태도로 임하겠다는 우리의 선택이 있는데, 그리스도의 영성은 그 두 힘 사이에서 다리 역할을 한다. 영성이란, 그리스도를 떠나서는 생명 없는 초라한 복제품에 지나지 않는다. 세상의 해야 할 일들과 하지 말아야 할 일들의 변형일 뿐이다. 그러나 믿음의 정황 안에서는 이런 영적 원리들이 말 그대로 삶을 바꾸어놓을 수 있다.

새로운 삶에 이르는 오래된 길

옛 신앙의 선배들은 그리스도인의 이 성장의 '길'을 분명히 알았다. 5세기에 기독교 신앙의 고전인《거룩한 등정의 사다리》^{은성}를 쓴 요한 클리마쿠스는 이렇게 단언했다.

"다른 사람들이 쾌락으로 빚어지듯이 그리스도인은 영성으로 빚어진다."[1]

영성을 고작 의무로 대한다면 우리는 쉼을 모르고 수고하게 된다. 우리 가운데 역사하시는 하나님의 능력에 실려 가지 않는 한 우리는 불가능해 보이는 영적 성장에 짓눌리게 될 것이다. 그러나 진도가 나갈수록 우리는 '모순적' 진리들이 사실은 어떻게 '상호 보완'이 되는지를 깨닫게 된다. 그리스도 안에서 우리는 이미 온전하지만 또한 온전해져가는 중이다. 우리는 우리 힘으로가 아니라 하나님의 힘으로 수고하며, 하나님의 수용과 능력 주심 안에서 안식하기 위해 우리가 온 힘을 다해 지속적으로 수고할 때 거기서 하나의 강력한 역동이 일어난다. 내적 동기가 우리를 싣고 가기 시작하여, 한때 수고처럼 보이던 것이 우리 삶을 이끄는 소중한 내적 열정이 되는 것이다.

이것의 이해를 돕는 두 가지 비유가 있다.

우리가 버지니아에 살 때 큰형이 우리 집에 놀러왔다. 하루는 뒷마당에 함께 앉아 있던 형이 화단을 보며 말했다.

"내가 잡초 좀 뽑아주어야겠다."

나는 형이 이상해 보였다. 휴가를 보내러 온 사람이 화단 일을 하겠다는 것이 아닌가. 하지만 형에게는 그것이 일이 아니었다. 나한테만 일처럼 보였을 뿐이다. 형에게는 그것이 쉼이었고, 형은 정말 그것을 즐겼다.

개인적으로 나는 달리기를 할 때 깊은 만족을 느낀다. 땀이 나고 심장박동이 빨라지지만 마냥 좋다. 이처럼 옆에서 보는 사람들에게는 일처럼 보일 수 있지만, 그의 내면에서는 만족을 누리는 일들이 있다.

이와 비슷하게 하나님이 우리를 재창조하시면, 외적으로 힘겨워 보이는 일이 즐거운 '안식'으로 변한다. 왜 그럴까? 우리 안에 체질적인 변화가 일어나기 때문이다. 이제 우리는 각각의 성품으로 피어나기 시작하는 영적 자유를 귀하게 여기게 되며, 변화된 삶의 능력을 경험한다. 이전에는 죄에 더 깊이 빠지는 쪽으로 끌리던 것이 이제는 경건을 더 원하는 쪽으로 끌리게 된다.

쾌락주의자 앞에 아무 쾌락이나 던져보라. 그는 물리칠 수 없을 것이다. 쾌락의 구속력拘束力에 사로잡혀 있기 때문이다. 마찬가지로 건강한 그리스도인 앞에 그리스도의 영성을 옷 입히면 그의 마음은 그 빛 가운데 행하여 해방을 얻게 된다. 그는 거기에 매료되어 기쁨을 만끽하기 원하고, 그것을 추구하게 된다. 예수께서 "의에 주리고 목마른 자는 복이 있나니 저희가 배부를 것임이요"마 5:6라고 말씀하신 것도 바로 그런 의미다. 유진 피터슨은 《메시지》에 그것을 이렇게 풀어 썼다.

"하나님께 대하여 좋은 식욕을 돋우었다면 너희는 복된 사람이다. 그분이야말로 너희가 평생 먹게 될 최고급 정찬의 음식이요 음료다."

철없는 아이에게 저녁식사는 귀찮은 일이다.

"또 먹어? 난 콩이 싫단 말야! 거기다 생선까지? 설마, 나더러 생선을 먹으라는 건 아니지?"

하지만 장성한 어른에게 음식은 인생의 낙일 수 있다. 활동 자체가 달라진 것이 아니라지금 먹는 음식을 그도 어렸을 때는 거부했을지 모른다 그의 성향이 완전히 바뀌고 성숙해진 것이다.

의를 향한 이런 내적 열정이 우리 안에 느껴지지 않는다면, 그것은 우리 영혼이 아직 영적인 의미에서 철이 없고 성숙하지 못했다는 뜻이다. 그것은 비록 우리가 하나님 나라의 여정에 있으나, 아직 세상에 너무 짓눌려 있음을 뜻한다.

건강한 성장을 위한 영혼의 양분

우리가 성장해야 하는 이유는 무엇인가? 베드로는 우리에게 엄숙한 말씀을 들려준다. 우리가 신성한 그리스도의 성품에 참여할 수 있다고 말한 후에 그는 감히 "그러므로 너희가 **더욱 힘써** 너희 믿음에 덕을" 공급하라고 말한다벤후 1:5.

우리가 자라가야 할 영적 특성들지식, 절제, 인내, 경건, 형제 우애, 사랑 등을 나열한 후에 베드로는 이렇게 설명한다.

"이런 것이 너희에게 있어 흡족한즉 너희로 우리 주 예수 그리스도를 알기에 게으르지 않고 열매 없는 자가 되지 않게 하려니와" 벤후 1:8.

베드로는 **구원받기 위해서** 믿음에 무엇을 공급하라고 말하지 않았다. 다만 그는 믿음에 그것들을 더하지 않는다면 우리가 게으르고 **열매 없는** 자가 되고, 주 예수 그리스도를 아는 우리의 지식은 큰 변화를 낳지 못할 것임을 지적했다. 이것은 중요한 구분이며, 과거의 그리스도인들은 그것을 알았다. 위대한 칼빈주의자 작가인 존 오웬John Owen의 말처럼 "하나님은 우리에게 맞서거나 우리 없이 일하시는 것이 아니라 우리 안에서 우리와 함께 일하신다."[2]

베드로의 말에 들어 있는 경고는 이것이다. 당신과 나는 변화의 길을 **알면서도** 실제로 그 경험을 놓칠 수 있다. 우리는 '구원받은' 자로 평생을 살면서도 변화되지 않을 수 있다. 그것은 비참한 일이다. 그리스도의 성품에 '참여하지' 않는다면, 우리의 영혼은 결국 무력하고 허약하게 될 수 있기 때문이다. 그것을 생각해서 베드로는 우리가 더욱 힘쓸 것을 권면했다.

C. S. 루이스의 《스크루테이프의 편지》에 보면, 처참해 보이는 패배 이후에 고참 귀신 스크루테이프가 웜우드를 격려하는 장면이 나온다. 웜우드가 맡았던 사람이 비록 그리스도인이 되었지만 스크루테이프는 아직도 밝은 희망이 있음을 일깨운다.

"네 환자가 그리스도인이 되었으니 나도 몹시 착잡하다. … 절망할 필요는 없어. … 그 환자의 정신적, 신체적 **습관**들은 여전히 우리 편이니 말이야."[3]

우리의 구원과 동시에 '구습'에 대한 영원한 형벌은 완전히 벗겨졌지만, 그 습관들은 여전히 우리 주변에 얼쩡거리며 우리를 못살게 군다. 마치 조그만 개가 우리가 고함을 지를 때는 달아나다가 우리가 돌아서는 순간 되돌아와 뒤에서 공격하는 것과 같다. 우리가 그리스도의 영성을 실천하고 그 가운데 자라가며, 그분의 성품을 양분으로 삼는 것은, 거룩함의 새 습관들을 창조하기 위해서다. 우리가 그분의 성품 가운데 자라고자 애쓰는 것은 두려움 때문이 아니다. 그분의 성품 가운데 자라는 것이 우리 영혼의 연인이자 주인이신 그분과 친밀함을 유지하는 여정이기 때문이다.

우리가 은혜와 그리스도의 성품 가운데 자라가지 않는다면, 우리 중에 신앙에 진지한 사람들은 자칫 율법주의에 혹하거나 적어도 자신을 타인들과 비교 평가하려는 성향에 빠지기 쉽다. 우리는 피해야 할 것에 집착하기보다는, 우리가 **열망해야** 할 것을 알 필요가 있다. 율법주의자들과 완전주의자들은 '하면 안 되는 것'에 집중한다. "나는 이것을 할 수 없다. 저것을 하면 안 된다."

죄를 벗는 것은 그리스도인의 영적 성장에 중요한 요소이지만, 첫걸음일 뿐이다. 벗었으면 이제 '입어야' 한다. 그리스도인의 성장에 대한 가장 분명한 말씀은 에베소서에 있다.

"너희는 유혹의 욕심을 따라 썩어져 가는 구습을 따르는 옛 사람을 벗어버리고 오직 너희의 심령이 새롭게 되어 하나님을 따라 의와 진리의 거룩함으로 지으심을 받은 새 사람을 입으라."엡 4:22~24

우리가 흔히 경험하듯이, 구습 내지 죄의 습성에 몰두하여 그것을 열심히 피하려 해서는 거기서 벗어날 수 없다. 그러다가 우리는 자신도 모르게 죄에 더 집중하게 되고, 죄를 끊으려고 투자하는 에너지는 오히려 타이어가 진흙구덩이에서 헛바퀴를 돌게 하는 결과를 가져온다. 어찌된 일인지 끊으려는 바로 그 행동에 더 깊이 파묻히고 만다. 따라서 그리스도인의 성장에 관한 논의에 영적인 성품의 성장이 빠져 있다면, 그것은 불완전하며 어쩌면 해롭기까지 할 수 있다. 영성은 우리에게 무엇을 입어야 할지를 가르쳐준다. 바로 예수님의 성품들이다. 그리스도의 영성은 미래를 조각해주며, 훨씬 건강한 초점을 잡아준다.

그리스도로 옷 입는 것은 그래서 우리가 옛것을 벗고 새것을 입는 평생의 과정이다.

협력하는 그리스도인

그리스도 안의 새로운 삶의 초대가 느껴지는가? 당신의 삶을 돌려받고 싶은 열망이 있는가? 개별적인 영성으로 들어가기에 앞서, 하나님과 협력하는 사람의 세 가지 특징을 간략히 살펴보자.

첫째, 협력하는 그리스도인은 자신의 성장에 대한 열망이 있다. 이 열망을 '초청'으로 생각하라. 하나님의 거룩한 빛에 우리 영혼을 활짝 열어드리는 것으로 생각하라. 18세기의 위대한 목사요 부흥사인 조나단 에드워즈Jonathan Edwards는 이렇게 썼다.

"하나님이 원하시고 받으시는 경건은 나약하고 침체되고 활기 없는 소원으로 이루어지지 않는다. 그런 것들로는 냉랭함을 벗기가 힘들다. 성경에서 하나님은 우리가 '뜨거운' 심령으로 적극 마음을 쏟을 것을 강조하신다롬 12:11."4

기존의 생각에서 벗어나 이것을 하나님의 시각에서 상상해보라. 그분은 우리에게 인간이 경험할 수 있는 가장 영광스럽고 보람되고 의미 있는 삶의 추구를 제시하셨다. 그런데 우리는 "그것도 좋지요, 딱히 더 좋은 게 없다면요"라며 무기력한 반응을 보인다. 성경은 이 점에 관하여 아주 솔직하다. 사람들이 하나님의 주도권과 초청을 대수롭지 않게 생각하고 거부하면, 그분은 노하셔서 다른 사람들에게로 옮겨가 그 사람들을 부르신다마 22장 참조.

잊지 말라. 예수님은 의에 주리고 목마른 자들만이 배부를 것이라고 하셨다. 우리 중에 냉랭한 사람들이 많은데, 그것은 우리의 성장과 변화를 위하여 베푸시는 은혜의 능력을 우리가 모르거나 거기에 무관심하기 때문이다. 반면에 의에 대한 굶주림은 또한 자신의 소원대로 성숙하고 책임감 있는 사람이 되려는 굶주림이기도 하다.

에드워즈의 말대로 "성경에는, 주로 회심 후에 그리스도인 안에 생기는 영성의 추구와 노력과 수고에 관한 내용이 많다. 회심은 시작일 뿐이다. 그리스도인은 그때부터 일어나 전진하고 발돋움해야 한다."[5]

이토록 영광스러운 소명인데도 그것을 당연시하는 사람들이 우리 중에 많이 있다. 우선순위가 바로 되어 있다면, 그런 무관심이 수치로 느껴질 것이다. "믿음에 열의가 없고, 의지와 의욕을 적극 구사하지 않는다면 우리는 아무것도 아니다. 신앙생활에는 미지근해지기에는 너무도 위대한 것들이 들어 있다."[6]

협력하는 그리스도인의 두 번째 특성은 단순화된 삶이다. 부수적으로 추구하는 것들이 우리 삶을 장악하고 있다면, 우리는 그리스도 안의 새로운 삶이라는 가장 중요한 한 가지를 붙들 수 없다. 에드워즈의 말처럼 그리스도인은 거룩한 삶을 무엇보다도 위에 두는 사람으로 그것이 그의 주요 관심사이며, 가장 부지런하고 가장 열성적으로 거기에 헌신되어 있어야 한다.[7]

야구의 '철인' 칼 립켄 주니어Cal Ripken Jr.는 자신의 눈부신 성공의 원인으로 일찍부터 한 우물을 판 단순성을 빠뜨리지 않았다. 동네의 다른 아이들이 모든 스포츠에 만능이 되려 할 때 칼은 야구에만 매달렸다. 그 결과를 보라.

협력하는 그리스도인의 세 번째 특성은 하나님과의 편안하고도 애정 어린 관계이다. 그리스도를 떠나서 혹은 그리스도보다 앞세워 거룩함을 추구한다면, 그 '수고'는 우리를 탈진시키거나 자칫 위선에 빠뜨릴 것이다. 하나님의 사랑과 당신에게 온전한 삶을 돌려주시려는 그분의 계획을 즐거워하라. 그것을 한껏 만끽하라. 우리가 성장함으로 그런 자유를 경험하려는 열망을 내면의 동기로 삼으라. 이는 쉽지는 않지만 즐거운 과정이다.

이제 우리는 이 책의 2부로 넘어간다. 2부에서는 여러 구체적인 영성에 힘입어 자신의 진짜 유업을 주장하며, 세상에서 썩어질 것을 피하여 하나님의 성품에 참여하는 자신을 만나게 될 것이다.

각각의 영성은 하나의 문이다. 그 문을 지나 당신은 '하나님께 대한 저항'을 극복하고, 하나님이 어떤 분이신가에 대한 새로운 이해의 문으로 들어설 수 있다. 또 각각의 영성은 하나의 창이다. 당신의 영혼에 잠겨 있는 그 창을 열면 당신은 변화되어 그리스도를 경험하기 시작할 것이다.

지금부터 그 창들을 하나씩 열어보자.

그리스도를
닮아가는
영광스러운
추구

Part 2

04
겸손 I
겸손은 영혼의 집을
떠받드는 뿌리이다

진리는 이것이다. 우리 안의 교만이 죽어야 한다.
그렇지 않으면 우리 안에 천국이 살 수 없다.

피터 크리프트

"오늘 오전 작업은 어땠어요?"

아내 리자가 내게 물었다.

"컴퓨터가 갑자기 멈추는 바람에 작업하던 걸 왕창 날려 버렸소." 아내는 놀란 표정으로 나를 쳐다보았다.

"그렇게 태연하게 말하다니 믿어지지 않네요."

나는 어깨를 으쓱해보였다.

"그동안 원고를 손으로도 써보았고 컴퓨터로도 써보았는데, 이제까지 컴퓨터 덕분에 시간이 많이 절약되었으니 가끔 컴퓨터가 시간을 가져간다 해서 길길이 날뛸 수야 없잖소."

"하지만 당신의 **태도**를 좀 보세요. 나 같으면 화가 나서 펄펄 뛰었을 거예요." 아내가 말했다.

리자가 방을 나간 뒤, 이런 생각이 들었다.

'아내 말이 맞네! 그러고 보니 내 태도가 정말 좋아졌군. 마음에 드는데! 길길이 날뛰는 대신, 상황을 받아들이고 그냥 넘어가고 있지 않은가. 잘했어. 성숙한 모습이야! 예수님도 이렇게 반응하실 거야.'

그날, 아이들이 할 일을 하지 않자, 아내는 화를 냈다. 잠시 후, 내가 깜빡 잊고 내가 하기로 했던 일을 하지 않았더니 아내는 내게도 화를 냈다. 이제 나는 아내를 판단하기 시작했다.

'내 태도는 이렇게 훌륭한데 아내는 형편없군. 왜 나처럼 유연하게 대처하지 못할까?'

성숙한 태도를 지닌 사람으로서 나는 아내의 형편없는 태도에 대해 아내에게 설교를 해야 할 의무감을 느꼈다.

그러나 그날 밤, 하나님은 나의 교만을 지적하셨다. 아내의 칭찬에 도취된 내 모습이 보였다. 교만이 잉태되는 순간, 나는 판단하는 자가 되었다. 오전에는 내게 그리스도를 닮은 태도가 잠깐 비쳤을지 모르지만, 오후에 나는 바리새인이 되고 말았다.

교만은 그만큼 막강하고 파괴적이고 독하고 사납다. 관계적으로, 자기 의義만큼 비위가 상하는 것도 없을 것이다. 또한 영적으로, 교만처럼 해로운 것도 없다.

아이러니하게도 그리스도의 성품을 경험하면 할수록 교만해질 이유도 자연히 더 많아진다. 요한 클리마쿠스는 "순종에 뒤따르는 자만심을 물리치라"고 경고했다. 조심하지 않으면 영적 성장이 영적 성숙을 방해할 수 있다. 기독교 고전들을 읽다보면, 반드시 얼마 못 가서 겸손이 절대적으로 필요한 기초라는 저자들의 증언이 나오는데, 그 이유도 아마 그래서일 것이다.

장 칼뱅은 겸손을 '최고의 덕, 모든 덕의 모체요 뿌리'[2]라고 했다. 에드워즈도 같은 맥락에서 겸손을 '참된 신앙의 가장 본질적인 것'이라고 했다.

앤드류 머레이는 겸손을 영적생활의 '뿌리'라고 했다. 이 뿌리가 없으면 우리 그리스도인의 삶은 하나님이 의도하신 생명력을 잃는다고 그는 역설한다.

"그리스도의 생명의 뿌리 자체에 대하여 무지하고 그것을 경시하니, 그리스도인의 삶이 나약하고 열매가 없을 때가 그토록 많을 수밖에 없지 않은가? 그리스도는 겸손 안에서 기쁨을 얻으셨고 또 기쁨을 주시건만, 우리는 겸손을 좀처럼 구하지 않으니 구원의 기쁨이 거의 없는 것은 당연하지 않은가? 우리는 겸손을 구해야 하며, 겸손은 오직 자아의 종식과 죽음에서 온다."[4]

제자훈련마다 기도를 가르치고 성경공부를 가르치고 전도를 가르친다. 필요한 훈련들이다. 그러나 내면의 기초인 겸손이 없으면 그것들은 우리 영혼의 집을 능히 떠받치지 못한다. 그리스도의 생명을 경험하려면 겸손의 내적 훈련이 필요하다. 겸손을 간과한 채 밖에서부터 안으로 영적 삶을 지으려 해왔다면, 당신은 아마도 피곤이나 환멸이나 좌절이나 무기력을 느끼고 있을 것이다. 해답은 외적 훈련을 경시하는 것이 아니라, 예수님의 기본 태도인 겸손에서부터 시작하여, 이제부터는 내적 훈련도 병행하는 것이다.

겸손이 그리스도인 삶의 가장 중요한 출발점이라고 기독교 고전마다 이구동성으로 말하는데, 왜 우리는 내면생활을 그토록 경시하는 것일까? 우리 대부분이 다른 것들은 다 배웠으면서, 가장 중요한 내면의 영성인 겸손을 기르는 것만은 유독 배우지 **못한** 이유가 무엇일까?

어쩌면 내적 훈련과 영성은 가르치고 본을 보이기가 매우 어렵기 때문일 것이다. 성경공부는 마쳤다고 표시할 수 있고, 기도도 몇 분 동안 했는지 기록할 수 있고, 전도한 대상자들의 명단도 종이에 쓸 수 있다. 그러나 겸손을 이루었다고 표시하는 것은 가능하지 않다.

한 가지 분명한 사실이 있다. 겸손의 실천을 아무리 배워도 우리는 그만큼 겸손해지지 못한다. 영성이란 존재 상태라기보다 우리가 열망하는 내면의 훈련이다. 우리가 점차로 영성에 들어간다고 할 때, 겸손의 영성만큼 점진적인 것은 아마 없을 것이다.

내적 훈련 없이 외적 훈련을 가르치고 본을 보이면, 재능은 뛰어날지 모르지만 속이 허하고 교만한 그리스도인들을 길러낼 수밖에 없다. 예로부터 내려온 겸손의 기본 훈련을 지금부터 되찾기로 하자. 그러기 위해 우선 성경과 기독교 고전들이 겸손을 어떻게 정의하는지 살펴보고자 한다.

철저히 하나님만 의지한다

매사에 경우가 바르게 보이고, 항상 꼭 맞는 말도 하고, 훈련 수준도 탁월한데, 그리스도의 마음이 결여되어 보이는 그리스도인을 본 적이 있는가?

뭐라고 딱 꼬집어 말할 수는 없지만, 겉으로는 다 맞는데 내면에 아주 중요한 무엇이 빠져 있다는 느낌이 들 것이다. 대부분의 경우 그 '무엇'은 그리스도의 영성인 겸손이다. 외면을 아무리 잘 가꾸어도 내면에 도사리고 있는 흉측한 교만을 완전히 가릴 수는 없다.

영적인 관점에서, 겸손이란 철저히 하나님만 의지함으로 그리스도의 생명에 들어가는 것이다. 겸손이란 자신의 필요를 인정하고, 그것을 적극적으로 하나님에게서 받는 내적 성향이다. 겸손한 그리스도인은 "나를 떠나서는 너희가 아무것도 할 수 없음이라"[5] 하신 예수님의 말씀을 글자 그대로 받아들이는 그리스도인이다. 앤드류 머레이는 겸손이란 '자아가 비켜나고 하나님을 왕위에 모시는 것'[6]이라는 말로 겸손을 정확히 짚어냈다.

칼뱅도 어거스틴과 마찬가지로, 겸손이란 단순히 '사람이 자신의 성품을 의식하여 교만과 자만을 삼갈 때가 아니라 겸손 외에는 자신에게 아무런 피난처도 없음을 느낄' 때 나타나는 것이라고까지 했다.[7]

그리스도인에게 겸손 외에는 단연코 피난처가 없다는 칼뱅과 어거스틴의 말은 무슨 뜻인가? 그것은 그 그리스도인이 인간 중심의 믿음에서 하나님 중심의 믿음으로 옮겨갔다는 뜻이며, 그의 행함의 뿌리와 열매와 지속성이 하나님의 역사役事와 하나님의 은총과 하나님의 능력에 의존하고 있다는 뜻이다. 그는 그것을 알 뿐만 아니라, 그것을 인정하고 실제로 그렇게 산다.

겸손은 하나님의 복을 받도록 해주는 성품이다. 겸손한 자에게 다가가시는 하나님의 열망이 시편에 매우 강조되어 나타난다. 하나님은 겸손한 자를 구원하시고,[8] 겸손한 자를 지도하시고,[9] 겸손한 자를 붙드시고,[10] 겸손한 자에게 관까지 씌워주신다[11] 우리말 개역에는 겸손이라는 말 대신 다른 단어로 옮겨진 곳들도 있다—역주. 모든 것이 하나님<u>으</u>로부터 겸손한 종에게로 흘러가는 것을 잘 보라.

교만은 이것을 뒤집으려고 한다. 교만은 자기를 믿고 자기를 의지하는 것이다. 하나님께 그냥 받는 것이 아니라 하나님께 의무를 지우려고 하는 것이 교만이다.

대학 시절에 나는 한 불신자를 존 피셔 콘서트에 초대하여 함께 갔다. 생각이 깊고 해박한 가사 때문에, 존은 70년대와 80년대 초에 내가 가장 좋아하던 복음성가 가수 중 하나였다. 나는 존이 성숙한 방식으로 복음을 제시하리라는 확신이 있었다. 과연 그랬다. 한 거지가 다른 거지들에게 빵이 있는 곳을 말해준다는 내용의 노래 후에, 존은 매우 도전적인 초청을 했다.

나는 친구의 반응을 열심히 기다렸으나 금방 실망했다.

"난 거지가 아니야. 내가 하나님께 간다면 뭔가 드리려고 가는 거지, 도움을 받으려고 가는 게 아니라고."

그는 끝까지 그렇게 우겼다.

그 교만 때문에 그는 영적인 삶에 들어갈 수 없었다. 우리 중에도 똑같은 교만 때문에 영적인 삶에서 **자라가지 못하는** 사람들이 많이 있다. 그 중에는 하나님의 구원을 받은 후로는 모든 것이 우리한테 달려 있다고 생각하는 사람들도 있다. 이렇게 자기를 의지할 때 우리는 '영적 산소'에서 끊어진다. 하나님의 능력과 은혜와 도움이라는 맑은 공기를 들이마실 줄 알게 되기까지 우리는 사실상 마비 상태다.

자기를 망각한다

지금까지는 우리와 하나님 사이의 겸손이 어떤 것인지 살펴보았는데, 이웃을 향한 겸손도 똑같이 중요하다. 바울은 우리에게 '온유함겸손을 모든 사람에게 나타낼 것'[12]을 권면한다. 이 겸손은 어떤 것일까?

'사회적' 겸손의 핵심은 망아忘我, 곧 자기를 망각함이다. 우리는 세상과 주변 모든 사람들의 일차적 소명이 마치 나를 행복하고 건강하고 편안하고 풍요롭게 해 주는 것인 양 살아갈 때가 너무 많다. 감히 이 궁극의 목표를 방해하는 사람이나 사건이 있으면, 우리는 분노와 적의와 원한이 폭발한다. 웨이터의 개인 사정이야 내 알 바 아니니 어서 내 음식만 내오면 된다!

내 친구 하나가 신학교 시절에 그런 딜레마에 부딪쳤다. 그가 윤리학 기말고사를 앞두고 벼락공부를 하고 있는데 누군가 문을 두드렸다. 알코올 중독자인 이웃집 사람이 재활센터에 데려다 달라는 것이었다. 그에게 처음 든 생각은 이것이었다.

'술꾼을 재활센터에 데려다 주느라 두 시간을 날릴 수야 없지. 난 지금 사회윤리학 과목을 공부해야 된다고 ….'

그러나 그 생각의 아이러니를 깨닫는 순간 코트를 걸치고 자동차 열쇠를 집어 들었다. 다른 사람을 자기보다 앞세운 것이다.

세상은 당신이나 나를 중심으로 돌아가지 않는다. 그런 세상을 요구한다면 좌절밖에 남을 것이 없다. 가정에 위기가 닥쳤는데도 좋을 수는 없다. 자동차 타이어는 언제 터져도 불편한 법이다. 그러나 겸손의 내적 훈련은 만인과 만사가 내 뜻대로 되어야 한다는 지독히도 비현실적인 기대의 폭정에서 우리를 건져준다.

망아란 사람들의 호감을 사려고 애쓰는 것이 아니라 하나님의 인도대로 홀가분하게 그들을 섬긴다는 뜻이기도 하다. 이것을 가장 잘 보여주는 예가 예수께서 제자들의 발을 씻기신 일이다.[13]

섬김과 명예와 주목을 받으려는 욕심은 자기가 하나님 대접을 받겠다는 욕심과 같다. 이 터무니없는 교만은 절대 충족될 수 없다. 우리는 절대 하나님이 될 수 없기 때문이다. 그래서 교만은 언제나 좌절의 뒷맛을 남긴다. 반면에 겸손은 실망을 모른다. 사람을 섬길 마음이 있으면 섬길 대상은 언제나 찾을 수 있다. 그리고 그렇게 할 때 우리는 그리스도의 기쁨과 충만을 경험하게 된다.

어느 쪽의 삶을 원하는가? 우리의 기대를 절대로 채워주지 못하고 좌절과 절망만 안겨주는 삶인가? 아니면 그리스도의 임재 안으로 들어가는 삶인가? 삶 속에 혹시 좌절된 교만이 들끓고 있는가? 겸손의 내적 훈련이 필요한가?

'겸손'이라는 말을 사용할 때는 말뜻을 아주 분명히 해두는 것이 중요하다. 잘못 배운 일부 그리스도인들이 선의에서 억지로 겸손의 영성을 만들어내려고 하다가 결국 새로운 형태의 교만을 낳곤 했다.

자아집착에서 오는 편견

나는 여태까지 '존' 처럼 좌절이 많은 그리스도인을 접해본 적이 없다. 그는 뜨겁게 헌신하여 주님을 따르면서도 늘 양심의 가책에 시달렸다. 그는 자신이 중죄인이라며 거기에 집착했고, 기도를 시작하면 채 10분도 안 되어 어김없이 자신의 비참한 영적 상태에 대해 절망감에 빠졌다.

아이러니는, 주변 사람들의 생각과 달리 존이 겸손하지 않았다는 사실이다. 무조건 자신을 나쁘게 생각하는 것은 건강한 영적 습관이 아니다. 크리프트의 지적처럼 "겸손이란 자기를 못났다고 생각하는 것이 아니라 자기 생각을 덜 하는 것이다."[14]

존이 자신의 부족함에 집착하는 것은 관심의 중심이 여전히 자기 자신이라는 뜻이다. 물론 그는 자신의 강점이 아니라 죄성에 몰두했지만, 기독교적 관점에서 보면 자아에 대한 어떤 집착도 여전히 교만이다.

사실인 줄 뻔히 알면서 엉뚱한 자기비하의 말로 그것을 부정하는 것을 겸손으로 생각하는 그리스도인도 있다. 그들은 이렇게 말한다.

"나는 진짜 훌륭한 사업가가 아니다. 다분히 운이 따라주어서 성공한 것이다."

"전 과목 A를 받았지만 사실 나는 아주 형편없는 학생이다."

그러나 겸손하다는 것은 자신에게 있는 재능을 없는 척하는 것이 아니다. 예수님은 한 번도 하나님의 아들이 아니신 척하신 적이 없다.

겸손은 우리를 부정否定으로 이끌지 않는다. 겸손은 우리의 재능을 남에게 주목받기 위해서가 아니라 섬기기 위해서 사용하도록 이끌어준다. 겸손은 하나님께 받은 우리의 재능을 보는 내면의 자세와 태도를 바꾸어준다.

"예수는 아버지께서 모든 것을 자기 손에 맡기신 것"을 아셨고, 그래서 제자들의 발을 씻기기 시작하셨다.[15]

자신의 재능으로 남을 섬기는 것이 아니라 자기를 입증하려 할 때 우리 삶은 오그라든다. 그들은 다른 사람들의 성취를 똑같이 즐거워하고 기뻐하는 능력을 잃는다. 그들이 원하는 것은 가수, 목사, 설교자, 부모, 사업가, 그리스도인으로서 훌륭하거나 성실한 사람이 되는 것이 아니다. 그들은 최고가 되려고 한다. 그래서 그들은 다른 사람들이 잘되면 배 아파한다. 삶은 경쟁이 된다. 자아 집착으로 인한 이런 편견에서 우리를 해방시켜주는 내적 자세와 훈련이 바로 겸손이다.

《스크루테이프의 편지》에 스크루테이프의 이런 설명이 나온다.

"그리스도인이 결국, 스스로 유익하게, 모든 편견에서 훌훌 벗어나 다른 사람들의 재능이나 일출이나 코끼리나 폭포수 못지않게 자신의 재능도 솔직하고 감사한 마음으로 즐거워할 수 있게 되는 것이 하나님이 원하는 바다. 그는 장기적으로 각 사람이 자신을 포함한 모든 피조물을 영광스럽고 우수한 것으로 인식할 수 있게 되기를 원한다. 반면 그들의 이기적인 자애自愛는 최대한 빨리 죽이려고 한다."[16]

겸손한 부모라면, 설사 내 자식이 간신히 학교를 졸업한다 해도, 친구의 자녀가 장학금을 받을 때 진심으로 열렬히 크게 박수를 쳐 줄 수 있다. 내가 겸손한 이웃이라면, 설사 우리 뒷마당이 손바닥만하더라도, 우리 동네에서 누가 마침내 5에이커 대지를 살 수 있게 되었다면 진심으로 기뻐할 수 있다.

겸손한 삶은 진한 기쁨과 마음 깊숙한 감사가 일상적으로 일어나는 삶이다. 그 기쁨의 원천이 좋은 일이 있을 때에만 국한된 것이 아니기 때문이다. 내게 없는 능력이 상대에게 있다는 이유로 스스로 움츠려 들지 않고도, 다른 사람들을 인정할 수 있다. 내 소유가 아니라는 이유로 배 아파하지 않고도, 아름다운 조경을 감상할 수 있다. 좋은 설교를 들을 때면, 강단에 선 사람이 내가 아니라는 사실 때문에 속 태우지 않고 거기서 양분을 공급받을 수 있다.

사심 없는 삶은 해방된 삶이다. 그것은 현재를 되찾아 주고, 그래서 우리는 더 많은 것을 탐하느라 현재의 즐거움을 망치지 않고 하루 단위로 살아갈 수 있다. 우리는 돈이나 권력이나 명예에 더 욕심을 내기보다는 하나님을 기다릴 수 있다. 베드로는 "그러므로 하나님의 능하신 손 아래서 겸손하라. 때가 되면 너희를 높이시리라"[17]고 했다. 우리가 현재의 삶에 자족하게 된다면, 그것은 하나님이 우리의 삶을 생생하게 돌려주신 결과다. 우리는 더 나은 미래나 더 거창한 현재를 찾아 더 이상 지금의 순간을 망치지 않는다. 우리는 해방되어, 하나님이 독특하게 내 몫으로 창조하신 삶을 살아가게 된다.

가장 나다운 삶

몇 년 전에 '나도 마이클처럼 되고 싶다'는 시엠송이 있었다. 놀이터의 아이들이 음악에 맞추어 춤을 추는 가운데 마이클 조던이 농구장을 가로질러 하늘로 솟아올라 멋진 덩크슛을 넣는다. '나도 마이클처럼 되고 싶다'는 아이들의 노래가 반복된다.

서글픈 사실은 이런 광고가 아이들을 '대리적인' 삶으로 몰아넣는다는 것이다. 그들은 자신에게 맞는 운명을 개척하는 것이 아니라 누군가의 그늘 밑에 안주한다. 내 자식들을 포함하여 등에 운동선수의 이름이 찍힌 셔츠를 입고 사는 아이들이 얼마나 많은지 모른다.

하나님은 다른 누구에게도 주시지 않은 삶을 우리 각자에게 주셨다. 우리의 성격과 재주와 몸은 저마다 독특한 것이다. 겸손은 나의 참모습에 대한 정직한 평가를 수용하게 해준다. 반면 나 아닌 다른 사람이나 더 잘난 사람이 되는 공상은 우리를 영적으로 피폐하게 할 뿐이다. 겸손은 우리를 공상과 부정이 아니라 가장 자기다운 모습으로 이끌어준다.

교만은 우리에게 하나님이 주신 능력 이상의 욕심을 부리게 할 수 있다. 반대로, 때로 교만은 우리의 목표를 능력 이하로 낮추게 만들 수도 있다. 괜히 시도했다가 혹시 실패할까 봐 두렵기 때문에 시도조차 하지 않는 것이다. 실패라는 경험은 우리의 자존심이 감당하기에 너무 벅찬 일이기 때문이다.

겸손은 무리하고 맹목적인 야심을 깨뜨려 부술 뿐 아니라, 실패에 대한 지독한 두려움까지 깨뜨려 부순다. 겸손은 우리에게, 특별히 내 몫으로 정해진 일을 이루어내게 함으로써 비할 수 없는 만족을 가져다준다.

나의 좋은 친구 하나는 대학시절에 겸손하다는 말을 들을 만한 사람이 아니었다. 오히려 그는 도도하고 거만한 사람이었다. 그런데 하나님은 그를 협동목사로 부르셨고, 그는 30대 중반까지 거의 15년 동안이나 그 자리를 지켰다. 나는 그가 그렇게 오랫동안 흔쾌히 교회의 '2인자' 자리에서 일하리라고는 상상하지 못했다. 담임목사를 해야 할 사람으로만 느껴졌던 것이다. 그러나 그는 겸손의 실천을 배웠고, 하나님이 부르신 자리에서 큰 기쁨을 얻었다.

나의 경우, 생활비를 조달하기 위해 부업으로 '대필'을 하던 때가 있었다. 이름을 내지 않는 공저인 셈이다. 상대방을 인터뷰한 후에 그의 이야기를 대신 쓰다 보면 집필 과정에서 아주 멋진 표현들이 머릿속에 떠오르곤 했다. 그럴 때 '이 말은 아껴 두었다가 내 책에 써야 되는데…'라는 생각이 스치곤 했다.

그럴 때면 언제나 하나님은 나의 소명을 일깨워주셨다. 하나님 나라의 강은 막힘없이 자유로이 흘러야 함을 그분은 내게 일러주신다. 우리는 너나 할 것 없이 우리의 이름을 드러내고자 하는 욕망을 느끼지만, 하나님께서 우리에게 하고자 하시는 말씀을 나를 통해 말씀하신 것이라는 생각을 하게 되면 마음에 자유함을 누리게 된다.

모든 좋은 것이 하나님께로부터 왔다면 그것이 누구의 손을 통해 왔든 중요하지 않다. 우리는 글쓴이가 아니라 배달부일 뿐이다. 우편배달부가 당신의 집 밖에 서서 이렇게 소리친다고 생각해보라.

"알아두십시오, 이 크리스마스 카드는 내가 배달한 것입니다! 내가 충실하게 당신의 우체통에 넣지 않았다면 당신은 그것을 받지 못했을 것입니다!"

그런데 그리스도인들 중에는 하나님의 은혜와 은총의 특징적인 흔적 하나하나에 악착같이 매달리는 사람들이 있다. 그것은 엄밀히 말하면 하나님께 받은 것을 내가 '주관하려고' 하는 것이다.

우리가 그러는 이유는, 우리의 유한한 머리로 무한하신 하나님의 무궁무진한 복을 아직 깨닫지 못하기 때문이다. 하나님이 그 많은 '좋은 표현들'을 나한테만 맡기신다고 생각해야 할까? 성령님은 하나님의 백성들에게 진리를 말씀해 주시기를 간절히 원하시는 분인데, 그분께 과연 생생한 비유가 바닥날 수 있을까?

'나누는 삶'의 암반에서 미끄러져 '주목받으려는 삶'의 동굴로 떨어지면, 우리 삶은 깊은 좌절의 상태에서 헤어나지 못한다. 야망은 사람의 진을 빼놓는다. 겸손은 스스로 중요해지려는 탐욕스러운 마음에서 우리를 자유케 한다.

우리의 자존심을 하나님께 기꺼이 내어 드리면 하나님의 생명과 능력과 목적이 우리를 통해 더 풍성히 흐를 수 있다. 그것을 깨닫게 되면 우리는 겸손을 더욱 열망하게 되며, 영광스러운 일이 벌어진다. 우리의 통제 욕구와 알량한 자존심의 얼룩 없이도 하나님과 동행하는 영광스러운 경험을 하게 되는 것이다.

나는 이 책에서 말하는 일상영성 중 가장 중요한 것이 겸손이라고 생각한다. 영성 중의 여왕인 겸손은 아주 중요한 만큼 다음 장에서 좀 더 자세히 살펴볼 것이다. 겸손이라는 내적 훈련의 실천으로 어떻게 그리스도를 닮은 삶의 기초를 놓을 수 있는지 알아보기로 하자.

05
겸손 Ⅱ
속사람에
겸손의 옷을 입히자

겸손은 거룩함의 꽃이요 아름다움이다.

겸손을 키우려고 마음먹지 않는 한,

우리가 아름다운 사상과 감정,

그리고 헌신과 믿음의 엄숙한 행위를 즐거워하는 중에도

하나님 임재의 유일한 확증인 자아의 사라짐만은

자신에게 늘 결여되어 있었음을 깨닫게 될지도 모른다.

앤드류 머레이

영국과의 요크타운 대첩 이후 식민 미국은 승리의 문턱에서 패배를 자초하기로 작정한 듯이 보였다. 많은 사람들이 독립전쟁은 끝난 줄 알았다. 그러나 조지 워싱턴은 북미 땅에 아직도 영국군이 대륙군보다 많다는 것을 잘 알았고, 그래서 미국 병사들을 해산시키지 않았다. 병사들은 봉급도 잘 받지 못했고 생활 여건도 좋지 못했다. 가만히 앉아 있는 시간이 많아지자 병사들은 동요하기 시작했다. 사기를 떨어뜨리는 가장 큰 위협 요소는 게으름임을 워싱턴은 곧 깨달았다.

설상가상으로 대륙회의는 비용 절감을 위해 연대聯隊 수를 줄이고 후방 지원을 취소했다. 그것이 화를 불러일으켜 정말 위험한 상황으로 치달았다. 고위급 장교들 사이에서는 자기들이 법 집행을 해야 한다는 말이 나돌았다. 분명히 그들은 목숨을 내걸고 싸웠다. 그런데 이제 용도가 다했으니 빈털터리로 집에 돌아가라는 것인가.

혁명 중에 흔히 그렇듯이, 군 수뇌부는 중앙정부가 나약하고 미숙하므로 진짜 권력은 자기들에게 있다고 생각했다. 다만 조지 워싱턴 한 사람이 길을 막고 있었다.

역사가 제임스 토마스 플렉스너가 말한 '미국 역사상 아마도 가장 중요한 집회'[1]에서 워싱턴은 휘하 장교들의 분노에 직면해야 했다. 논란이 컸던 그 집회는 1783년 3월 15일에 열렸다. 워싱턴은 자신의 사심 없는 봉사, 조국과 병사들을 향한 사랑, 정부가 결국 적절히 대처하리라는 소신을 밝혔다. 그는 부하들에게 그들 자신의 새 나라를 그르치지 말라고 당부했다.

그러나 워싱턴의 준비된 연설이 끝났는데도, 전쟁의 승리로 세력이 커진 장교들은 꿈쩍도 하지 않았다. 태동 중인 국가가 무정부 상태에 빠지려는 것을 보며 워싱턴은 가슴이 철렁했을 것이다.

플렉스너에 따르면, 뜻을 꺾지 않은 군중을 그대로 앉아서 해산시키기가 걱정스러웠던 워싱턴은 한 국회의원이 '안심시키려고' 보내온 서한을 꺼내들었다. 장군의 말로도 안 됐는데 국회의원의 말이 군인들의 마음을 움직일 수 있을까? 플렉스너는 이렇게 기술했다.

"워싱턴은 주머니에서 종이를 꺼냈는데 뭔가 잘못된 것 같았다. 장군은 난감한 표정으로 속절없이 종이만 쳐다보고 있었다. 장교들은 불안한 가슴을 조이며 바짝 다가섰다. 워싱턴은 다시 주머니에서 뭔가를 꺼냈는데, 그가 그것을 사용하는 것을 본 사람은 그의 측근들뿐이었다. 안경이었다. 그는 "여러분, 내가 안경을 쓰는 것을 양해하십시오. 나는 조국에 충성하다가 반백이 되기만 한 것이 아니라 거의 눈까지 멀었습니다"라고 말했다.

"워싱턴의 모든 변론으로도 안 되던 일이 그 투박한 행동과 짤막한 말로 깨끗이 해결되었다. 강경했던 군인들이 눈물을 흘렸다. 워싱턴은 폭정과 내정 불화에서 미국을 구해냈다."

나중에 토마스 제퍼슨은 이 사건을 돌아보며 이렇게 말했다.

"대다수의 다른 혁명들은 흐지부지되었지만 이 혁명이 그리되지 않도록 막은 것은 한 사람의 온화한 성품이었다."[2]

제퍼슨의 표현대로 성품이 미국을 구했다. 말로는 안 되는 일을 겸손한 자세가 해낸 것이다. 워싱턴의 웅변이 역부족일 때 그의 침침한 눈이 결정적 역할을 하여 군인들의 마음을 얻어냈다.

겸손에는 힘이 있다. 세상의 교만을 멀리하고 전혀 새로운 차원에서 서로를 대할 때 거기에 힘이 있다.

영적인 옷

나의 결혼식 날, 나는 최선을 다해서 '특별히 멋있어' 보여야겠다고 생각했으나 30분쯤 준비하고 나자 더 이상 할 일이 없었다. 하지만 리자는 오전 시간을 몽땅 들여 '준비하고' 있었다. 나는 그 이상 어떻게 더 깔끔해져야 할지 난감해 그냥 턱시도가 구겨지지 않도록 가만히 앉아 있기로 했다.

마침내 멋진 드레스를 늘어뜨리고 눈부신 모습으로 단장된 나의 신부를 보는 순간, 그 4시간 동안의 공들임의 결과에 마음을 쏙 빼앗겼다.

마찬가지로 베드로는 우리에게 영적인 옷을 입으라고 한다. 그는 우리에게 "겸손으로 허리를 동이라"[3]고 권면한다. 그리스도의 겸손이라는 성품을 입을 때 우리는 하나님 앞에 아름다워지고, 하나님도 비로소 우리 삶 속에 아름다운 임재가 되신다.

우리의 속사람에 겸손의 옷을 다시 입히는 일은 지속적인 과정이지만, 우리 믿음의 선배들이 예수님의 겸손한 태도를 훈련할 때 사용해온 몇 가지 검증된 실천 방법이 있다.

1. 초점을 바꾼다

성경에 따르면 겸손은 하나님을 풍성히 알고 경험하는 영혼 안에 태어난다.[4] 겸손을 실천하는 첫걸음은 우리 자신으로부터 하나님의 크신 위엄으로 초점을 바꾸는 것이다.

에드워즈는 '율법적 굴욕'과 '복음적 굴욕'을 구분한다. 율법적 굴욕은 우리를 왜소한 느낌과 자기비하로 이끌어간다. 내 친구 존이 그것으로 고생했다. 그러나 복음적 굴욕은 우리를 하나님의 거룩하신 아름다움에 압도되게 한다.[5] 율법적 굴욕을 벗어나지 못한 사람들이 우리 중에 많이 있다.

율법적 굴욕의 비극은, 그 초점이 여전히 자아에 있다는 것이다. 율법적 굴욕에 사로잡힌 사람은 자신을 자랑하지는 않지만 대신 실패와 단점에 집착한다. 하지만 그것도 자기중심적인 태도이기는 마찬가지다. 교만의 옷을 입은 사람 못지않게, 그것도 그리스도의 마음을 닮은 모습은 아니다. 복음적 굴욕은 우리의 강점과 약점을 둘 다 하나님의 손에 맡기게 해준다. 잊지 말라! 겸손이란 자신을 긍정적으로나 부정적으로 보는 시각이라기보다는 자신을 망각하는 것이다.

겸손으로 가는 가장 확실한 길은 끊임없이 하나님을 기억하는 것이다. 성경적으로, 교만은 하나님을 망각하는 것과 연관된다.

"저희가 … 마음이 교만하며 이로 인하여 나를 잊었느니라."[6]

시간을 내어 하나님의 능력과 아름다움과 거룩함과 영광과 위엄을 묵상하지 않는다면, 겸손은 낯선 객이 되고 교만은 성난 세력이 된다.

겸손을 실천하고 싶다면 하나님을 기억하는 법을 배우라. 그분의 아름다움을 일깨워주는 성경구절들을 암송하라. 운전 중에는 라디오를 틀기보다는 찬송을 부르라. 한밤중에 깨어 다시 잠이 오지 않거든, 제자들의 발을 씻어주시는 예수님이나 자기 몸을 십자가에 내어 주시는 예수님을 묵상하라. 산이나 하늘을 보면서, 그런 광경을 지으실 수 있는 창조주의 권능을 생각하라. 무슨 수를 써서라도 의도적으로 하나님을 기억하는 버릇과 의식儀式과 습관을 기르라.

2. 받는 자세를 취한다

예수님을 생각할 때, 내게 떠오르는 그분은 아주 능력이 많으신 분이다. 그런데 그분 자신의 고백을 들어보라.

"아들이 … 아무것도 스스로 할 수 없나니."[7]

"내 교훈은 내 것이 아니요 나를 보내신 이의 것이니라."[8]

"내가 스스로 아무것도 하지 아니하고 오직 아버지께서 가르치신 대로 이런 것을 말하는 줄도 알리라."[9]

예수님의 태도가 그러했다면 우리야 얼마나 더 그래야 하겠는가! 받는 자세를 취하면서 나는 놀라운 해방감을 경험해왔다. 나는 나 자신이 역부족임을 느낄 때가 한두 번이 아니었다. 어떤 일로 부름을 받았는데 나에게 그 일을 할 능력도 없고 의욕도 없음을 느낄 때도 많았다. 그럴 때면 나는 아닌 척하지 않고 단순히 하나님께 진실을 고백했다.

"어찌해야 할지 모르겠습니다. 제 힘으로 감당할 수 없습니다. 하나님의 도움이 필요합니다."

그러면 그분은 틀림없이 개입하셔서 내 부족함을 그분의 공급으로 채워주셨다.

"하나님, 이 상황에서 좋은 부모가 되기에는 제가 너무 연약하고 갈피가 잡히지 않습니다. 어찌해야 할지 막막합니다. 하나님의 인도가 필요합니다."

"아버지, 제가 관계를 망쳤습니다. 다시 화해하도록 도와주시겠습니까?"

"주님, 기도하기가 두려워요. 너무 어려워요. 도와주세요."

얼마든지 그렇게 말해도 된다.

어떤 문제에 접했을 때 '내가' 바로 해결을 할 수 있다고 생각하면 그분이 주시는 안식에서 벗어나게 된다. 이 말은 때때로는 내가 당장 자녀를 훈육하거나 당장 관계의 화해에 나서서는 안 될 때가 있다는 것을 의미한다. 그것에 대해 생각하고, 기도하고, 어쩌면 다른 사람들과 대화도 해야 한다. "더 분명한 방향감각이 필요하다. 지금 당장은 움직일 수 없다"고 인정해야만 한다.

3. 경험을 통한 성장을 기대한다

겸손을 길러주는 세 번째 요소는 개인적 경험이다. 제임스 라일 James Ryle은 이렇게 썼다.

"나이가 들어 이것저것 더 많이 겪을수록, 교만해질 이유가 줄어든다. 무지와 경험 부족은 교만의 받침대다. 일단 그 받침대가 치워지면 교만은 곧 무너져 내린다."[10]

머릿속의 지식 뿐 아니라 경험 가운데 자라갈 때 겸손이 찾아온다. 얼마 전에 내가 강의를 맡은 어떤 집회에서 잭 헤이포드Jack Hayford 박사가 기조 설교를 했다. 나는 몇 마디 농담으로 시작되는 헤이포드 박사의 강연을 들었다. 평소 그의 가르침에서 많은 통찰을 얻고 있던 나는 그가 도입부를 질질 끄는 것 같아서 놀랐다. 감히 나는 그것을, 그날 내가 했던 강의의 도입부와 은근히 비교했다. 내 강의가 더 나았다고 생각했다.

그러나 그때부터 이어진 헤이포드 박사의 설교는 지금까지 내가 들어본 가장 통찰력 있고 시원하고 강력한 설교 중 하나였다. 끝난 후에 내 주변에 앉아 있던 사람들을 보니 하나같이 놀라움에 입이 떡 벌어져 있었다. 과장이 아니다. 그는 하나님을 대변하여 그만큼 깊이 우리 영혼을 만졌던 것이다.

그날 밤, 호텔 방으로 돌아오면서 나는 겸손하려고 애쓸 필요가 없었다. 겸손이 나를 에워싸고 있었다. 무엇보다도, 하나님께 맡기는 삶에서 얻어진 헤이포드 박사의 지혜는 내가 아직도 많이 자라야 함을 일깨워주었다.

4. 자신을 비우는 마음을 갖는다

여기서 꼭 해둘 말이 있다. 세월 자체가 성숙을 보장하는 것은 아니다. 미숙한 경험도 마찬가지다. 둘 다 겸손 대신 도리어 교만으로 이어질 수 있다. 자신을 비우는 마음을 가지고 세월과 경험을 하나님과 함께할 때, 겸손한 마음이 길러진다.

이 마음은 기도로 시작된다. 잠시 멈추어, 가장 최근에 당신이 드린 기도들의 특징을 생각해보라. 하나님께 겸손히 나아갔는가? 교만한 모습은 보이지 않았는가? 하나님의 거룩하신 속성과 우리 자신의 비천한 상태에 대하여 인식하고 있었는가?

잔느 귀용Jeanne Guyon은 기도로 경험하는 겸손에 대해 아주 실제적인 지침을 들려준다.

"그분께 나아갈 때는 연약한 아이처럼 가라. 온통 때가 묻고 상처투성이인 아이, 연거푸 넘어져서 다친 아이처럼 가라. 혼자서는 전혀 무력한 사람으로 주님께 가라. 스스로 깨끗하게 할 능력이 없는 사람으로 그분께 가라. 당신의 딱한 상태를 아버지의 눈앞에 겸손히 내려놓으라."[11]

자신의 기도를 잘 들어보라. 은근히 야속한 마음을 품고 하나님께 나아가지는 않는가? 마치 정말로 걱정하는 쪽은 당신이고 그분은 냉담하시다는 듯이! 하나님이 당신보다 긍휼이 적다고 생각하지는 않았는가? 기도 이면의 마음에 귀를 기울여 보라.

가난한 심령으로 기도할 때 우리는 옛적부터 드려진 우렁찬 기도의 합창에 우리의 목소리를 보태는 것이다. 가장 성숙한 영혼들일수록 이런 마음으로 하나님을 구했다. 가장 심오한 작가들일수록 자신의 연약함의 깊이를 이해했다. 그 필두에 이사야가 있다.

"대저 우리는 다 부정한 자 같아서 우리의 의는 다 더러운 옷 같으며."[12]

자신을 비우는 마음을 갖는다는 것은, 하나님께서 불쌍히 보시고 성령을 보내셔서 우리를 안에서부터 변화시켜 주시지 않는 한 우리가 겸손해질 수 있는 길은 전무하다는 사실을 인정한다는 뜻이다.

5. 다른 사람들에게 겸손을 실천한다

다음여기가 정말 어려운 부분이다, 우리는 사심 없는 삶으로 다른 사람들 앞에 겸손을 보임으로써 겸손의 실천을 배운다. 머레이는 이렇게 썼다.

"일상생활의 사소한 일들은 영원의 시험대다. 우리를 정말로 지배하고 있는 정신이 무엇인지가 그것으로 밝혀지기 때문이다. 가장 무방비한 상태의 순간들 속에서 우리는 자신의 참모습을 정말로 보고, 보여준다. 겸손한 사람이 어떻게 행동하는지 보려면 일상생활의 평범한 일과 속으로 그를 따라가 보면 된다."[13]

우리 가족은 최근에 친구 집에서 설날 전야를 보냈다. 그날 우리는 중서부에서 비행기를 타고 그 도시에 갔으므로 내 '체감 시계'는 다른 모든 사람들보다 두 시간이 앞서 있었다. 자정이 되었을 때 나는 녹초가 되었다.

한밤중에 친구 부인이 우리 방에 와서 작은 소리로 아내 리자를 불렀다.

"리자!"

나는 깨어 있었고, 그녀의 말이 들렸다.

"그레이엄이 아프대요. 엄마가 가봐야겠어요."

리자는 움직이기 시작했다. 나는 결정을 내려야 했다. 잠든 척할 수도 있었다. 그녀가 부른 사람은 어디까지나 내 아내였다. 게다가 나는 거의 스무 시간이나 깨어 있었다. 눈을 질끈 감기란 너무 쉬웠다. 하지만 그것이 종의 반응일까?

"내가 가볼게."

나는 말했다. 너무 사소한 일이라 말하기도 창피할 정도지만, 겸손은 이런 작은 결정들을 통해 **학습**된다. 겸손의 실천은 훈련이 필요하다. 그것은 일상생활의 작은 행위들 속에서 다른 사람들을 **배려**할 때만 가능하다.

6. 건강한 자기회의를 기른다

건강한 자기회의는 놀라운 것이다. 우리는 온당한 자신감을 허물려고 해서는 안 된다. 그러면 정서불안과 우유부단에 빠지게 된다. 그러나 겸손을 실천하려면 우리가 마음을 열고 늘 의식적으로 기억해야 할 사실이 하나 있다. 즉 거의 매번 우리가 다른 각도를 놓치고 있다는 사실이다.

예를 들어, 언쟁이 났을 때 겸손은 우리에게 상대방의 의견이 나와 다르다는 이유만으로 그를 틀렸다고 단정해서는 안 됨을 가르쳐준다. 사실, 상대방의 옳고 그름 여부는 한 가지 이슈에 지나지 않는다. 우리는 그의 말과 회의와 의문과 오해를 들어 주고 그의 견해를 온유하게 바로잡아줄 수 있을 만큼 그를 존중하는가? 한 박자 속도를 늦추어 감정을 가라앉힌 다음에 상황을 그의 입장에서 보려고 하는가? 아니면 그의 의견을 짓밟아버리는가?

건강한 자기회의는 우리의 판단의 방향을 돌려준다. 우리는 단정 짓지 않고 경청하기 시작한다. 상대방을 고려한다. 엄마가 딸을 평가하는 버릇만큼이나 치밀하게, 자신의 삶을 평가하기 시작한다면 어떻게 될까? 불만에 찬 남편이 아내의 부족한 점 대신 남편으로서 자신의 부족한 점에 초점을 맞춘다면 어떤 일들이 일어날까? 십대 자녀가 부모 때문에 자기 인생을 망쳤다는 불평을 그만두고, 부모를 공경하라는 명령을 얼마큼 무시해 왔는지 자문하기 시작한다면 어떻게 될까? 목사가 교회를 통해 자신의 야망을 채우는 것을 생각하지 않고, 작은 교회를 섬기는 길에 집중한다면 어떻게 될까?

이것은 겸손의 예언자적인 소명이다. 이것은 우리의 교만을 무장해제 시키고, 우리의 초점을 제대로 돌려주고, 남을 섬기는 이타적인 삶으로 우리를 이끌어준다.

인간관계 속에서 겸손을 실천한다는 것은 이처럼 중요하면서도 어려운 훈련이다. 그것을 좀 더 살펴보기로 하자.

겸손, 사랑과 연합의 어머니

신학교를 졸업한 직후 어떤 기독교 기관에서 일을 하게 되었는데, 당시 나의 직속상관이자 대학에서부터 알고 지내던 사람과 심한 말다툼을 하게 되었다. 나는 그의 비리를 모두 보았고 그의 성공에 분개했다. 그의 성공을 **탐낸** 것은 아니지만 나는 그 사람처럼 그런 일을 할 마음은 전혀 없었다 그런 비리의 인물에게 그런 자리가 주어져야 한다는 점이 마음에 거슬렸다. 나는 그의 결점에 집착하게 되었고, 당연히 그는 나를 경계했다. 누군가 자신을 판단할 때 그 사람을 위협 세력으로 보지 않는다는 것은 어려운 일이다.

나는 내가 관찰한 바를 상부에 알려야 할 의무감을 느꼈다. 내 판단은 충분한 근거가 있었고, 결국 총책임자는 선택을 내려야 했다. 결국 그는 나의 직속상관을 해임시켰다.

관계는 회복이 불가능할 정도로 깨졌다. 내 생각이 다분히 옳았고 다른 사람들도 지지했으므로, 나는 당연히 내가 옳다는 독선에 빠졌고, 그 뒤로 몇 년이 가도록 나는 내가 교만했다는 것을 알지 못했다. 뒤로 물러서서 일이 제 속도대로 풀리도록 두었어야 했는데, 모든 것을 내 손에 쥐고 관계를 망쳐버린 셈이다.

교만이 미움과 불화의 아버지라면 겸손은 사랑과 연합의 어머니다. 겸손한 마음이 없으면 우리는 남에게 지독한 불쾌감을 주고 자기 요구를 일삼는 사람들이 되기 쉽다.

십자가의 요한은 "이 겸손에서 이웃 사랑이 나온다. 겸손하면 이웃을 판단하지 않고 존중하게 되기 때문이다"[14]라고 말했다. 소원함, 미움, 분노, 원한, 앙심 등 인간관계를 죽이는 것들은 판단에서 생겨난다. 그래서 십자가의 요한은 겸손이 이웃 사랑의 필수라고 한 것이다. 나는 겸손에 실패할 때마다 사랑에도 실패했다.

나에게 가장 의미 있는 관계들은 서로 존중하는 관계다. 사이가 껄끄러운 사람이 있다면 떠올려보라. 언젠가 그 사람을 판단했거나 그를 충분히 존중하지 않았음을 알 수 있을 것이다. 사실상 우리는 그 사람보다 자신을 더 높인 것이다. 그가 틀렸을 수도 있지만, 우리는 전적으로 옳았는가? 종류는 다를지 몰라도 결점이 없는 사람은 없다.

교회와 사회에 겸손이 시들해져가는 증거가 혹시 있다면, 그것은 관계의 본질과 관계에 임하는 우리의 자세에 있다. 결혼이란 행복보다 거룩함을 위한 것임을 나는 수년 전에 깨달았다. 결혼생활은 하나님을 섬기고 그리스도의 성품 가운데 자라갈 수 있는 최고의 훈련장이다. 그것이 우리가 결혼생활에서 기대해야 하는 가장 위대한 일이라는 사실이다.

그것을 깨닫고 나자 결혼생활의 본질에 대한 내 생각이 눈에 띄게 달라졌다. 결혼 생활에서 행복을 추구했을 때는, 불가피한 불행의 시기를^{또는 그냥 판에 박힌 삶을} 경험할 때마다 내 행복의 부재를 아내 리자의 부족함 탓으로 돌렸다. 나는 아내의 결점을 판단했고, 아내는 나의 결점을 판단했다.

그러나 내 결혼생활이 거룩함을 위한 것임을 깨닫고 나자 항상 부족한 쪽은 나였다. 내게 필요한 변화에 초점을 맞추자, 아내에 대한 내 만족도가 점점 높아졌다. 내 성장은 리자의 변화에 달려 있지 않고 내 태도와 시각의 변화에 달려 있었다.

이혼하는 무수히 많은 배우자들이 주장하는 것은 "당신이 내 양에 안 찬다"는 것이다. 이런 겸손의 부재가 우리의 가정들과 인생을 파괴하고 있다.

겸손의 아름다움은, 우리에게 다른 사람들을 존중할 능력을 입혀준다는 것이다. 다른 사람들의 삶 속으로 들어가는 것이 관계의 기초다. 그러나 우리의 관심이 온통 자신에게 집중되어 있으면, 다른 사람을 챙길 만큼 자신을 비우기가 불가능해진다.

"겸손한 사람은 하나님의 자녀 하나하나를 보면서, 가장 연약하고 하찮아 보이는 사람들까지도 왕의 자녀를 높이듯이 그를 높이고 배려한다."[15]

하나님은 우리에게 삶과 가정과 관계를 돌려주기 원하시며, 그래서 그 방법으로 우리 마음속에 겸손을 심어주려 하신다. 지배하려는 추한 마음 대신 하나님은 우리에게 너그럽고 겸손한 마음, 아름다운 심령을 주실 수 있다.

06
내어드림
주도권을 하나님께 맡기라

하나님께 순결한 마음을 드리기 원하면서
염려가 많은 사람은
다리가 묶인 채 빨리 걸으려는 사람과 같다.

요한 클리마쿠스

리자와 나는 아이들의 할머니 할아버지 곁에 살기 위해 워싱턴 주로 다시 이사하고 싶었으나 상황이 암담했다. 부동산 중개사와 대책을 의논한 결과 그의 시나리오는 우리를 경악케 했다.

"1만 달러의 차액을 지불하시는 것이 가장 좋은 방법입니다."

돈을 내면서 집을 팔아야만 했던 것이다. 그나마 그 집을 사려는 사람이 있다는 전제하에 말이다.

"본전까지 가려면 이 집에 얼마나 더 살아야 되나요?"

리자가 아주 괴로운 절차를 의논하는 환자처럼 물었다.

"한 푼도 내지 않고 집을 파시려면 6년은 더 사셔야 됩니다."

그 집은 아내와 내가 오랜 기도 끝에 산 집이었다. 모든 면에서 하나님이 이사를 축복해주시는 것 같았었다. 그런데 7년이 지난 후, 집값이 우리가 처음 구입할 때보다 크게 떨어져 있었다.

"그때 왜 하나님은 우리를 막지 않으셨을까요?"

리자가 의문을 가질 법도 했다. 우리는 하나님께 기회를 충분히 드리지 않았던가.

어느 날, 기도하던 리자의 마음에 분명히 떠오르는 성령의 감동이 있었다. 마치 하나님께서 이렇게 물으시는 것 같았다. 하나님이 우리를 그 동네에 살게 하신 것은 우리 집의 가치를 높여주시기 위함이 아니라 영혼들을 구하시기 위함임을 생각해본 적이 있느냐는 것이었다.

하나님의 인도하심이라 생각하고 내린 결정이, 지나고 보니 재정적으로는 손해였지만 영적으로는 이득이었다. 우리는 스스로에게 어려운 질문을 던져야 했다. 우리의 지각은 그런 하나님을 섬길 여지를 남겨 놓는가? 다시 말해, 우리가 순종하면 하나님은 우리를 축복하실 의무가 있는가? 아니면 순종은 우리를 희생으로 부를 수도 있는가?

대답하기 전에 십자가를 생각해 보라.

우리는 '원시적' 기독교를 버릴 필요가 있다. 죄는 늘 매를 부르고 순종은 매번 하늘의 복을 부른다는 인과응보의 기독교 말이다. 순종하면 복에 복이 이어져 결국 우리가 건강하고 부유하고 지혜롭게 되어야 한다고 우리는 생각한다.

하지만 그렇게 간단하지 않다. 예수님은 많은 복을 약속하셨지만 또한 **희생의 순간들**이 있을 것도 말씀하셨다. 믿음 때문에 희생해야 할 때도 있다는 말이다.

당신은 준비되어 있는가?

선거에 입후보한 그리스도인 정치가는 모든 과정을 옳게 하고도 선거에 큰 표 차로 질 수도 있다. 설사 그의 삶이 강인함과 인내심과 경건함의 훌륭한 모범이 되었더라도 말이다. 그리스도인 사업가는 정직과 청렴의 원리로 사업을 하고도 도산을 맞을 수 있다.

때로 우리가 상기해야 할 것이 있다. 우리의 믿음이란 희생의 개념에 기초한 것이며, 그 희생의 선두주자는 예수님이었다. 예수님보다 더 순종하며 산 사람은 없지만, 그분처럼 잔인한 죽음을 당한 사람도 드물다. 이스라엘은 4백 년 동안 노예로 살았어도 버림받은 적은 없었다. 초대교회는 1세기에 수시로 추적과 박해와 잔혹한 수난을 당했으나 늘 하나님의 크신 사랑으로 보호를 입었다.

역사적으로 교회와 그 종들이 풍성한 부의 복을 받은 시기들이 있었다. 지역사회에서 가장 존경받는 자리가 곧 현지 기독교 사역자의 자리인 시절도 있었다. 마을에서 가장 부유한 사람들은 대개 교회의 기둥들이었다.

우리의 출생 시기나 장소는 우리의 선택이 아니다. 하나님의 목적에 따라 우리 자신의 주도권을 내어드리는 것은 우리 내면의 자세를 조정하는 것이며, 이를 통하여 우리는 영원이라는 비전으로 한 시대를 초월하여 살아갈 수 있다. 삶의 표면에 사는 사람들은 상황에 지배당하지만, 내어드림은 당장의 사건들의 흐름 위로 우리를 들어올려 준다. 바울은 "내가 비천에 처할 줄도 알고 풍부에 처할 줄도 알아 모든 일 곧 배부름과 배고픔과 풍부와 궁핍에도 처할 줄 아는 일체의 비결을 배웠노라."[2]고 말한다.

믿음과 내어드림은 다음 두 가지 개념에 기초한다. 첫째, 이 땅의 복이 내게 보이든 보이지 않든 결국은 하나님의 선하신 뜻이 이루어진다.[3] 둘째, 그 동안 나는 어린아이 같은 신뢰를 통하여 모든 지각에 뛰어난 내적 평강을 누릴 수 있다.[4] 진정한 믿음의 척도는, 삶이 얼마나 쉬우냐 어려우냐가 아니라 그 모든 기복 속에서 우리가 어떻게 우리 삶을 하나님께 맡기느냐에 있다.

자녀가 많으신 하나님

내어드림의 큰 어려움 중 하나는 하나님이 그 자녀들을 똑같이 대하시는 것 같지 않다는 사실이다.

우리가 집을 팔려고 하던 그 시기에 아내 리자의 성경공부 모임에서 한 부인이 말하기를, 하나님이 '기적적으로' 자기네 집을 사겠다는 사람을 보내주셨다고 했다. 그룹 멤버들이 그녀와 함께 기뻐하는 동안, 리자는 게릴라 전사처럼 시기심의 죄와 싸웠다.

"이 집을 떠날 날이 올까요?"

아내가 내게 물었다. 아내가 바닥 청소까지 깔끔히 해두었는데 도 어린 자식들이 셋이나 딸린 상황에서 그렇게 '내보일 만한' 바닥을 유지하기란 보통 어려운 일이 아니다, 매매 희망자가 단 한 사람도 다녀가지 않은 지 오랜 시간이 흐른 후였다. 무언의 질문은 이것이었다.

"하나님은 왜 그녀의 집은 팔리게 해주시면서 우리한테는 가만히 계실까요?"

이 질문은 기독교만큼이나 오래된 것이다. 부활하신 후에 예수님은 베드로와 허심탄회한 대화를 나누시면서, 장차 베드로가 당하게 될 죽음을 예고하셨다. 베드로가 돌아보니 요한이 보였고, 그래서 그는 물었다.

"주여, 이 사람은 어떻게 되겠습니까?"

예수님을 세 번이나 부인한 죄를 방금 막 용서받고도 베드로는 자기만 험한 죽음을 당해야 하고, 요한은 더 쉽게 풀린다는 사실이 억울했던 것이다.

예수님은 베드로의 물음에 답하시지 않고 이렇게 되물으셨다.

"내가 올 때까지 그를 머물게 하고자 할지라도 네게 무슨 상관이냐."[5]

여기서 예수님은 당신과 나에게, 다른 사람들을 향한 하나님의 계획이 내 것보다 더 좋아보여도 거기에 대한 질투나 시기심을 내려놓아야 한다고 말씀하신다. 나의 상황을 다른 사람들과 비교할 때, 나는 하나님이 주시려는 귀한 평강을 버리는 것이다.

집을 파는 문제에 있어서, 우리는 다른 사람에게 해주신 하나님의 일에 이의를 다는 대신, 더 중요한 질문을 우리 자신에게 던져야 했다. 이대로 이곳에 남는 것이 하나님이 원하시는 것이라면, 우리는 기꺼이 신뢰의 자세로 그렇게 할 것인가? 기본적으로 우리는 하나님이 이사할 길을 열어주실 때까지 상황을 받아들여야만 했다.

그 안에 나를 위한 큰 자유와 변화가 있었다. 내가 통제를 고집하면 내 불안 수위가 고조된다. 좌절은 비등점에 이르고, 아내와 자녀들은 내 피해자가 되기 십상이다. 더 가까워지고 서로 부축하고 격려해야 할 그 시점에, 우리는 비난과 막연한 분노로 오히려 더 소원해질 수도 있었다. 하나님께 대한 전적 신뢰야말로 실망의 한복판에서 우리의 가정생활을 더 견고하게 지키는 열쇠였다. 하나님이 우리의 계획을 바꾸신다면 우리는 거기에 따라야 한다. 우리가 원하는 것에 집착할 것이 아니라 그분이 하시는 대로 따라가야 했다.

이 과정을 통해 나는 시련이 어떻게 우리를 빚어가는지를 깨달을 수 있었다.

중립적 시련이란 없다

고등학교 시절의 사진들을 보며 불현듯 깜짝 놀란 적이 있다. 당시 나는 고등학교를 졸업한 지 10년밖에 되지 않아 겨우 인생의 감고^{#불}를 맛보기 시작하던 때였다. 운동선수 같아 보이던 동창생들의 모습이 부모님의 성경공부반 멤버들처럼 변해 있는 모습을 발견했다. 그 사진들은 나에게 첫 신호탄이었다. 열여섯 살 때 내 이마 선이 그렇게 '낮았다'는 사실이 믿어지지 않았다. 더도 말고 딱 10년 세월에 나는 얼마나 변했던가!

시련도 시간처럼 우리를 달라지게 한다. 시련은 우리에게 흉하고 독하고 냉소적이고 비열한 정신을 남길 수도 있고, 시련을 계기로 더 강해질 수도 있다. 하지만 10년 세월에 흔적이 없을 수 없는 것만큼이나 우리는 시련을 통과하고도 달라지지 않을 수는 없다.

시련을 통해 유익을 얻느냐, 무너지느냐는 우리가 얼마나 하나님께 맡기냐에 달려 있다. 우리 중에는 다분히 이기적인 이유로 예수님께 온 사람들도 많다. 마태복음 2장에 보면 동방박사들은 예수님을 경배하고 예물을 드리려고 그분께 왔다.[6] 그보다 더 낮게, 바울은 예수님의 종이 되려고 그분께 왔고,[7] 그 태도를 평생 잃지 않았다.[8] 어떤 역경도 바울을 곁길로 가게 할 수 없었다.

당신은 어떤 이유로 예수님께 왔는가? 죄에서 구원을 받으려고 왔는가? 하나님을 통해 재정 상황에 도움을 받거나 결혼생활을 건져보거나 자녀에게 '복된' 삶을 얻게 하려고 왔는가?

우리가 예수님께 가는 것은 그분을 닮는 법과 하나님의 종으로 우리 자신을 드리는 법을 배우기 위해서이다. 풍성한 공급을 받으려고 하나님께 왔는데 여전히 가난을 면치 못한다면, 우리는 하나님을 떠날 것이다. 건강을 얻으려고 하나님께 왔는데 여전히 아프다면, 우리는 그분을 떠날 것이다. 그러나 단순히 그분을 섬기려고 온다면, 삶의 어떤 사건도 우리의 동기를 앗아갈 수 없다. 하나님은 언제나 우리의 충정을 받으시기에 합당하신 분이기 때문이다. 내가 만일 예수님을 주인의 자리에 모시고자 그분께 온다면, 삶의 모든 문이 내 앞에서 닫힌다 해도 내 인생의 궁극적 목적은 여전히 동일할 것이다. 즉 그분을 섬기는 것이다.

내어드림이 없는 그리스도인은 이렇게 말할 것이다.

"하나님이 나를 축복하시면 나도 순종하겠지만, 상황이 힘들어지면 다른 길을 찾겠다."

C. S. 루이스의 다음 말이 내어드림으로 태어난 그리스도인을 잘 대변해 준다.

"나는 자유로워지려고 태어난 것이 아니다. 나는 예배하고 순종

하려고 태어났다."⁹

이 내어드림의 진리를 명상하면서 쓴 잔느 귀용의 말은 성경을 제외한 모든 기독교 문서에서 가장 심오한 묵상 중 하나일 것이다.

"축복과 사랑을 받도록 당신 자신을 그분께 드렸다면, 십자가에 못 박히는 시기가 왔다고 해서 갑자기 돌아서서 당신의 삶을 도로 무를 수는 없다! 하나님은 당신을 십자가에 내어주시고, 그러면 십자가는 당신을 하나님께 내어드린다."¹⁰

바울이 알았던 것을 귀용도 배웠다. 대부분의 사람들은 역경을 피하지만 그녀는 바로 그것 때문에 감사하는 지혜를 배웠던 것이다. 우리 뜻에 어긋나는 역경을 겪는 것은 선물이라고 그녀는 말한다. 감사한 마음으로 받으면, 역경은 하나님의 임재라는 더 높은 목표를 위한 중요한 수단이 된다. 바울이 가르친 것처럼 우리는 그리스도와 공동 상속자다.

"우리가 그와 함께 영광을 받기 위하여 **고난도 함께 받아야** 될 것이니라."¹¹

사소한 불평거리가 우리 삶을 자기연민으로 오그라뜨리려고 위협할 때, 오늘 나를 위한 하나님의 뜻이 무엇이든 그것을 받아들이는 내적 훈련이 되어 있으면, 예수님과의 사귐을 더 깊이 경험하게 된다.

여기 나를 위한 열쇠가 있다. 바울은 내가 그리스도의 고난에 동참하고 있음을 일깨워준다. 나는 혼자 고생하는 것이 아니다. 부나 평탄함이나 병이나 위안도 나 혼자 겪는 것이 아니다. 나는 그리스도와 함께 살고 있다. 내 마음의 소원은 그리스도께서 계신 곳에 나도 있는 것이다. 예수님이 나를 시련으로 인도하시든, 승리로 인도하시든 가장 중요한 것은 내가 그분과 함께 있는 것이다. 이제 나는 '대책이 어디 있나? 위안이 어디 있나? 쉽게 빠져나갈 길이 어디 있나?'를 묻기보다는 '하나님이 어디 계신가? 이 상황에서 그분이 나에게 원하시는 것이 무엇인가?'를 묻게 된다.

당신도 나처럼 순종과 섬김의 긴장 속에서 조바심하고 있다면, 이것을 묵상해보라. 하나님은 우리를 십자가에 내어주시고, 그러면 십자가는 우리를 하나님께 내어드린다.

내어드림의 과정

내어드림의 열쇠는 받아들이는 것이다. 잔느 귀용은 말한다.

"고난의 형태로 무언가가 당신을 찾아오면, 그 즉시 자신을 하나님께 맡기라. 그리고 그 일을 받아들여라."[12]

때때로 이 받아들임은 지독한 싸움 후에야 올 것이다. 그렇더라도 당신의 그 경험은 다른 사람의 그것과 크게 다르지 않으므로 힘을 내기 바란다.

"당신은 연약함 중에 십자가를 질 때도 있고 강건함 중에 십자가를 질 때도 있다. 그러나 연약함에서든, 강건함에서든 십자가를 져라!"[13]

나는 하나님의 분명한 뜻에 조용히 맡길 때도 있고, 아주 억울하게, 그것도 그분과의 격론 끝에야 맡길 때도 있다. 받아들임의 지점에 이르는 경위는 다를 수 있으나 받아들임에 이르는 사실만은 달라서는 안 된다.

지금까지 우리는 시련 가운데서 하나님께 맡기는 것에 대해 말했다. 그러나 축복 중에도 우리를 내어드려야 한다.

밥 패튼은 어느 주립대학에서 우수 교수상賞을 받은 직후에 승진되어, 재정학과의 종신 정교수가 되었다. 착실한 재정 관리와 절제와 근면한 노력의 결과로 그는 상당 수준의 재정적 안정을 누렸고, 그래서 워싱턴 주의 아름다운 대지에 안락한 주택 건축을 시작할 수 있었다. 집이 완공되어 페인트칠의 끝손질을 하던 중에 밥은 하나님께서 이렇게 말씀하시는 것을 느꼈다.

"이 집은 네 집이 아니다."

"아니, 세상에 …, 그동안 들인 공이 얼마인데 …."

밥은 그런 생각이 들었다.

그러나 밥과 그의 아내 베시가 그 집에 20년간을 사는 동안, 그 집에 그들만 살았던 적은 거의 없었다. 자기들이 **하나님께 세를 산다**는 자세로 임했기 때문이다. 그래서 패튼 부부는 거처가 필요한 사람들에게 무료로 하숙을 시켜주었다. 그들은 대학과 신학교 학생들, 재정적 난관에 봉착한 가정들, 신체적 장애가 있는 사람들, 정서적 고뇌로 한동안 보호가 필요한 사람들을 맞아들였다.

"돈은 소비하라고 주신 것이 아니라 관리하라고 주신 것이다."

밥은 그렇게 말한다. 지금으로부터 거의 20년 전에 밥은 그 안정된 평생 교수직을 버리고 당시로서는 규모가 작았던 한 교회의 협동목사가 되었다. 이 땅 축복의 한복판에서 그가 보여준 하나님에 대한 전적 신뢰는 나를 비롯해서 많은 그리스도인들에게 감화를 끼쳤고, 돈과 재물 관리에 관한 우리의 통념을 재검토하게 해주었다.

축복 앞에서 내어드림을 실천한다는 것은 "나는 **당연히** 이 좋은 것들을 누릴 자격이 있다! 내가 일해서 얻었으니 내 것이다"라는 의식을 버려야 한다는 뜻이다. 밥과 베시는 그것을 알고 있었다. 어떤 사람들에게 있어서 내어드림이란, 인생을 열 번 살아도 될 만큼의 돈이 있어도 시선을 하나님께만 둔다는 뜻이다. 또 다른 사람들에게 있어서 내어드림이란, 닷새 연속 귀리죽과 건포도만 먹더라도 역시 시선을 하나님께만 두는 것이다.

내어드림이란 외부의 환경이 어떠하든 내적으로 바른 태도를 취하는 것이다.

"연약하거나 강건하거나, 달거나 쓰거나, 유혹이 오거나 심란하거나, 고통 속에서나 피곤함 속에서나, 불확실하거나 축복이 오거나 실패가 오거나, 모든 상황을 똑같이 주님의 손에서 온 것으로 받아야 한다."[14]

그리스도인들은 누구나 이 일로 씨름해왔다. 그러면 어떻게 이것을 실천할 수 있을까?

내어드림의 목표

내어드림의 확실한 목표는 그리스도를 닮는 것이다.

"내어드림의 결과는 무엇인가? 궁극적인 것은 경건함이다."[15]

그럴 수밖에 없지 않겠는가? 우리가 하나님의 빚으심에 맡기면, 좀 더 예수님처럼 되는 것은 당연한 이치다.

우리 아이들은 이제 기저귀를 찰 단계는 다 지났지만, 아들에게 기저귀를 채울 때와 딸에게 기저귀를 채울 때의 차이가 기억난다. 아들인 그레이엄의 경우, 기저귀를 채우는 일은 게릴라전이었다. 그의 목표는 오직 하나, 최대한 빨리 그 자리를 벗어나는 것이었다. 벌거벗은 채로라면 더 좋았다. 그는 몸을 흔들고 좌우로 구르고 발길질을 했다. 물론 결국은 언제나 기저귀를 채웠지만, 기저귀가 삐딱해 보일 때도 있었다. 반면 딸 켈시는 젖은 기저귀를 갈아주는 부모가 고맙기라도 한 듯, 엉덩이를 쳐들어 새 기저귀를 끼우기 좋게 해주었고, 기저귀를 치우는 동안 웃으며 재잘거렸다. 그래서 켈시가 찬 기저귀는 앞쪽은 정확히 V자 모양이었고 뒤쪽도 꼭 맞았다.

우리는 하나님께 저항할 수 있지만, 그것은 우리의 성품으로 나타날 것이다. 내어드림이란 단번에 할 수 있는 일은 아니다. 작은 싸움들을 얕보지 말라. '하나님께 몽땅 드리는' 단번의 대대적인 행위로 전쟁에 이길 수 있다고 생각하지 말라. 요한 클리마쿠스는 "작은 일에 불충실한 것이 곧 큰일에 불충실한 것이며, 그것은 여간해서 다스리기 어렵다"[16]고 경고했다.

영적으로 말해서, 작은 맡기는 행위 하나가 1년 치의 외적 훈련보다 더 유익할 수 있다.

"금식하는 사람, 즉 자신의 식욕이 과도히 탐하는 모든 것을 금하는 사람은 좋은 일을 하는 것이다. 그러나 자신의 욕심과 뜻을 금식하고 하나님의 뜻만 양식으로 삼는 그리스도인은 훨씬 좋은 일을 하는 것이다."[17]

통제권을 내려놓는 것에 비하면 한 끼쯤 거르는 것은 아무것도 아니다. '작은 내어드림'을 실천할 수 있도록 간절히 기도하자.

무엇보다도 우리가 명심해야 할 것이 있다. 우리를 향한 하나님의 계획과 사랑에는 즉각적인 위안을 얻는 것보다 훨씬 큰 사안이 걸려 있다. 하나님의 궁극적 목표는 우리가 그리스도의 형상을 본받는 것이며,[18] 바로 그 렌즈를 통해서만 하나님의 선하심을 온전히 이해할 수 있다. 그리스도의 속성에 대한 우리의 이해는 일그러지고 치우쳐 있다. 우리 자신에 대한 우리의 바른 이해도 죄와 교만과 자기기만으로 방해받고 있다. 문질러서 벗겨 내거나 광택을 내야 하는 부분이 어디인지, 정말로 아시는 분은 하나님뿐이다.

진정한 내어드림을 위해서는, 위안을 기준삼아 평가하던 것을 그만두고, 우리를 하나님께 더 가까이 이끌어주고 그리스도를 더 닮게 해주는 것을 기준으로 시련을 평가할 줄 알아야 한다.

하나님의 인도하심으로 버지니아 북부의 집이 결국 팔려서 우리는 워싱턴 주로 다시 이사를 왔다. 벨링햄 지역의 셋집을 구했는데, 날씨가 좋으면 우리 방 창문에서 베이커 산의 정상이 보인다. 물론 이 축복에 대해 우리는 무한히 감사할 따름이지만, 나는 교훈을 배웠다. 우리가 이쪽으로 온 지 얼마 안 되어 누군가가 내게 물었다.

"벨링햄에는 얼마나 오래 사실 계획입니까?"

"나야 여기서 은퇴를 맞아도 좋을 것 같지만, 하나님께서 인도하시는 대로 따를 뿐이지요."

나는 솔직히 대답했다. 내게 아무리 좋은 것이라도 하나님께 맡겨드려야 함을 배운 것이다.

07

초연함

하나님을 사랑함으로 자유하라

경건한 삶을 살고자 한다면 죄를 단절시킬 뿐 아니라
마음속에서 죄에 대한 모든 애착을 씻어내야 한다.
죄의 상태에서 회복되었어도 여전히
그런 애착을 품고 있는 영혼은
맛없이 먹고, 쉼 없이 자고, 기쁨 없이 웃고,
걷기보다는 질질 끌려 다니는 것과 같다.
그들은 선을 행해도 아주 무거운 영혼으로 하기 때문에
선행의 은혜가 모두 날아가 버린다.[2]

프랜시스 드 살레

　나의 경우, 세상에서 가장 서글픈 꽃은 언제나 노란 장미일 것이다. 내가 마지막으로 노란 장미를 산 것은 20년 전, '섀런'과 대여섯 번째 헤어지고 나서였다. 노란 장미는 섀런이 가장 좋아하던 꽃이었다.

　섀런과 나는 고등학교 때 서로 사귀었는데, 관계의 기복이 아주 심했다. 아무리 애써도 우리는 관계에 종지부를 찍을 수 없었다. 나는 오랜 관계를 유지하기에도 너무 미숙했지만, 정서적으로 섀런에게서 떨어져 나오기에도 너무 미숙했다.

　데이트를 끝내려고 할 때마다 나는 너무 죄책감이 들어서, 내가 생각하는 섀런이 얼마나 특별한 사람인지를 일부러 그녀에게 표현했다. 물론 아직 고교 시절이다 보니, 섀런도 그런 말을 듣고 나면 꼭 내가 아주 훌륭한 남자임을 일깨워주었다. 그녀는 그렇게 특별하고 나는 그렇게 훌륭하니, 우리는 '한 번만 더' 시도해 보아야만 할 것 같았다.

　내어드리는 것과 완전히 **초연**해지는 것은 다르다. 내어드림은 의지의 행위이다. 하나님이 정해주신 상황이나 형편을 받아들이고 그 안에서 그분의 선하신 뜻을 찾는 것이다. 초연함은 사람, 재물, 지위, 돈, 권력에서 어떤 의미와 안정을 찾는 일을 그만둔다는 뜻이다. 그것들이 더 이상 우리를, 뻔히 아는 미련하거나 무익한 행동으로 유혹하지 못하도록 말이다.

초연함에 관한 가장 유명한 구절은 아마 마태복음 6장 33절일 것이다. "너희는 먼저 그의 나라와 그의 의를 구하라. 그리하면 이 모든 것을 너희에게 더하시리라."

초연한 태도를 지닐 때 우리는, 우리의 갈망을 다시 빚어 가시는 하나님의 작업에 협력할 수 있다. 그리하여 우리는 영혼에 진정 소중한 것일수록 하나님 자신만이 주실 수 있음을 알고 안식하게 된다. "여호와를 기뻐하라. 저가 네 마음의 소원을 이루어 주시리로다" 시 37:4.

안에서 오는 자유

정도 차이는 있지만, 걷잡을 수 없는 욕심이 날마다 우리를 그 손아귀에 움켜쥔다. '십자가의 요한'은 욕심을 제어하지 않으면 그것이 두 가지 방식으로 우리에게 해를 입힌다고 가르친다. 그것은 우리에게서 성령을 경험하고 누리는 삶을 앗아가며, 또 우리를 "지치고, 괴롭고, 어둡고, 더럽고, 약하게 만든다."[2]

훈련되지 않은 내면생활세상과 싸우면서도 세상에 애착을 두는 삶은 불행의 첩경이다. 우리 중에는 마치 다이어트 중이면서 냉장고에 아이스크림을 잔뜩 넣어 둔 사람처럼, 영적으로 그렇게 살아가는 사람들이 있다. 정말로 다이어트를 한다면 냉장고의 아이스크림부터 치우지 않을까? 그렇게 하지 않으면 스스로 불행을 자초할 뿐이다. 우리는 하나님을 따르며 거룩한 삶을 살고 싶다고 하지만, 주변에 유혹을 널려둔 채 건성으로 하고 있다.

우리는 영적 유혹의 생리를 이해할 필요가 있다. 간혹 잘못된 욕심이 너무 강해서 욕심 자체가 문제가 될 때도 있다. **욕심이 대상보다 더 강해서 우상과 동기가 되는 것이다.**

결국 욕심에 굴하고 보면, 만족이 예상만큼 달콤하지 못해서 놀라게 된다. 우리를 넘어뜨려 죄를 짓게 하는 것은 대상 자체라기보다 그 대상에 대한 **욕심**이다. 즉 나의 입지를 높이려고, 또는 아이러니지만 절대로 채워질 수 없는 내면의 빈자리를 채우려고, 사람이나 사물을 오용하는 것이다.

몇 년 동안 미혼모를 섬기는 기관에서 일한 적이 있는데, 거기서 우리는 똑같은 이야기를 듣고 또 들었다. 그녀가 원했던 것은 딱히 혼전 섹스가 아니라 친밀함이었다는 것이다. 그래서 몸을 내주었으나 자기가 진정으로 바라던 것은 얻지 못했다. 그녀는 자신이 이용당하고 싸구려가 된 느낌이 들 때가 많았고, 섹스에 대한, 혹은 섹스가 가져다줄 것으로 기대했던 것과는 거리가 멀었다.

영혼의 그런 독소들은 감질나게 우리를 조롱하며 환멸을 안겨준다. 당신이 혹 그런 환멸에 빠져 있다면, 당신은 자유와 새로운 힘을 경험할 필요가 있다. 당신이 초연함의 영성을 실천하기 시작할 때, 하나님은 당신 안에 그런 자유와 새로운 힘을 부어주신다.

실제적이고 솔직해져야 한다. 우리가 정말로 갈망하는 것을 멀리하기란 극히 어려운 일이다. 개혁신앙의 위대한 작가 존 오웬은 "뿌리를 즐거워하는 사람은 열매를 미워하지 않는다."[3]고 지적했다. 뭔가 우리의 마음을 사로잡은 것을 멀리하기만 하려 한다면, 산발적인 성공은 거둘지 모르지만 일관된 성공의 가능성은 낮다. 해로운 것들을 그만 먹으려면, 식욕을 다스려야 한다. "식욕이 소멸되면또는 죽으면 더 이상 그런 것들의 쾌락을 먹지 않게 된다."[4]

현대 복음주의는 행동으로의 죄를 끊는 데 너무 치중한 나머지, 자칫 덕의 실제적인 특성을 놓칠 수 있다. 죄를 끊으려면 잘못된 근본 욕심을 살피고 거기서 놓여나야 하는데, 우리는 그런 것 없이 무작정 죄를 끊으려 한다. 죄에서 자유를 얻으려면, 행동에만 초점을 맞출 것이 아니라 내적 원인을 살펴보아야 한다.

오늘날 한 그리스도인이 넘어지면, 99%는 죄짓게 되는 상황을 피하려는 외적 전략에 치중한다. 연애 중인 젊은 커플에게는 절대로 단둘이 있지 말라고 하고, 알코올 중독자에게는 술집이나 주류 판매점을 멀리하라고 경고한다. 그러나 마음이 죄의 뿌리인 욕심으로 치우쳐 있으면, 모든 외적 훈련은 정작 욕망이 들끓는 순간에는 무력해진다.

견고한 의지물리적 시간은 떼어주지만 영적인 생각은 낳지 못하는 외적 훈련의 성공은 제한적일 수밖에 없다. '십자가의 요한'은 이렇게 설명한다.

"우리 영혼이 계속해서 어떤 대상을 열망하는 한, 우리는 부족함에서 벗어날 수가 없다. 우리는 우리 영혼의 욕구와 만족을 벌거벗겨 노출시켜야 한다이 말은 잠시 후에 설명된다. 그래야 비로소 모든 것을 소유하더라도, 그 모든 것에 대하여 자유하고 비울 수 있게 된다. 세상의 것들은 영혼 안에 들어갈 수 없으므로 그 자체로 방해물이 못 된다. 그런 것들에 마음을 둠으로써 피해를 야기하는 것은 오히려 우리 내면에 거하는 의지와 욕심이다."[5]

요한이 사용한 **벌거벗긴다**는 말은 심령의 벌거숭이 상태를 뜻한다. 우리를 타락으로 이끄는 잘못된 갈망을 하나님은 '벗기신다.' 우리 쪽에서도 그런 것들에 대한 욕심이나 갈망의 옷을 입어서는 안 된다. 어떻게 그럴 수 있을까? 우리가 탐하는 것들이 절대로 내면의 빈자리를 채워주거나 덮어줄 수 없음을 하나님의 도움으로 확실히 깨달아야 한다. 그럼 결국 우리는 그분의 임재와 그분의 뜻과 그분의 목적과 그분의 성품으로 옷 입기를 갈망하게 된다.

당신이 죄와 싸워왔지만 성과가 없다면, 그리고 행동은 하지 않지만 욕심을 끊지 못하는 것이 그 주된 이유라면, 당신은 초연함의 영성이 필요하다. 이것은 우리의 시선을 피조물에게서 창조주에게로 돌릴 때 시작된다.

비단 사슬

빅토리아 시대의 소설들을 보면, 상류층 사람이 하류층 사람과 사랑에 빠질 때 로맨틱한 긴장이 발생한다. 그때만 해도, 사회적 신분이 자기보다 낮은 사람을 사랑하는 것은 기구한 운명으로 통했다. 낮은 신분의 사람이 높아지는 것이 아니라 오히려 상류층 사람의 위신만 깎이는 경향이 있었다.

'십자가의 요한'은 우리가 창조주보다 피조물을 더 사랑하는 것도 똑같은 일이라고 역설한다. 즉 우리 수준이 우리가 사랑하는 대상의 수준으로 낮아지는 것이다. 하나님께 흠뻑 취하면 우리의 격이 올라가듯이, 하찮은 것들을 탐하면 그만큼 우리의 격이 떨어진다. "고로 피조물을 사랑하는 사람은 그 피조물만큼 낮아지며, 어떤 의미에서 그보다 더 낮아진다. 사랑이란 그 주체를 대상인 피조물과 동등하게 만들 뿐 아니라 대상에 종속시키기 때문이다."[6]

하나님 자신보다 그분이 지으신 뭔가를 더 사랑할 때, 우리는 실망을 자초할 뿐 아니라 계속해서 하나님께 죄를 범할 수밖에 없다. 우리 죄의 비극은 이것이다. "하나님과 동등한 것은 아무것도 없기에, 하나님 외에 다른 것을 사랑하고 애착을 갖는 사람, 또는 하나님도 사랑하고 다른 것도 사랑하는 사람은 그분께 크나큰 죄를 범하는 것이다."[7]

하나님은 우리에게 영적 만족, 참된 성품 형성, 기쁨, 평안 등 가장 의미가 큰 복들을 모두 주신다. 그러나 우리는 그 밖의 다른 것, 그 밖의 모든 것을 붙들고 늘어진다! 내면의 평안, 의미, 자유, 만족 대신 우리는 그저 잠시 생각과 자존심과 육신을 자극하는 것들을 탐한다. 그래서 모든 참 필요를 채워주시려는 하나님은 우리가 저급한 것들에 욕심을 두고 있는 동안 곁에 서서 기다리신다. 우리가 그 채우심을 받기만을 기다리시는 것이다.

사랑과 은혜와 관용과 자비의 하나님이 당신의 모든 거룩한 필요를 채워주실 때 그 삶이 얼마나 만족을 가져오는지 상상해보라.

나는 헤로인에 중독된 한 젊은 남자를 알고 있다. HIV 바이러스가 마약 남용자들 사이에 아주 급속도로 확산되는 이유는, 종종 그들이 구입 직후에 마약을 주사할 때 같은 바늘을 서로 돌려쓰기 때문이다. 왜 그럴까? 구입한 마약이 진품인지 확인하고 싶은데, 그러려면 직접 주사해보는 방법밖에 없기 때문이다.

내 몸 속에 주사할 물건을 사면서 그 판매책을 믿을 수 없다니, 생각만 해도 끔찍한 일이다. 하지만 그것이 마약산업의 본질이다. 그것은 조종을 일삼는 무서운 사업이다.

하나님은 그렇지 않다. 조종의 위험도 없고, 하나님이 우리에게 진품을 주시지 않을 소지도 전혀 없다. 그분을 갈망할 때 우리에게 실망이란 있을 수 없다. 우리의 필요들은 반드시 채워진다. 우리가 기대한 방식대로는 아닐지 몰라도 장기적으로 우리 영혼의 건강에 가장 좋은 길로 채워진다.

늘 함께하시는 인자하신 하나님이 당신의 가장 깊은 필요들을 채워주고 계시다면, 당신의 대인관계에 어떤 변화가 찾아올지 상상해보라. 당신은 더 이상 이런저런 요구로 배우자를 피곤하게 할 필요가 없어질 것이다. 당신은 요구하는 자가 아니라 사랑하는 자가 될 것이다. 부모와의 관계에서 좌절을 느끼고 있다면, 당신은 원래 부모가 줄 수 없는 것을 요구하는 대신 하늘 아버지께 수용과 참 사랑을 얻을 수 있다. 당신이 부모라면, 당신 자신의 기대와 희망과 야욕으로 자녀에게 짐을 지우는 것이 아니라 자녀를 본래 하나님이 뜻하신 사람이 되도록 준비시켜주는 데 집중할 수 있다.

요구는 관계를 망친다. 채워지지 않은 요구는 관계를 생지옥으로 만들고 비참하게 만든다. 안타깝게도, 하나님께 채움 받는 법을 배워야겠다는 생각은 대부분 절대 떠오르지 않는다.

초연함이란 사물과 기타 피조물정당한 것이더라도을 향한 당신의 요구를 일체 버린다는 뜻이다. 요구는 영적 사슬에 지나지 않는다. 프랑수아 페넬롱은 "금 사슬도 쇠사슬만큼이나 사슬이다"[8]라고 경고했다. 뭔가가 당신을 얽어매고 있는 한 그것이 무엇인지는 중요하지 않다. 당신을 묶고 있는 줄이 비단이든 나일론이든, 당신의 멍에가 강철이든 수려한 참나무 조각이든, 당신을 가둔 우리가 녹슬었든 광택이 나든, 갇혀 있다는 것은 지옥이며 당신의 요구는 당신을 가두는 철창이다.

"그러므로 하나님께 나아가는 길에는 욕심을 버리고 자아를 죽이려는 습관적인 노력이 반드시 필요하다. 그 죽임이 빨리 이루어질수록 영혼은 그만큼 빨리 정상에 이른다. 그러나 욕심을 버리지 않으면, 아무리 많은 실천이 있어도 거기에 도달할 수 없다."[9]

초연함의 위력

우리는 초연함의 영성을 어떻게 경험할 수 있을까? 모든 그릇된 정욕에서 서서히 멀어진다는 것은 불가능한 일이다. 그 대신 우리에게 필요한 것은 강한 공격의 시작인데, 이는 뭔가 다른 것에 애착을 가질 때 가능하다.

아내에게 청혼할 때 나는 그녀를 향한 사랑 때문에 다른 모든 여자를 거부했다. 그녀를 향한 나의 애정은 다른 모든 관심을 삼켜버리는 것이었다. 뭔가에 대한 뜨거운 사랑은 반드시 다른 것에 대한 거부로 이어진다. "욕심을 이기려면 더 좋은 다른 사랑하늘의 신랑에 대한 사랑이 더 활활 타오르게 해야 한다. 이 사랑에서 만족과 힘을 얻으면 다른 모든 욕심을 선뜻 거부할 용기와 절개가 생긴다."[10]

고등학교 때 내가 섀런과의 정서적 애착을 끊는 가장 확실한 방법가장 성숙하거나 가장 현명한 방법은 물론 아니지만 중의 하나는 다른 사람과 '사랑에 빠지는' 것이었을 것이다. 더 좋은 것을 찾았다는 믿음이 있으면 뭔가를 놓기가 더 쉽다.

우리 인간은 진공상태에서는 썩 잘 존재하지 못한다. 우리는 어떤 쪽으로든 열정에 빨려든다. 따라서 영적으로, 우리는 열정 없는 실존에 힘쓰기보다는 우리의 애정을 더 뜨겁게 집약시킬 필요가 있다.

'십자가의 요한'은 지적하기를, 세상의 유혹은 너무도 강해서 "영혼의 신령한 부분이 신령한 것들에 대한 더 절절한 갈망으로 불타지 않으면"[11] 영혼은 엉뚱한 것들에 대한 욕구를 떨칠 수 없다고 또는 아예 그럴 용기가 없다고 했다.

나는 출장이 잦은 편인데, 집을 떠나면 유혹이 넘쳐난다. 바로 그 이유 때문에 혼자 다니기를 거부하는 유명한 그리스도인 남자들이 많다고 들었다. 어디서 강연 요청이 들어오면 그들은 비행기

표를 두 장 요구한다. 하지만 상사가 그런 비용을 허용하지 않는 일반 회사원들은 어찌할 것인가? 나는 바로 이 주제로 어떤 잡지에 기사를 쓴 적이 있다. 다른 사람들과의 대화를 통해 알게 된 것들 중 하나는, 출장을 떠나기 전에 일부 남자들이 느끼는 두려움이었다. 여행 전체가 '나는 넘어질 것인가, 넘어지지 않을 것인가?'로 귀결될 수 있다. 이는 방어전의 한 예다.

하나님이 원하시는 것은 우리가 출장 중에 '넘어지지 않는' 것 이상이다. 그분은 우리가 생산성을 발휘하고, 그 시간을 즐기고, 그분 안에서 성장하고, 새로운 인간관계를 맺게 되기를 원하신다. 우리가 단지 '넘어지지 않는' 데 집착하고 있다면 그와 같은 일들은 벌어지지 않을 것이다.

내가 사용해온 방법은 하나님과 함께 할 수 있는 취미를 개발한 것이다. 그렇다고 반드시 종교적인 일은 아니고 그저 여가를 즐기는 활동이다. 초판본 수집에 처음 흥미를 갖게 되었을 때, 나는 모든 출장지를 초판본 책들이 있을지도 모르는 현장으로 보게 되었다. 제값도 받지 못하고 묻혀 있는, 귀한 책이지만 구하기 힘든 초판본들 말이다. 그래서 나는 중고서점, 골동품상, 재산 처분 현장 등을 다니며 수집 가치가 있는 서적의 초판본들을 수집한다.

맡은 강연을 하고, 운동을 하고, 그런 묻혀 있는 책들을 찾아 시내를 샅샅이 뒤지다 보면 어느새 집에 가는 비행기를 타기에도 시간이 빠듯하다. 이렇게 나는 즐거운 취미에 '애착' 함으로써 출장길의 유혹에 '초연' 할 수 있었다. 후회의 개수구멍으로 나의 삶을 버리기보다는 고색창연한 중고서점에서 즐거운 추억을 만들 수 있는 것이다.

이런 '공격' 원리는 집에서도 잘 통한다. 탐욕에 굴하느니 뭔가를 다른 사람에게 거저 주고 베풂의 기쁨을 경험해보라. 정욕에 빠지느니 바쁜 일정 중에 시간을 내서 진짜 아름다움을 감상해보라. 또 다른 중독에 빠지느니 누군가와 만나서 당신의 삶에 긍정적인 변화를 이룰 수 있는 길을 의논해보라. 도피 욕구가 덜 절실해지도록 말이다.

옛 갈망을 회개하고 버림으로써 우리는 좀 더 고상한 새 갈망을 섭취하도록 스스로 훈련할 수 있다. 이런 '대체' 의 즐거움이 당장은 나타나지 않을지 모르나, 애정이란 시간을 두고 쌓이는 것임을 잊지 말라.

당신이 부정행위를 즐기면서 살아왔다면, 그것 없이 사는 법을 익히려면 꽤 시간이 걸릴 것이다. 갈망이 당장 죽기를 기대할 수는 없는 법이다. 여기서 훈련이 조금이나마 도움이 될 수 있다. 습관이란 멀리하는 기간이 길수록 그 힘이 약해지기 때문이다.

우리는 하나님을 향한 바른 로맨스로 그 모든 활동들을 덮어야 한다. 하나님을 갈망하는 마음이 생기지 않아 고생하는 그리스도인들이 많은데, 그 주된 이유는 그분을 사랑하는 **방법**을 배운 적이 없기 때문이다. 하나님과의 관계를 배울 때 단순논리식 공식예컨대 아침마다 기도 20분, 예배 20분, 성경공부 20분으로 경건의 시간을 갖는 것만을 받았기 때문일 수도 있다. 이런 훈련이 유익할 수 있지만, 우리의 뿌리 깊은 갈망을 채워주기에는 대개 역부족이다. 기도에 대한 우리의 이해가 넓어져야 한다.

이 책을 읽는 독자들 대부분은 평소에 시간을 내어 성경을 읽으며 하나님에 대한 지적인 이해를 넓혀왔을 것이다. 또 설교도 많이 듣고, 어쩌면 신학 학위가 있을지도 모른다. 그러나 당신은 하나님을 사모하는 마음을 키우는 법을 배운 적이 있는가? 마음속에 전능자를 향한 열정을 키우기 위해 무엇을 해왔는가?[12]

건설적인 레크리에이션과 의미 있는 관계와 일로써 온전한 삶을 구축하는 것, 그것이 관건이다. 그러면 죄로 연결되기 일쑤인 갈망들이 우리 삶 속에서 점차 자리를 잃는다. 이는 예로부터 실천되어 온 금욕유혹이 오기 전에 죄의 원인을 제하는 것의 한 부분이다. 강한 욕망을 부정하는 것도 가능하지만, 욕망이 찾아오기 전에 미리 비우는 것이 더 생산적임을 믿음의 선배들은 알았다.

거래 중의 거래

16세기에 스페인에서 니콜라스라는 사람이 엄청난 부자가 되었는데, 당시에는 거부가 되면 엄청난 권력도 따라왔다. 니콜라스는 돈을 좋아해서 열심히 벌었다. 보통 남자들이 물품과 서비스의 교역으로 버는 것보다 금융과 재정 거래로 버는 돈이 더 많았다.

니콜라스의 수완이 워낙 출중해 어느 대주교가 그에게 대주교 관구의 불안정한 재정 상태를 수습해줄 것을 부탁했다. 니콜라스가 아주 신속하고 탁월하게 상황을 호전시키자 왕이 그것을 보고는 니콜라스를 왕궁으로 불렀다. 왕은 니콜라스가 하나님을 위해 할 수 있는 일을 하나님의 종인 왕을 위해서도 할 수 있다고 생각했다.

니콜라스는 왕의 재산을 크게 증식시켰고 그리하여 날마다 왕궁에 시립하게 되었다. 나이 서른일곱에 니콜라스는 사회 최고위층이 되었다. 그는 무엇이나 원하는 대로 얻을 수 있었고, 그의 말이라면 나라의 고관대작들도 함부로 하지 못했다. 그러다가 니콜라스는 아무런 권력도 없어 보이고 왜소하고 대머리가 벗어진 어느 무일푼의 사람을 만났는데, 그가 바로 앞에서 우리가 여러 번 접해 온 '십자가의 요한'이다.

요한은 아빌라의 테레사라는 수녀와 협력하여, 금욕과 청빈과 단순한 생활 규율로 알려진 카르멜회라는 수도회를 새로 창설했었다. 니콜라스는 대다수의 사람들이 동경하는 모든 것을 소유한 반면, 요한의 삶은 보통 사람들에게 최악의 악몽이었다. 그는 신발도 신지 않고, 최소한의 옷만 걸치고 종종 먹을 것도 없이 산야를 주유했으며, 성적 금욕을 서원했다.

그런데 요한을 만난 후로 니콜라스는 왕궁을 떠나 자기 돈을 다 거저 나누어주고는 맨발의 카르멜회에 입회했다. 한때 왕궁을 걷던 사람이 이제 스페인의 자갈길과 때로는 눈길을 자원하여 맨발로 걸었다.

갈릴리 어부들로 하여금 그물을 내려놓고 예수님을 따르게 했던 것과 같은 부르심에 니콜라스도 응답했던 것이다. 그리고 몇 세기가 흘러, 교수로서 막 최정상에 도달한 내 친구 밥 패튼으로 하여금 직업을 바꾸게 한 것도 동일한 내적 부르심이었다.

고금을 막론하고 뛰어난 그리스도인들은 만인이 탐하는 바로 그것들을 버려서 커다란 의미와 목적과 만족을 얻었다. 그러나 니콜라스의 새로운 삶을 그가 버린 것들로만 규정한다면 그것은 심한 곡해가 될 것이다. 그로 인해, 그는 더 좋은 것을 끌어안았다. 그것이 초연함의 진짜 열쇠다. 마음을 열어 예수 그리스도의 마음과 태도를 받아들임으로 그는 육신의 정욕을 버리기 시작했다. 금이나 세도나 권력이 절대 만질 수 없는 방식으로 기도가 그의 마음을 만졌다.

초연함은 단순히 죄를 끊는 것 이상이다. 초연함의 실천은 우리 영혼의 기쁨이신 예수 그리스도로 시작된다. 그리스도인의 삶의 모델이신 그리스도 자신을 보면, 초연함이 그분의 실존에 얼마나 중요했는지 단박에 알 수 있다.

예수님께서 천국을 버리고 인간이 되신 것, 부모를 떠나 메시아의 공생애에 오르신 것, 사람들의 환호에 일희일비하지 않고 그들의 구주가 되신 것, 지상의 삶에 연연하지 않고 우리 죄를 위하여 돌아가신 것 등 모두가 초연히 행하신 것들이다.

예수님은 가장 중요한 것들을 모두 버리셨다. 그런 그분은 믿음으로 사는 우리의 모델이시다. 당신은 새로운 방식으로 그리스도를 경험하기 원하는가? 초연함의 영성 가운데서 그분을 찾으라.

하나님은 초연함을 배우도록 우리를 부르신다. 여기에 관한 한 우리는 아직도 유치원생이지만, 그것을 시인하는 것은 부끄러운 일이 아니다. 우리들 대부분은 소소한 죄, 시기, 자신을 비참하게 만드는 태도들 때문에 고생하고 있다. 나는 우리가 우선 이렇게 시작할 것을 권하고 싶다. 즉 하나님께 우리 마음을 살피시어 우리가 탐하는 것이 무엇인지 사실대로 보여 달라고 하는 것이다.

초연한 그리스도인은 내적 자유를 누리는 사람이다. 초연한 그리스도인은 야망, 욕심, 시기, 탐욕, 식탐, 정욕, 조종이 깎여나갔기 때문에 새로운 차원의 행복을 향유할 수 있다. 이 세상에서 그 차원의 행복을 얻는 사람은 극소수에 지나지 않는다. 아이러니지만 영적 초연함이야말로 하나님이 우리의 쾌락을 위하여 지으신 물리적 세상을 참으로 즐기는 유일한 길이다. 초연함을 통해 우리와 피조물들 사이에 간격을 벌려두지 않는다면, 이 세상의 물질과 쾌락을 향한 우리의 욕심은 그 한도를 지나치고 만다. 우리의 즐거움은 항상 만족 없는 갈망으로 귀착되고 만다.

초연함에는 엄청난 힘이 있다. 초연함을 통하여 우리는 단순히 죄의 행위뿐 아니라 우리를 충동질하는 욕망까지 버리는 법을 배운다. 하나님과 사랑에 빠지라. 당신의 갈망을 하나님이 빚으시게 하라. 열정의 그릇된 대상들을 양식으로 삼지 말라. 지금까지 당신에게 고통을 준 욕망과 갈망으로부터 하나님이 당신의 온전한 삶을 돌려주실 때 잘 받으라.

하지만 어떻게 할 것인가? 어떻게 '주 안에서 나 자신을 즐거워할' 것인가? 이쯤해서 당신이 이미 알고 있을지도 모르지만, 그리스도의 영성들은 각기 따로 서지 않고 서로 상합하여 세워진다. 초연함의 자유를 참으로 경험하려면, 애착이라는 영적인 성품에서 자라가야 한다. 바로 사랑의 영성이다.

사랑

영혼의 에너지를
하나님께 집중시키라

영혼을 끄는 힘으로 사랑의 무게 외에 다른 것은 필요 없다.

잔느 귀용

전쟁이란 공격으로만 이길 수 있다. 윈스턴 처칠도 그 원리를 알았고, 그것이 그를 괴롭게 했다. 그는 역사의 가혹한 순간에 서 있었다. 유럽 본토는 나치에게 점령당했다. 전쟁의 이 철칙이 그를 시험대에 올려놓았다.

이 경우, 공격이란 프랑스 노르망디 해변을 습격한다는 뜻이었다. 하지만 병참 면에서 그것은 전쟁 역사상 유례없는 악몽이 될 것이었다. 역사가 스티븐 앰브로스의 설명처럼, 디데이를 위한 병력 준비는 그린베이와 라신과 크노샤^{미시간 호수 서편의 세 도시-역주}를 '모든 남녀노소와 모든 자동차와 트럭까지 하룻밤 사이에 미시간 호수 동쪽으로'[1] 옮기는 것과 같은 일이었다.

모든 인력과 장비가 제때 도착해야 할 뿐 아니라 날씨도 계속 좋아야 했고, 해변이 탱크와 장갑 항공모함을 지탱해야 했으며, 연합군의 필사적인 기습 시도가 성공해야만 했다. 히틀러가 연합군의 상륙을 제대로 추측한다면, 형세가 지극히 불리해져서 연합군은 실패할 수도 있었다.

처칠과 기타 연합군 사령관들의 고민은 거기에 있었다. 이 작전이 실패할 수 있는 길은 천 가지도 넘었다. 시도조차 해서는 안 될 이유가 천 가지였다. 그럼에도 불구하고 시도해야 할 이유, 다른 모든 것을 무색케 하는 이유가 하나 있었다. 이것만 성공하면 그들은 전쟁의 승기를 잡는 것이었다.

아돌프 히틀러도 이 원리를 잘 알았으나 그는 그것을 무시하기로 했다. 그의 모사인 프레더릭 대제는 "모든 것을 방어하는 자는 아무것도 방어하지 못한다"고 경고했었다. 그러나 히틀러는 자신의 제국은 자기가 얻어낸 땅의 한 치까지도 철통 방어를 요한다고 믿었다. 그가 제국을 잃은 것은 바로 그 신념 때문일 수도 있다. 그의 병력은 사방에 퍼져 있느라 수적으로 너무 적었던 것이다.

이 두 사람의 예에서 우리는 많은 것을 배울 수 있다. 예수님은 "좋은 열매 맺지 아니하는 나무마다 찍어 불에 던지우리라"[2]고 가르치셨다. 여기서 예수님은 우리의 믿음이 '적극적'이어야 함을 가르치신다. 우리는 나쁜 열매를 맺지 않고 실수를 피하는 데 집착하기 일쑤지만, 하나님 백성의 역사를 보면 그분은 다른 어떤 것보다도 냉담함과 게으름과 열매 없음에 진노하신다. 찍혀 나가는 것은 늘 잠자고 있는 나무들이다. 모든 것을 방어하려 하면 아무것도 방어하지 못한다. 우리는 적극적인 사고를 취하며, 좋은 열매를 맺는 데 집중하느라 바빠야 한다.

그래서 우리에게는 하나님과의 친밀함이 필요한데, 이는 우리의 마음을 계속 그분 쪽으로 부추겨주는 영혼의 움직임이다. 기독교 영성에 관한 한, 중립적인 게으름은 위험하다. 우리에게는 우리의 애정을 놓고 다투는 많은 거짓 신들과 세상의 호사스런 유혹을 압도할 그 무엇이 필요하다. 우리에게 필요한 것은 **사랑**으로 알려진 영성이다.

하나님을 사랑한다는 것은 무슨 뜻인가? 나는 귀용의 책에 나오는 이 구절을 특히 좋아한다.

"하나님께 마음을 전부 드린다는 것은 우리 영혼의 모든 에너지를 항상 그분께 집결시키는 것이다."[3]

생각해보라. 사랑이란 단순히 당신 영혼의 에너지를 하나님께 집중시키는 것이다. 이것을 잘 보여주는 예가 누가복음에 나온다.

예수께서 한 바리새인의 집에 가셨을 때, 아마도 창녀였을 한 '죄인'이 들어왔다.[4] 그녀는 예수님을 보고는 그분 발아래 엎드려 만인을 놀라게 하는 일을 했다. 평생 모은 돈으로 장만했을 값비싼 향유를 그분의 발에 부은 것이다. 분명 그녀는 자신의 재정적 미래를 생각하지 않았다. 그녀는 황홀한 나머지 영혼의 모든 에너지를 메시아께 쏟아 부었다. 그분은 아무도 할 수 없는 방식으로 그녀의 영혼을 만져주신 분이었다. 그래서 그녀는 앞뒤 가리지 않는 아름다운 흠모로 반응했다. 그것이 사랑이다.

그리스도를 닮는 것은 평생의 일이다. 그것은 이 세상에서 유일하게 무한한 에너지를 필요로 한다. 바로 사랑, 특히 하나님을 향한 사랑이다. 우리가 본받아야 할 믿음의 선진인 조나단 에드워즈는 이렇게 경고한다.

"인간의 본성은 사랑, 증오, 욕망, 희망, 두려움 같은 감정의 영향이 없는 한 아주 게으르다. 이런 감정은 우리의 모든 삶과 추구하는 것에 있어서 우리를 움직이는 원천과 같다."[5]

사랑의 엔진이 없으면 우리는 믿음을 비롯한 모든 중요한 것들에 열의가 없어진다.

사랑의 적들

감히 노르망디에 접근하기 전에 연합군은 몇 달 동안 적의 위치와 강점과 세력과 의지를 평가했다. 그들은 자신들이 무엇에 맞서게 될지 알고자 했다. 예수님은 우리에게 "네 마음을 다하고 목숨을 다하고 뜻을 다하여 주 너의 하나님을 사랑하라"[6]고 명하셨는데, 그렇다면 그분이 제시하신 그 이상대로 살려고 할 때 우리가 부딪치는 적들은 무엇인가?

첫 번째 적은 냉랭함이다. 도로시 세이어스Dorothy Sayers는 한 세대 전에 이렇게 썼다.

"아무것도 믿지 않는 죄는 아무것에도 관심을 두지 않고, 아무것도 알려 하지 않고, 아무것도 방해하지 않고, 아무것도 즐기지 않고, 아무것도 미워하지 않고, 아무것에서도 의미를 찾지 않고, 아무것도 위해서 살지 않고, 그런데도 아무것도 위해서 죽을 것이 없는 상태이다."

당신은 이런 사람들을 만나본 적이 있는가? 그들은 **아무것에도** 관심이 없어 보인다. 냉랭함은 그 교묘한 자기기만성 때문에 오히려 노골적인 반항보다도 더 우리의 믿음에 위험할 수 있다. 반항하는 사람은 적어도 사안을 알면서 하나님을 거부한다. 그러나 냉랭한 사람은 무엇이 걸려 있든 아예 개의치도 않는다.

사랑의 또 다른 적은 분노와 원한이다. 목사는 사람들이 자기의 고된 수고나 가르침을 알아주지 않을 때 속이 부글거릴 수 있다. 어머니는 장애자 자녀 때문에 말없이 속이 끓어오를 수 있다. 부부는 불임과의 싸움 때문에 화가 치밀 수 있다. 이런 분노는 우리 시대에 영적 친밀함을 막는 방해물이다. 우리는 턱없이 높은 기대를 하다가 단 하나의 꿈이라도 이루어지지 않으면 좌절하여 독한 원한을 품을 때가 너무 많다. 분노는 겸손의 자세를 무너뜨리고 하나님께 맡김짐을 감당해내는 우리 믿음의 기둥과 충돌한다.

사랑의 세 번째 적은 두려움과 그로 인한 신뢰의 부족이다. 학대하거나 사납게 폭발하는 사람 앞에서는 절대로 '쉴' 수 없다. 언제 어떻게 터질지 모르기 때문이다. 당신이 만일 하나님을 두려운 분으로 생각한다면 "다음에 또 언제 나를 벌하실까?" 진정한 친밀함에 들어가기 어려울 것이다.

이렇게 생각해보라. 포학하거나 무정하거나 냉랭한 사람에게 누가 저항하지 않겠는가? 만일 내 마음이 하나님을 그렇게 보고 있다면, 그분과 가까워지고 싶지 않을 것은 자명하다. 갑옷 차림으로 배우자와 성관계를 맺기가 어려운 것처럼, 영적 방패에 에워싸여 늘 하나님을 방어하는 자세로는 기도하기도 어렵다.

사랑의 네 번째 적은 과잉 헌신이다. 우리 중에 하나님을 향하여 일부러 차가워지는 사람은 많지 않다. 우리는 다만 온갖 일에 파묻힐 뿐이다.

사랑의 다섯 번째 적이 또 있다. 감정에 대한 서구화된 두려움과 의혹이다. 나는 신조를 외우는 것과 교리를 아는 것에 전적으로 찬성한다. 그러나 지적으로 냉철한 사고도 뜨거운 가슴이 없다면 결코 충분하지 못하다. 무엇을 믿는가도 매우 중요하지만 우리 존재의 에너지^{감정}도 중요하다. 에드워즈는 "감정은 없이 교리적인 지식과 신학만 있는 사람은 절대로 선한 믿음에 참예하지 못한다"[7]고 지적했다.

물론 우리는 감정에 과도히 몰두하여 그 감정 자체에 휩쓸리는 오류를 범할 수 있다. 우리의 믿음은 열정과 무관하게 그 자체로 사실이다. 그러나 감정을 거부하면 큰 대가가 따른다. 감정이 없으면 우리는 사랑할 수가 없다. 사랑이 없으면 우리는 거의 변화되지 않는다. 그리고 변화가 없으면^{여기가 중요하다} 절대 거룩해지지 못한다. 거룩함이란 마음으로 하나님께 구별되어 순전히 그분의 것이 된다는 뜻이다. 그분과의 사이에 어떤 불신이나 저항도 남겨두지 않고서 말이다.

거룩해지고 싶다면 먼저 뜨거워져야 한다. 억지처럼 들릴지 모르지만 사실이다. "감정에 감화가 없는 한 어떤 신앙적인 변화도 일어날 수 없다."[8]

사도 바울이 이것을 아름답게 보여준다. 바울은 사랑이 어찌나 강렬했던지 더 이상 자신을 그 애정의 대상과 떼어서 생각할 수 없었다.

"이는 내게 사는 것이 그리스도니."[9]

이것은 자신이 사랑하는 하나님께 자기 영혼의 에너지를 집중시킨 사람의 고백이다. 그는 클리마쿠스가 '영혼의 취기'[10]라고 한 그 사랑을 보여준다. 그는 사랑에 취했던 것이다.

당신의 마음속에 있는 것은 무엇인가? 하나님을 사랑하지 못하도록 당신을 막는 것은 무엇인가?

냉랭함인가? 분노와 원한인가? 두려움인가? 과잉 헌신의 스케줄인가? 감정의 불편함인가?

사랑의 열망을 표현하라

막내딸이 다섯 살 무렵 가족들이 함께 산책을 나갔을 때의 일이다. 막내딸이 자기는 '아빠랑 똑같은' 사람을 만나서 결혼해야겠다고 말했다. 딸은 약간 도전적으로 이렇게 말했다.

"난 **아빠**랑 결혼할 거야."

"아빠는 이미 엄마랑 결혼했는데?"

내가 대답했다.

"그야, 엄마가 딴 사람을 찾아야지 뭐."

자식들이 나에게 순종할 때 흡족한 마음이 들지만, 자식들이 자기의 사랑과 애정을 표현할 때 그 만족감이란 말할 수 없는 감동을 준다. 딸 켈시가 내 마음을 감동시켰듯이 나도 하나님의 마음을 감동시킬 수 있다는 것은 나로서는 너무도 가슴 벅찬 일이다. 사실 그렇게 하는 것이 신실한 아들로서 나의 본분이다.

성경에 나오는 '무서운 것 중의 무서운 것'은 완고한 마음이다. 마가복음 3장 5절에 보면 예수께서 바리새인들의 '마음의 완악함'을 인하여 '근심' 하셨다고 했다. 성경은 우리에게 무엇보다도 "너희 마음을 완고하게 하지 말라"[11]고 말한다.

완고한 마음이란 무엇인가? 그것은 느낌이 멎어버린 마음, 하나님을 향해 죽은 마음, 아무런 감정도 들지 않는 마음이다. 그래서 그 마음은 하나님의 명령에 순종을 자아내지 못한다.

우리로 하나님의 명령에 순종하게 해주는 것은 **빠져든** 마음, 사랑이 넓어지는 마음, 새로운 것들을 느끼되 이전보다 더 깊이 느끼는 마음이다. "**주께서 내 마음을 넓**히시면 내가 주의 계명들의 길로 달려가리이다."[12]

내 마음을 넓히거나 빠져들게 해서 하나님과 사람들을 위하여 최선을 다하는 일이, 내 경우는 쉽게 되지 않는다. 나는 지적이고 신학적인 성향을 가지고 자랐으며, 서구의 많은 그리스도인들처럼 내가 가꾸어온 믿음도 다분히 '몸과 괴리된' 것이었다. 하나님을 예배할 때 주로 나는 온 몸을 다 사용하여 예배드리기보다는 거의 똑바른 자세로 예배하였다가끔 손을 들거나 무릎 꿇고 기도할 때를 빼고는. 하나님은 내게 이 점을 지적하셨고, 때때로 내가 생각하지 못한 경험을 주시기도 했다.

나도 한때 마음이 완고해질 때도 있었고 죄를 지은 적도 있다. 물론 늘 회개했지만 늘 죄를 죽인 것은 아니었다. 사실 나는 적지 않은 시간을 방황했고, 몇 년씩이나 그 방황에 떠밀려 다녔다. 결국 나는 일대 조치를 취하여 그런 삶을 끝내기로 했다. 나는 다른 그리스도인과 마주앉아 허심탄회한 대화를 나누었다. 내가 종종 깨닫는 바지만, 고백을 하면 신기하게도 내 잘못을 더 진지하게 다루는 데 도움이 된다.

그 다음 주일에 나는 교회에서 예배를 드리고 있었다. 당시 우리는 버지니아에 살고 있었는데, 거기서 오순절 계통의 어느 감독교회에 다녔다. 예배의 한 순서가 끝나고 찬송으로 넘어갈 즈음에 나는 손을 들었다. 내 몸이 불타는 것 같았다. 내 영혼에서 싸늘한 기운이 빠져 나가면서, 새로운 흥분이 내 몸에까지 밀려들었다.

그런 강렬한 경험은 몇 년 만에 처음이었다. 다시금 온전히, 전적으로 그분의 것이 되고자 하는 내 열망을 하나님이 알아주신다고 생각하니 눈물이 솟았다. 나에게 그것은 하나님의 이런 말씀과 같았다.

"내가 너를 보았다. 기쁘구나. 너를 사랑한다."

기독교는 힘든 싸움을 요한다. 힘들고 힘든 싸움이다. 예배에서 감정주의를 추구하거나 신체적 현상만을 추구하는 것은 곁가지이므로 잘못된 일이다. 그러나 우리에게는 하나님이 주시는 모든 무기가 필요하다. 그리고 하나님과 그분의 자녀들에게 뜨겁게 빠져든 마음은 강력한 무기가 된다. 인간의 모든 폭넓은 경험을 두려워하지 말라.[13]

당신은 거룩해지고 싶은가? 그렇다면 마음을 열고 깊이 느끼는 법을 배우라. 하나님께 사랑의 영성을 구하라. 자신의 감정을 잘라

내는 일을 그만두라. 그러다가 자신이 성장할 기회마저 제한하게 된다.

거룩함의 관계적 측면

뮤지컬 '그리스' Grease는 티 없이 순수한 한 여고생의 변화를 담은 작품이다. 학교에서 그녀는 가죽옷을 입고 담배를 피우는 무리와 어울린다. 그녀의 행동은 가죽이 면보다 편하다거나 담배가 건강에 좋을 수도 있다는 생각에 기초한 것이 아니라, 전적으로 한 남자와의 관계에서 비롯된 것이다.

신체적으로 뜨거운 관계는 강력한 경험이다. 좋은 쪽으로든 나쁜 쪽으로든 그것은 우리에게 결정적 영향을 미칠 수 있다. 영적으로 뜨거운 관계도 똑같은 영향력이 있다.

우리는 고린도전서 13장에 나오는 바울의 사랑 예찬을 좋아한다. 그러나 "그 중의 제일은 사랑이라"고 말한 그는 불과 몇십 년 전만 해도 그리스도를 따르는 자들을 열렬히 박해하고 죽이던 사람이었다. 청년 바울은 자기 손톱 밑의 마른 핏자국을 벗겨내야 했었다. 문자적으로가 아니라면 비유적으로라도 그랬다. 바울은 뜨거웠다. 만일 우리가 고린도전서 13장을 감상적으로 읽거나 바울을 어딘지 나약한 사람으로 상상한다면, 그것은 그 본문에 해를 입히는 것이다. 사랑은 바울의 인생을 뒤바꿔 놓은 힘이었다.

인간의 마음을 변화시키는 사랑의 힘을 절대 과소평가하지 말

라. 그런 근본적인 방향 전환은 생각의 변화에서 오는 것이 아니라 열정과 충정의 변화에서 비롯된다. 사실상 우리의 거룩함은 규율 준수에서 시작되는 것이 아니라 뜨거운 관계에서 시작된다. 누군가를 사랑하면 그 사람을 마음 아프게 하기 싫어지는 법이다.

요한 클리마쿠스는 우리에게 이렇게 권면한다.

"우리는 친구들을 사랑하는 것처럼 주님을 사랑해야 한다. 하나님을 슬프게 하고도 마음 아파하지 않는 사람들을 많이 보았다. 그런데 바로 그 사람들이 사소한 불만 때문에 틀어진 옛 관계를 회복하기 위해서는 모든 방법, 계획, 압력, 자신과 친구들의 애원, 모든 수단을 동원하는 것을 나는 보았다."[14]

하나님께 대한 애착을 기른다면, 일시적인 죄와 악습과 악한 태도에 대한 우리의 욕망과 갈증은 서서히 퇴색할 것이다.

"그리스도인들이 영적인 세계를 새롭게 맛보면 세상적인 만족을 멀리하게 된다."[15]

많은 그리스도인들이 범하는 우는, 애착의 대상도 없이 무조건 초연하려고 하는 것이다. 물론 하나님을 향해 뜨뜻미지근한 느낌만 갖고도 영적인 삶을 살 수는 있다. 하지만 그렇게 할 이유는 무엇인가? 게다가 열정 없이 순종의 삶을 살려면 우리들 대부분이 절대로 도달하지 못할 그런 차원의 훈련이 요구된다.

그렇다면 어떻게 하나님과 뜨거운 관계를 가질 것인가?

1. 하나님의 도움을 구한다

성경은 정말 놀랍도록 실제적이다. 야고보는 이렇게 썼다.

"너희 중에 누구든지 지혜가 부족하거든 모든 사람에게 후히 주시고 꾸짖지 아니하시는 하나님께 구하라 그리하면 주시리라."약 1:5

거룩함으로 자라가려면 하나님께 대한 간절함이 필요한데, 당신에게 그런 애착이 부족하다면, 지금 멈추어 이렇게 기도하라.

"주님, 제게 주님을 사랑하는 마음을 주시되, 죄를 향한 어떤 갈망보다도 더 강력한 사랑을 주소서."

하나님이 이 기도를 들으시고 "네 기도를 들어줘야 하는지 한번 생각해보마"라고 말씀하실 것 같은가? 말도 안 된다.

2. 사랑에는 균형이 필요하다

내 아내가 나를 세상에서 가장 잔인한 남편으로 생각한 일이 있었다. 그때 우리는 수동식 기어가 있는 차를 막 샀고, 내가 아내에게 그 차를 운전하는 법을 가르치고 있었다. 평지에서 연습한 후에 나는 옆 골목의 가파른 언덕배기로 아내를 데려갔다.

아내는 나를 미친 사람 보듯이 하더니 브레이크에서 발을 뗐다. 차가 뒤로 굴러가기 시작했다. 아내가 브레이크를 꽉 밟는 바람에 우린 둘 다 앞 유리창으로 돌진했다.

"못하겠어요. 괜히 당신 새 차만 망가뜨리겠어요."

아내가 말했다.

"당신은 할 수 있어요."

내가 장담했다. 아내는 얼굴을 찌푸렸다.

다행히 우리의 자동차도, 결혼생활도 그 시련을 견뎌냈다.

당신도 혹시 수동 차를 처음 운전하던 때가 기억날지 모르겠다. 절묘한 균형의 조작을 배워야 한다. 액셀레이터를 너무 밟아도 안 되고 클러치를 너무 밟아도 안 된다. 정확한 비율로 하나를 놓으면서 다른 하나를 밟는 법을 익혀야 한다.

그리스도인의 영적 성장에도 똑같은 '균형의 조작'이 필요하다. 애착과 초연함은 점진적으로 이루어진다. 주어진 순간에 그 둘이 서로 어떻게 반작용을 하는지 알려면, 우리는 깊이 생각할 필요가 있다.

나는 일주일에 며칠씩 텔레비전을 볼 때도 있지만, 성령께서 내게 한동안 텔레비전을 멀리하라고 경고하실 때도 있다. 나는 사역에 지나치리만큼 열심일 때도 있지만, 하나님이 내게 쉬라고 명하실 때도 있다.

지지부진한 변화에 대해 나 자신에게 "서두르지 마라. 도달할 날이 온다. 너에게 인내하고, 시간을 주어라"라고 말해야 할 때도 있다. 그러나 "너는 이 일을 미룰 만큼 미뤄왔다. 이제 매진할 때다"라고 말해야 할 때도 있다.

복음주의 그리스도인들을 힘들게 만들 수 있는 것 중 하나는 이것이다. 사랑이란 엄격한 '규정'을 초월하는 것이기 때문이다. 마음의 문제로 들여다 볼 때는, 그 자체로는 죄가 아닌 어떤 것이 우리를 방해할 수 있다. 때로 사랑은 우리에게 '느긋하게' 쉬라고 말한다. 여기에는 뒤에서 살펴보게 될 주의력과 분별력이 요구된다.

3. 하나님과 상충되는 애착 대상들을 피한다

나는 90초면 초콜릿 한 봉지를 먹을 수 있지만, 운동용 자전거에 올라 그 칼로리를 연소시키려면 30분쯤 걸린다.^{반대라면 얼마나 좋으랴!} 마찬가지로 영적인 거머리들^{죄, 나쁜 습관, 나쁜 태도 등}이 내 영혼에 달라붙는 것은 몇 초면 되지만, 그것을 털어내려면 몇 주가 걸릴 수 있다.

하루 일과를 보내면서 매순간 의식적으로 하나님을 사랑하는 데 집중할 수는 없다. 그러나 하나님 외에 내 관심과 애정을 끄는 대상들을 예의주시할 수는 있다. 단것을 얼마나 먹는지 책임감 있게 스스로 감시할 수 있는 것처럼 말이다. 잠언 4장 23절은 "모든 지킬 만한 것 중에 더욱 네 마음을 지키라. 생명의 근원이 이에서 남이니라"고 말한다. 나의 애정의 대상이 하나님을 향한 사랑을 덮도록 내버려두면, 그분을 향한 사랑이 쉽게 꺼질 수 있다.

4. 하나님의 사랑스러우심을 묵상한다

묵상이란 매혹된 마음의 자연스런 습성이다. 클리마쿠스는 이렇게 썼다.

"진정 사랑에 빠진 사람은 늘 그 사랑하는 이의 얼굴을 자기 눈앞에 두고 다정히 품는다. 잠자는 중에도 그리움을 달랠 길이 없어 그는 사랑하는 이에게 속삭인다."[16]

때때로 나는 우리 아이들을 '묵상' 한다. 최근에 나는 막내딸 켈시가 현관문에서 자동차 쪽으로 걸어가는 모습을 지켜보았다. 켈시가 입고 있는 작고 귀여운 코트, 머리를 뒤로 넘긴 모양, 콘크리트 계단 앞에서 과장스럽게 조심하는 모습을 보노라니 내 마음이 즐거웠다. 딸이 내게 어찌나 소중하게 느껴지던지 나는 그 이미지를 마음속에 각인시켜두고 싶었다.

하나님을 믿음의 눈으로 보고 그분을 생각하는 것과 사랑의 줄에 묶이는 것 사이에는 직접적인 상관관계가 있다. 나는 성경구절 하나를 생각할 수도 있고, 뭔가 자연을 바라볼 수도 있고, 그저 '예수님' 의 이름을 사랑으로 되뇌일 수도 있다. 어쨌든 나는 내 영안靈眼을 하나님께 둘 길들을 유심히 찾아낸다.

사랑 때문에 사람들은 왕위를 버렸고 유산을 포기했고 외국으로 이주했다. 다른 사람에 대한 애착은 정말 강력한 경험이다. 하나님께 대한 애착은 우리를 영원히 바꾸어놓는 경험이다.

09
순결

순결의 뿌리는
영적 충만함이다

하나님은 도덕에 대해 아주 완고하신 분인데,
이는 우리의 행동을 제지하고 싶으셔서가 아니라
우리가 그분을 볼 줄 알고
그리하여 무한한 기쁨을 경험할 줄 아는
사람들이 되기를 원하시기 때문이다.

피터 크리프트

　캘리포니아 남부의 어느 창고에 바닥부터 천장까지 쌓인 VTR들에서 주 5일, 하루 24시간 비디오테이프들이 복사되고 있다. 이 모두는 포르노의 거물 존 스타글리아노John Stagliano가 설립한 우리 시대 최고의 성공 기업 중 하나인 악한 천사 비디오Evil Angel Video (회사의 실명)사가 하는 일이다.[1]

　포르노는 〈Adult Video News〉성인 비디오 뉴스라는 별도의 업계 간행물이 생길 정도로 상업적 대성공을 거두며 주류로 자리 잡았다. 이 간행물에 따르면 성인 비디오 대여 수는 1985년에 7천5백만 개에서 1996년에 6억6천5백만 개로 급등했다. 섹스와 나체를 보며 시간을 보내려는 소비자들이 지출한 돈이 1996년에 무려 80억 달러를 넘는다.

　전 미국인이 브로드웨이 작품들과 일반 극장들과 비영리 극장들에 소비하는 돈을 다 합해보라. 거기에 오페라와 발레와 재즈와 고전음악 공연의 수익까지 덤으로 얹어보라. 스트립쇼 클럽들만 **따로** 모아도 수익이 그보다 많다.[2] 만약 요술 지팡이로 정욕을 없애버릴 수 있다면 "우리는 역사상 최대의 경제 공황에 빠지게 될 것이다."[3]

　정욕은 주류가 되었다. 순결은 그야말로 생활방식의 한 대안에 지나지 않는다. 성도착을 설교해보라. 사람들이 목숨을 내걸고 당신의 '권리'를 옹호해줄 것이다. 순결을 설교해보라. 변호사를 고용해야 할 것이다.

순결하다는 것은 한마디로 성적으로 깨끗하다는 뜻이다. 순결이 마음의 태도가 되면 그 의미가 더 깊어진다. 성이 인간 존재의 일부임에도 불구하고 우리는 또한 영적인 존재이며, 만인이 하나님께 지음 받았기에 우리는 다른 사람들을 존중하고 존엄성 있게 대해야만 한다. 순결은 그것을 안다. 정욕은 우리의 쾌락을 위하여 사람들을 이용하게 하지만, 마음의 태도로서의 참된 순결은 온전함을 위하여 그들을 보호하게 한다.

야수와의 싸움

사회 못지않게 교회에도 정욕은 낯선 것이 아니다. 약속 준수자 Promise Keepers 모임에서 실시한 한 조사에 따르면, 집회에 참석한 남자들의 65%가 정욕이 자신의 가장 큰 싸움이라고 고백했다.

중고등부 교역자 총회가 열리는 동안 성인 채널 대여가 사상 최고치를 기록했다는 어느 유수한 호텔 측의 말을 들은 적이 있다. 한 신학생은 나에게 이렇게 털어놓았다.

"나는 밖에 나가 포르노 잡지를 사는 일은 없지만, 그래도 포르노가 있는 방에 덩그마니 혼자 있는 상황은 원치 않는다."

많은 그리스도인 남자들이 창녀를 찾아가거나 불륜을 저지르지는 않겠지만, 가상의 영상물 앞에 굴복하기 일쑤다. 어디까지나 그 것은 타인과의 진짜 성관계와는 다른 것이 아니냐고 그들은 합리 화한다. 게다가 그것은 아무 텔레비전이나 컴퓨터 화면의 버튼 하나만 누르면 나온다.

크리프트는 외적 행위로서의 성적인 죄는 "가장 넓은 길일 수는 있으나 가장 깊은 구덩이는 아니다"[4]라고 역설한다. '구덩이'는 우리의 어두워진 마음에 해당될 수 있다. 거기서 섹스에 대한 탐욕스런 태도가 나온다. 우리 삶을 몰아가는 이 어두운 세력을 어떻게 제압할 수 있을까?

오래전에 나는 현대서적보다는 고전에서 아주 실제적인 조언을 만났다. 마음 깊은 변화를 통한 순결의 경험에 대하여 요한 클리마쿠스는 이렇게 썼다.

"몸의 신고辛苦와 땀으로 이 적과 싸우는 사람은 적을 갈대로 묶어놓은 사람과 같다."

많은 그리스도인들이 경험한 일이지만, 정욕의 생각을 떨치려는 것은 성과가 없다. 그러느라 오히려 더 섹스에 대해 생각하게 된다.

십자가의 요한은 영성 훈련이 그보다는 좀 더 효과적인 접근임을 시인했다. 영성 훈련을 쌓으면 어느 정도 힘이 생겨 유혹을 물리칠 수 있다. 그러나 그보다 더 강력한 대책이 있다.

"겸손과 평정심과 하나님과 의를 향한 목마름으로 정욕과 싸우면, 그것은 마치 적을 죽여서 땅 속에 묻은 것과 같다."[5]

가장 강력한 대책은 내면의 변화, 즉 신성한 성품에 참여하는 것이다. 현대 작가인 피터 크리프트도 이렇게 말했다.

"폭식에 집중해서는 대개 폭식 문제가 해결되지 않는다. 그 단계가 심각할 때는 특히 더욱 그렇다. 바로 그 끊으려는 중독이나 강박에 관심의 초점이 맞추어지기 때문이다. 동일한 원리가 정욕에도 해당된다. 무책임한 단순논리처럼 들릴지 모르지만, 우리는 '문제에 등을 돌리고' 하나님을 바라보아야 한다. 단순히 그분은 우리의 기쁨이요 목적이요 만족이시기 때문이다."[6]

정욕의 뿌리

교직원의 성희롱에 관한 소문으로 고민하던 레이시 타운십 고등학교 당국은, 누구를 막론하고 교직원이 학생을 상대할 때는 '극도로 조심해야' 한다는 내용의 규정을 통과시켰다. 한 작가는 그것을 이렇게 표현했다.

"손을 대서도 안 되고, 포옹을 해서도 안 되고, 의심을 살 만하게 어깨를 두드려서도 안 된다. 1미터 이내의 거리에서 학생을 직접 대면할 때는 교직원들은 항복의 표시로 두 손을 머리 위로 들어야 한다."[7]

덕을 관료주의로 대체하려 할 때 우리 꼴이 얼마나 한심해지는지 보라. '성적인 자유'는 소통을 약속하지만, 실은 정욕 때문에 우리는 우스꽝스러운 봉이 되고 말았다.

우리 문화와 우리 개개인에게 그토록 깊은 영향을 미쳐온 이 정욕의 뿌리는 무엇인가?

친밀함에 대한 갈망 _ 중심가가 없으면 테이프를 휘날리는 시가
행진도 하기 어렵다. 1995년에 스탠리컵 대회에서 우승한 뉴저지
의 데블스Devils 하키 팀이 그 문제에 봉착했다. 대다수 팬들이 뉴저
지 주 교외 지역들에 살고 있는데 축하 행사 장소로 어느 도시를
정할 것인가? 구단 측은 결국 그 경기장 바깥의 아스팔트 주차장에
서 축하 행사를 벌였다.

작은 사건이지만 우리 사회의 중대한 변화를 잘 보여준다. 바로
우리 삶의 단절성과 그와 관련된 익명성이다. 주변의 이목과 지역
사회의 비난은 우리들 대부분에게 더 이상 존재하지 않는다. 바로
옆집의 이웃들조차 모르는 사람들이 많다. 이전 세대들은 동료들
의 압력 때문에라도 정욕과 수치스런 행동이 억제되었지만, 오늘
날의 도시들과 대규모 신도시들에서는 그마저도 거의 다 없어졌
다. 중고등부 교역자들이 넘어지는 것은 자기 지역과 교역자 신분
을 떠난 채 방 안에 혼자 있을 때였다.

이런 단절은 영적 외로움이라는 풍토병을 일으킬 수 있다. 사람
들이 서로 소외감을 느낄 때, 친밀함에 대한 욕망은 절절한 고통이
된다. 지름길로 가고 싶은 유혹이 찾아든다. 이때 친밀함과 소통의
거짓 느낌을 즉각 가져다주는 것이 정욕이다.

우리는 왜 대리 친밀함을 받아들이는 것일까? 의미 있는 친밀함
은 수고를 요하기 때문이다. 즉 경청하고 존중하고 용서하고 격려

하고 지원하고 관용하고 베푸는 법을 배워야 한다. 나의 이기심을 속에 묻고 상대방을 나보다 앞세워야 하는 것이다. 우리는 실수를 범하고 창피함을 느낀다. 관계를 끝장내고 다시 시작하고 싶은 유혹을 느낀다. 우리는 인내하는 법을 배워야 한다.

정욕은 친밀함처럼 보인다. 꼭 필요한 개인의 성장과 책임이 모두 빠져 있을 뿐이다. 즉 우리는 용서와 겸손과 인내 같은 깊은 성품상의 문제들을 걱정할 필요가 없다. 남자는 포르노를 보면서도 자신의 교만과 무례와 이기심에 직면할 필요가 없다. 여자는 최신작 싸구려 연애소설에 등장하는 '욕심나는' 남자에게 조종당하는 것을 염려할 필요가 없다. 그 남자에게는 "당신 친구들 앞에서 당신을 깎아내려서 미안해요"라고 말할 일도 전혀 없다.

우리는 이런 지면상의^{또는 텔레비전이나 비디오 화면상의} 거래로 내면의 탐욕스러운 야수를 먹이지만, 결국은 우리 자신이 저속해질 뿐이다. 그것은 우리 삶 속의 실제 사람들에 대한 우리의 평가와 요구를 불건전하고 악하게 만든다.

그러나 순결의 영성은 풍요롭고 만족스런 관계를 가능케 한다. 그리고 건강한 관계는 우리를 건강한 사람으로 빚는다. 정욕의 뿌리가 친밀함에 대한 갈망이라면, 우리 삶 속에 적절하고 책임감 있는 친밀함을 가꿈으로써 그 필요를 해소해나갈 수 있다.

우상숭배 _ 우리 문화에 섹스의 여신이라는 말이 왜 생겨났을까? 사도 바울의 경고대로, 우리는 타락한 상태이므로 창조주보다 피조물을 경배하고 싶은 유혹을 느낀다.[8] 고대 사회는 일월성신을 숭배했지만, 우리는 빨래판 같은 복근과 탄탄한 엉덩이와 쭉 빠진 다리를 숭배한다.

육신의 것들에 마음이 사로잡히는 것도 일종의 우상숭배다. 내면의 영적 빈약함 때문에 식별해내는 힘이 약해져서 그런 우상숭배가 시작된다.

한 가지 분명히 해두자. 혼인서약을 위반하지 않고도 여자또는 남자의 멋진 몸을 쳐다보는 것은 가능한 일이다. 사실, 다른 사람의 아름다움에 대한 감식을 실제로 하나님께 드리는 감사로 돌릴 수 있다. 요한 클리마쿠스는 헬리오폴리스의 거룩한 주교 노누스Nonnus에 대해 쓰기를, 그는 "미모의 몸을 보면 즉시 그 몸의 창조주께 영광을 돌렸고, 그렇게 한번 보고 나면 하나님을 향한 사랑이 더 불일 듯했다"고 했다. 자신이 증언하고 있는 더 깊은 진리를 인식하면서 클리마쿠스는, "한 사람을 몰락시킬 수도 있는 그것이 어떻게 다른 사람에게는 하늘의 면류관을 받게 하는 원인이 될 수 있는지 신기했다"[9]고 썼다.

바로 여기가 순결의 선물이 끼어드는 대목이다. '깨끗한 자들에게는 모든 것이 깨끗' 하기 때문이다.[10] 영적으로 건강한 마음이 있을 때 미에 대한 진정한 감식, 영혼을 만족시키는 감식에 들어설 수 있다. 누군가를 강박적이고 부적절한 욕망을 품고 보도록 나 자신에게 허용한다면, 그것은 스스로 내 영혼을 저속하게 만드는 것이다.

천국에 대한 갈망 _ 정욕의 뿌리가 천국에 대한 갈망이라니, 엉뚱하게 들릴 수도 있다. 그러나 천국이 이생의 압박과 책임을 벗은 지복至福의 상태라면, 정욕은 우리 마음이 갈망하는 진짜 지복을 값싸게 흉내 내는 도피구다. 지금 당장 값싼 도피가 얼마든지 가능한데 어째서 천국의 지복을 기다린단 말인가?

댄 알렌더Dan Allender 박사는 "타락한 세상에서 가능한 이상으로 삶을 달콤하고 완전하게 만들겠다는 생각이 파괴적인 정욕을 부추긴다"[11]고 썼다.

그의 말은 이렇게 이어진다.

"정욕의 공상은 장난감을 치우고 기저귀를 천 번째로 빠는 매일의 고되고 단조로운 일에서 벗어나려는 노력과 같다. 그것은 또한 교회 당회에 뭔가를 발표해야 하는 두려움에서 도피하는 수단일 수도 있다. 공상은 영혼을 권태와 불안과 분노와 고독과 격분에서 건져서 당장의 해소와 만족이 있는 '더 나은' 세계로 데려다주는 혼자만의 요술 담요다. 정욕은 현재의 씨름에서 빠져나와 잠깐만이라도 에덴동산처럼 느껴지는 세계로 들어가려는 노력이다. 정욕은 기를 쓰고 에덴동산으로 돌아가려는 우리의 노력이다."[12]

이런 이해가 있기에 이제 나는 외로움, 허탈함, 이 세상이 모두 부질없다는 느낌이 들 때면 이렇게 자신을 일깨운다.

"내가 **정말로** 원하는 것은 천국이다. 내가 느끼는 것은 완전한 세상에 대한 갈망이다. 그것은 장차 올 세상이기에 아직은 다 누릴 수 없다."

정욕의 경험으로 즉각적 해소를 요구하기보다는 그 세상을 기다리는 것, 그 자체도 영적 성장의 의미 있는 연습이다. 내가 피하고 싶은 긴장과 권태는 어느 날 없어질 것이다. 그러나 지금은 문제를 피하기보다 문제를 해결하는 데 나의 에너지를 들이는 것이 하나님께서 원하시는 바다.

권력과 통제에 대한 갈망 _ 섹스는 본질상 흡인력이 있다. 성적인 공상은 흔히 정복이나 점령을 중심으로 돌아간다.[13] 부정한 섹스는 아주 순식간에 악해질 수 있다.

"파괴적인 정욕은 갈망과 파괴, 공허와 복수의 교차점이다."[14]

바로 여기서 섹스는 고통을 가하고, 심하면 폭력적이 되고, 적어도 상대의 품위를 떨어뜨릴 수 있다. 이런 태도가 그리스도의 성품과 가히 공존할 수 없음은 말할 필요도 없다.

정욕의 악한 본성은 인간을 얄팍한 겉껍데기로 격하시킨다. 정욕은 정서적인 폭력 행위이며, 다른 사람의 가치를 함부로 떨어뜨리고 격하시키는 일이다. 무방비 상태의 정욕 때문에 결국 가정을 망친 남녀가 부지기수다. 생로병사에 매인 인간들을 통해서는 절대로 환상이 채워질 수 없기 때문이다.

악귀 같은 정욕의 본색은 이렇게 드러난다. 즉 정욕은 사랑으로 위장하고 와서는 그 악한 정신으로 영혼을 삼켜버린다.

정욕이 친밀함의 파괴와 자아의 파괴에 이르는 지름길이라면, 의미 있는 관계에 이르는 인내의 먼 길은 어떻게 순결을 통해 나 있을까? 균형 잡힌 절제는 어떻게 우리가 상상해온 것보다 깊은 인간간의 유대감과 자기희생으로 이어질까? 지금부터 우리는 순결의 영성과 그 이면의 태도를 살펴보고자 한다.

순결의 뿌리

1. 영적인 로맨스

내 평생 가장 충격적인 대화 중 하나는 성경공부 리더 출신의 어떤 남자와 나눈 대화였다. 그는 정욕과의 싸움 때문에 파멸에 떨어진 나머지 예수님께 자기 삶에서 '나가' 주시기를 청했다.

충격적인 부분은 그가 강간을 시도할 뻔했다고 고백한 대목이다. 비록 행동까지는 가지 않았지만 그는 그것을 심각하게 고려했었다.

이 남자의 삶에 무엇이 잘못되었던 것일까? 많은 것들이 있지만 그중 하나로, 그는 자신이 영혼의 필요들을 채움 받지 못한 채 '종교적 동작'만 취하고 있었음을 고백했다. 그는 포르노에 대한 게걸스런 욕망이 생겼는데, 그것은 한번도 그에게 궁극적 만족을 주지 못했다. 그는 영적으로 아주 갈급한 마음이 있었는데, 그것이 포르노의 자극으로 어두워지고 너무 강렬해져서 결국은 악하게 변질되고 말았다. 여자들이 그의 분노의 대상이 된 것이다.

토마스 아퀴나스는 《신학대전》에서 "영적 쾌락에서 기쁨을 얻지 못하는 사람들은 몸의 쾌락으로 돌아선다"[15]고 지적했다. 우리를 정욕으로 이끄는 것은 영적 공허함이다. 반면 순결의 뿌리는 영적 충만함이다. 클리마쿠스는 "순결한 남자는 영적인 사랑으로 육체의 사랑을 몰아낸 사람, 하늘의 불로 육신의 불을 끈 사람이다"[16]라고 썼다.

하나님의 거룩한 임재에 대한 의식과 갈급함을 키움으로써 우리는 순결의 자유를 경험하기 시작한다. 과도한 활동을 통해 성적 순결을 유지하도록 가르치는 사람들이 있는데, 그것은 성적 유혹을 피해 '달아나려는' 시도다.

하지만 단순히 죄에서 달아나는 것은 영적으로 우리를 고갈시키는 부질없는 노력이다. 문제의 핵심으로 들어가지 않으면 우리는 절대로 하나님을 만날 자유를 얻지 못한다. 우리에게 필요한 것은 뜨겁고 풍요로운 하나님과의 관계다.

2. 기대치를 현실적으로 조정한다

당신이 정욕과 싸우고 있다고 하자. 죄에서 얻는 쾌감과 동등하거나 그보다 더한 종교적 느낌을 하나님께 기대한다면 당신은 당연히 실망할 것이다. 교회에 들어갈 때 당신의 심장은 당신과 정사를 나눈 남자가 처음 당신의 팔에 손대던 그때만큼 쿵쾅거리지 않을 것이다. 포르노로 고생해온 남자는 누드 잡지를 집어들 때와 똑같은 '쾌감'을 성경에서는 얻지 못할 것이다.

육신의 단기적인 흥분과는 반대로 하나님이 우리 삶에 주시는 장기적인 의미에 대한 감각을 키울 때, 우리는 자유를 얻게 된다. 이것은 하룻밤 사이에 되는 일이 아니다. 그보다 매번의 작은 선택들로 장기간에 걸쳐 식습관을 바꾸듯이, 장기적으로 당신의 삶에 가장 큰 의미를 가져다줄 것들에 대한 감각을 키울 수 있다.

예를 들어서, 정욕의 유혹이 일어나거든 의식적으로 그 장단점을 따져보라. 전에 이 부분에서 넘어진 적이 있다면, 당신은 거기서 비롯되는 혼란과 스트레스와 고통을 익히 알 것이다. 주는 것도 없이 공수표만 남발하는 죄의 속성을 당신은 잘 알고 있다. 이 지식으로 무장하고, '이번 한 번만' 죄를 거부하기로 단호히 결단하라. 그리고 다음과 같은 실험을 해보라. 거룩한 선택을 한 후의 24시간을 지난번 당신이 정욕에 굴한 후의 24시간과 비교해보는 것이다.

강하게 이겨낸다면, 아마도 당신은 이 단순한 순종 행위가 충만함과 흐뭇한 만족을 가져다줄 수 있음을 알게 될 것이다. 이것이 부정한 쾌락의 짜릿한 쾌감보다 훨씬 즐겁다. 부정한 쾌락 뒤에는 대개 자책과 후회의 시기가 따라온다. 갈망의 방향을 돌릴 때 느껴지는 평안과 존엄성은 하나님이 당신의 삶을 온전히 돌려주시는 과정의 일부다. 당신은 몇 번의 짜릿한 순간들을 더 오래 지속되는 잔잔한 만족감으로 대체하게 된다. 잊어버리고 싶은 나약함의 순간 대신, 기억하고 싶은 역사를 창출하는 것이다.

아내나 하나님과의 관계에서, 불변하는 감정적 도취 상태를 지속할 수는 없다. 만약 그렇게 되려면, 내가 세상에 대해서, 그리고 내게 큰 의미와 보람을 주는 다른 모든 관계들에 대해서 관심을 갖지 않아야 가능할 것이다.

순결은 우리를 더 높고 더 깊고, 궁극적으로 더 평온한 실존으로 이끌어준다. 순결은 늘 불안스레 다음번 도취를 찾는 공허한 내면을 근본적인 안정으로 대체시켜 준다. 순결의 기초는 황홀한 종교적 도취감이 아니라 말없이 당당하게 우리를 영원으로 데려가는 관계에 있다.

3. 이타적인 마음을 가꾼다

특히 그리스도인 남자들은 정욕의 회개에 관한 한 지독히 자기중심적일 수 있다. 포르노를 보거나 스트립쇼 클럽에 다니거나 미혼녀와 섹스를 하다가 발각된 후에, 수치심과 자기혐오와 고뇌를 고백하는 남자들의 말을 나는 들어보았다. 그러나 그들은 자기가 이용한 여자들 쪽의 곤경에 대해서는 충격적이리만큼 둔감할 때가 많다.

우리는 자기중심적인 회개에서 벗어날 필요가 있다. 그런 회개는 자신의 죄를 발각당하거나 시인하는 수치심에서 비롯된다. 이제 우리는 자신의 죄가 다른 사람들에게 가하는 고통을 더 깊이 인식해야 한다. 진정한 영적 성장이란 자신이 남에게 입힌 피해를 아는 것이다.

마찬가지로, 유부남과 관계하는 여자들도 스스로에게 자초한 고통만 볼 것이 아니라 자기가 상대 남자의 가정에 쏟아 부은 고통을 보아야 한다. 독신 그리스도인들은 서로 섹스를 함으로써 유발하는 정서적, 영적 상처를 민감하게 의식해야 한다. 정욕은 자기중심적인 죄이며, 따라서 자기중심적인 회개로는 이길 수 없다.

해답은 다른 사람들을 생각하는 것이다. 그저 약간의 배려가 아니라, 하나님이 지으신 사람들을 향하여 존중과 경의를 품게 해주시도록 그분께 구하는 것이다. 당신의 마음을 변화시켜 주시도록, 통제하고 이용하려는 욕망에서 벗어나 그분의 아들딸들의 거룩함을 느끼게 해주시도록 기도하라. 남을 존중하는 인생에는 후회는 줄어들고 관계는 깊어지며 궁극적으로 만족이 훨씬 커진다.

4. 건강한 성적 표현을 한다

순결은 섹스란 더럽고 역겨운 것이라는 '고상한' 태도와 연결될 때가 너무 많다. 옛 사람들은 그렇게 보지 않았다. 심지어 독신생활을 한 수사들도 그런 시각은 없었다.

아퀴나스는 섹스 혐오는 미덕이 아니라 악덕이라고 했다.[17] 크리프트는 "성욕은 죄가 아닌 정도가 아니라 때로 도덕적 의무다"[18]라고 덧붙인다. 바울은 기혼자들에게 이유 없이 성생활을 거부하지 말라고 명했다.[19] 성경의 아가서는 주일학교에서 흔히 그냥 건너뛰는 책이지만그럴 만도 하다, 도취에 가까운 성애를 찬미한 책이다.

성의 즐거움과 찬미는 빗나간 정욕의 불과는 다르다.

배우자로서 남편은 아내의 성적 욕망의 배출구가 되어주어야 할 의무가 있다. 성경에 따르면, 아내가 정당히 누릴 수 있는 애정생활은 오직 남편이 기꺼이 아내에게 베푸는 애정생활뿐이다. 뿐만 아니라 남편이 베푸는 사랑에는 존중과 귀히 여김이 들어 있어야 한다.

남자뿐 아니라 여자도 마찬가지다. 부부 중 어느 쪽이든 부당하거나 부도덕한 성적인 요구로어떤 행위를 강요하여 성적인 공허함을 채우려 한다면, 그 순간 섹스는 학대로 둔갑한다.

"혼인의 침소를 더럽히지 않게 하라"[20]는 히브리서의 말씀을 우리는 육체적 순결로만 국한할 때가 너무 많다. 그러나 이기심, 강요, 존중하지 않음, 교만, 기타 숱한 내면의 악으로 결혼생활을 더럽히는 그리스도인들이 얼마나 많은가. 부부 사이라는 구실로 그런 것들이 무마될 수는 없다. 이기심은 이기심이다. 그것은 죄다.

이것이 독신 그리스도인에게는 어떻게 적용될까? 건강한 성을 보존하고 표현해야 할 필요성은 결혼을 사모해야 하는 좋은 이유다. 물론 균형을 잡아주는 다른 이유들이 있지만 말이다. 우리 문화는 '사랑에 빠지는' 감정적 경험에 경도되어 있다. 그러나 성경은 육체적 욕망의 배출구를 찾는 것도거룩한 삶을 영위할 수 있기 위하여 결혼의 목적 중 하나라고 말한다[21]유일한 이유는 아니지만 정당하고 실질적인 이유다.

악마 스크루테이프는 이 점에 관한 우리 사회의 혼돈에 대해 꼬집어 말한다.

"절제의 은사가 없는 사람들이 '사랑에 빠진' 것 말고 다른 이유로 결혼에서 답을 찾는 것을 우리가 막을 수 있다. 우리 덕분에, 여타 다른 동기에서 결혼한다는 개념은 그들에게 우습고 저급해 보이게 되었다. 맞다. 그것이 그들의 생각이다. 서로 돕기 위하여, 순결을 지키기 위하여, 그리고 생명을 존속시키기 위하여 배필로 서약하는 것을 그들은 화끈한 감정보다 저급한 사유로 여긴다."[22]

순결을 지키는 것, 가정을 이루는 것, 평생 상대를 돕는 것, 이것은 결혼의 거룩하고 정당한 이유들이다. 헐리우드는 그것을 완전히 뒤집어서, 잠깐 있다 없어지는 감정적 애착을 심사숙고 끝의 판단보다 더 중요하게 여긴다.

순결의 축복

순결은 아름답고 무한히 의미 있는 삶을 창출한다. 남자는 자기 아내를 즐거워하고, 여자는 자기 남편을 즐거워한다. 순결은 아름다움을 숭배하지 않으면서 만끽하게 해주며, 군림을 없애고 남을 존중하며 희생하는 사람으로 변화시킨다.

순결은 우리의 마음을 살찌워, 사람을 볼 때 그저 살가죽만이 아니라 그 너머의 영성과 통찰력과 깊이를 보게 해준다. 결혼 안에서든 밖에서든, 순결은 섹스를 깨끗하고 건강하고 재미있고 의미 있게 지켜주는 채널이다. 또 우리로 하여금 이 피조세계의 아름다운 것들 배후에 계시며 그 근원이 되시는 하나님을 알게 해준다.

이것이 당신이 원하는 바가 아닌가? 하나님과의 잔잔한 사랑, 그리고 다른 많은 사람들과의 강하고 건강한 관계 말이다. 나는 평생 나를 붙들어줄 그런 관계들을 누리고 싶다. 그런 관계들을 누릴 자유를 원하기에 나는 순결을 원한다.

순결의 내적 힘을 구하라. 그러면 당신은 자신이 되고자 하는 모습 쪽으로 자라갈 것이다. 즉 하나님과 더불어, 그리고 그분이 당신의 삶 속에 두신 사람들과 더불어 건강하고 성숙한 관계, 존중의 관계를 가꾸어가는 사람이 되는 것이다.

10

베풂

베풂에서 오는 자유를 누리라

물질을 대수롭지 않게 여기는 사람은
다툼과 분쟁에서 스스로 벗어난 것이다.
그러나 물질을 사랑하는 사람은
사소한 것 하나를 두고도 죽도록 싸울 것이다.

요한 클리마쿠스

베수비오 산이 폭발하여 폼페이의 겁에 질린 시민들 위로 재와 용암이 흘러내린 지 1천7백년이 지난 후, 고고학자들은 켜켜이 쌓인 잿더미 속에서 역사상 가장 유명한 유령도시를 파헤치기 시작했다. 마침내 많은 해골 중에 첫 번째 해골이 나타났다.

고대 시민들을 정밀 발굴하는 과정에서 연구자들은 결빙된 손뼈 안에 꽉 움켜쥔 동전들을 발견했다.

모두들 잠시 일손을 놓게 하기에 충분한 광경이었다.

폼페이의 시민들은 어마어마한 양의 아주 고운 잿더미 속에 순식간에 매몰되었기 때문에 연구자들은 마지막 몇 초의 공포 속에서 사실상 '급속 냉동된' 사람들의 형상을 그대로 석고본으로 뜰 수 있었다. 보석을 움켜쥐고 있는 여자의 모형도 있었다. 살아생전의 마지막 행동으로, 자루 안에 조상彫像과 성전의 보물들을 쓸어 담은 사제들도 발견되었다. 어떤 부부는 등 뒤에 금은보석을 쌓아두고 죽었다.

그보다 고상한 모습도 더러 있었다. 서로 위로하는 자세로 발견된 사람들이 있었는데, 그들은 작별의 포옹을 한 채로 팔이 얼어붙어 있었다.

다신교를 믿던 폼페이 사람들은 건강과 부와 풍요를 숭배했고,[1]

도덕이나 덕성에는 별로 관심이 없었다. 다신多神 부분만 뺀다면, 껍데기뿐인 우리 사회의 시스템도 오싹할 정도로 그와 유사하다. 내게 있어서 그런 시스템의 부질없음을 동전과 보석을 움켜쥔 그 손뼈들보다 더 극명하게 보여주는 것은 없다.

반문화적으로 보일지 모르지만, 자유를 지키고 영적으로 건강하게 자라기 원하는 영혼에게 있어서 베풂이란 필수적인 영성이다. 돈과 재물에 대한 우리의 태도야말로 우리의 심연에까지, 우리 실존의 본질 자체에까지 가 닿기 때문이다.

두 가지 현실 사이의 균형

우리는 재물 없이는 살 수 없다. 마땅한 의복과 주거 없이 텍사스의 8월이나 알래스카의 1월을 견딘다고 생각해보라.

재물은 필요한 것이며, 따라서 물질을 바라는 것은 죄가 아니다. 크리프트가 지적한 것처럼, 진정 성경적인 세계관에서 볼 때 '물질'은 선한 것이며, 위대한 창조주이신 하나님 자신이 그렇게 선포하셨다. 죄가 우리 마음속에 들어오는 것은 우리가 물질을 바라기 시작할 때가 아니라 물질을 바라되 그 본연의 가치 이상으로 과도히 바랄 때. 세상의 것에 대한 우리의 갈망이 하나님에 대한 갈망을 삼키면, 그때 우리는 노골적인 우상숭배에 들어선 것이다.

"탐욕이란 일시적인 재물에 대한 갈망 자체가 아니라 **지나친** 갈망이다. 인간이 외적인 물질을 **수단**으로서 바라는 것은 당연하지만, 탐욕은 물질을 목표와 신神으로 둔갑시킨다.”

크리프트는 “피조물이 신으로 둔갑되면 그 피조물은 다름 아닌 악마가 된다”[2]고 덧붙였다.

과연 악마다. 탐심의 위험 중 하나는, 다른 죄들이 사전 경고를 발하는 것에 반해 탐심은 대개 그렇지 않다는 것이다. 대부분의 사람들은 성적인 유혹을 잘못 해석하지 않는다. 즉 그들은 눈앞에 닥쳐온 것이 무엇인지 안다. 그러나 탐심과 물질주의의 유혹은 그보다 교묘하다. C. S. 루이스는 “부富는 인간을 세상에 접합시킨다. 인간은 자기가 ‘부 안에서 제자리를 잡는’ 줄 알지만, 사실은 부가 인간 안에서 제자리를 잡는다”[3]고 경고한다.

그렇다면 그리스도인이 더 좋은 것들을 원하는 것은 잘못일까? 반드시 그렇지 않다. 어떤 사람이 장래성 없는 직업에 갇혀 있고 가정의 필요가 제대로 채워지지 않고 있다면, 그때는 무사안일이야말로 위험한 것이다. 그러나 만약 당신이 ‘임금 생활자’의 신분에서 호화 자동차의 정서적 포로나 거액 융자금의 종으로 탈바꿈했다면, 그렇게 해서 얻은 자유가 대체 무엇이란 말인가?

우리는 아슬아슬한 줄 위를 걷고 있다. 이 책을 읽고 있는 모든 장성한 성인은 돈과 재물을 관리해야만 한다. 그러나 물질은 무단 거주할 속셈으로 우리 마음의 벽장이 열리기만을 고대하고 있다.

그리스도인의 자유는 어디에 있는가? 우리를 보호해주는 것은 무엇인가? 그것은 그리스도를 닮은 베풂의 자세에 있다.

재물의 끌어당기는 힘

'애드리언'은 편의점에 들어가 과자와 음료수 코너를 지나서 곧장 카운터로 간다. 그녀는 지갑에서 10달러를 꺼내, 전화통화 중인 카운터 뒤의 여자에게 복권을 사려는 뜻을 알린다. 점원은 고개를 끄덕이고는, 여전히 통화 중인 채로 애드리언의 돈을 건네받는다. 그녀가 버튼을 누르자 작은 종잇조각들이 튀어나온다. 그녀는 그것을 애드리언에게 건넨다. 애드리언은 약간 희망에 취해 그것을 지갑에 찔러넣고는 가게를 나선다.

애드리언은 자기가 복권을 사는 것이 꼭 당첨되리란 생각에서가 아님을 마음속 깊이 안다. 맞지 않아서 내버린 복권이 얼마나 많은데 새삼 당첨을 믿겠는가. 사실 그녀는 공상에 파묻힐 기회를 사는 것이다. 앞으로 하루 하고 한나절 동안 그녀는 새 옷, 새 집, 새 자동차 등 복권 당첨으로 찾아올 삶의 변화를 꿈꿀 것이다. 자신이 후원금을 보낼 자선단체를 상상할지도 모른다.

결국 숫자가 뽑힐 것이고 애드리언은 당첨되지 않을 것이다. 그녀의 영혼을 배부르게 했던 탐심은 다음번 복권을 손에 쥘 때까지 시들해질 것이다. 어떤 사람들의 말처럼 그것이 뭐가 나쁜가? 한낱 게임일 뿐이다.

하지만 애드리언이 '만약에'를 공상하며 보내는 그 시간들은 결국 완전히 무가치한 것이다. 철저한 허비다. 그 정도가 아니라, 애드리언은 자신의 상황을 달라지게 하려는 현실적인 계획이나 노력

없이 자기 영혼 속에 불만을 심어 왔다.

하나님은 애드리언과 우리 각자에게 온전한 삶을 돌려주기 원하신다. 그분은 돈과 재물의 지배로부터 우리를 해방시키려 하신다. 베풂의 영성은 내 소유가 **충분치** 못하리라는 우리의 깊은 두려움과 정면으로 대결한다. 전형적으로 물질적 이득에 전전긍긍하는 것보다 인간적인 행동은 별로 없고, 희생적으로 물질을 내어놓는 것보다 본질적으로 더 신적인 행동은 별로 없다.

이 점에서 은둔자들은 영적으로 처참한 과오를 범했다. 신발도 없고 때로 옷도 없는 사막에는 물질주의가 발붙일 곳이 없어 보일지 모른다. 그러나 허점이 있다. 사막에는 돈 주고 살 것도 없지만 남에게 **베풀** 기회도 없다.

진실은 이것이다. 만족이란 하나님의 베푸시는 마음의 통로가 되어 우리의 부와 물질을 나누어줄 때 찾아오는 법이다. 하나님은 세상을 도박판의 '평평한' 룰렛처럼 지으시지 않았다. 순전히 우연으로, 누구는 운이 좋고 누구는 운이 나쁘게 하신 것이 아니다. 그분이 우리를 지으신 방식과 우리의 만족의 본질을 설계하신 방식은 "주는 것이 받는 것보다 복이 있"게 하신 것이다.[4] 하나님은 우리를 그렇게 지으셨다. 그분은 "네 삶을 돌려받고 싶거든 **그것을 맡기라**"고 하신다.

보기에는 비논리적인 것 같지만 사실이다. 당신은 온전한 삶을 돌려받고 싶은가? 그렇다면 삶을 하나님께 내어드리라. 당신은 만족을 원하는가? 그렇다면 당신의 돈을 지혜롭게 베푸는 법을 배우

라. 그러려면 우리는 재물이 약속하는 소유권을 통한 거짓 안전과 자만심을 내어드려야 한다.

내어드림의 비결

돈과 재물을 건강하지 못하게 움켜쥔 손을 어떻게 내려놓기 시작할 것인가? 여기 몇 가지 조치가 있다.

1. 공수표만 남발하는 재물의 속성을 인식한다

작가로서 나는 부유하고 유명한 사람들과 어울릴 기회가 꽤 있다. 얼마 전에는 헤비급 복싱 챔피언 에반더 홀리필드Evander Holyfield 와 이틀을 함께 지냈다. 그가 왜 링에 복귀했는지 의아해한 사람들이 많았다. 그에게는 1,600평짜리 맨션, 하루에 다 운전할 수도 없는 많은 자동차, 정식 규격의 야구장, 광활한 땅이 있었다.

내막은 무엇일까? 홀리필드는 복귀의 '사명감'도 느꼈지만, 또한 그냥 몹시 따분했다고 털어놓았다. 그는 승마도 하고 오토바이도 타보았다. 자기 아이들에게 스포츠를 가르치며 시간을 보내기도 했다. 그러나 몇 달이 지나자 그는 권태의 감옥에 갇힌 기분이었다. 우리들 대부분은 월급과 융자금 상환을 맞추려고 애쓰면서 권태로움을 느끼지만 말이다.

우리의 영혼은 의미를 갈망하지만, 의미는 자기중심적인 안락한 삶 속에 있지 않다. 장기적으로 보아 물질주의는 공수표를 남발한다. 기쁨과 만족이란 외부 상황과 무관하게 올 수도 있고 오지 않을 수도 있는 내적 실체이기 때문이다. 나는 아주 보람되게 살아가는 자수성가한 부자들을 만나보았는데, 그들은 인생의 의미를 가정과 신앙 등에서 찾았다. 그런가 하면 불행하게 혼자 살아가는 엄청난 거부들도 있다.

공허함을 벗어나거나 만족을 얻는 길은 돈으로 살 수 없다. 오히려 권태에 빠지는 길을 살 소지가 많다.

2. 부의 유혹을 생각한다

부는 당신의 삶에 새로운 유혹, 새로운 도전, 새로운 시련을 가져올 수 있다. 돈 때문에 우리는 거만하게 군림하려 할 수 있다. 당신이 돈을 내느냐, 거두느냐에 따라 하나의 사역 전체가 말 그대로 살아날 수도 있고 죽을 수도 있다면, 힘을 오용하고 싶은 유혹은 강할 수 있다. 돈에 쪼들리는 삶이 우리를 절망으로 유혹할 수 있는 것처럼 말이다.

성경은 이에 대해 더없이 분명하게 말한다. 돈을 목표로 삼는 사람은 많은 유혹에 빠진다. 바울은 이렇게 썼다.

"부하려 하는 자들은 시험과 올무와 여러 가지 어리석고 해로운 욕심에 떨어지나니 곧 사람으로 파멸과 멸망에 빠지게 하는 것이라. 돈을 사랑함이 일만 악의 뿌리가 되나니 이것을 탐내는 자들은

미혹을 받아 믿음에서 떠나 많은 근심으로써 자기를 찔렀도다."⁵

3. 영원한 시각을 취한다

내가 뉴잉글랜드에서 만난 한 남자는 동료의 죽음 이후로 삶이 확 달라졌다. 그들이 다녔던 회사는 미국에서 가장 안정되고 유명한 회사들 중 하나였다. 그 회사는 보수도 좋았지만 직원들에게 요구하는 것도 많았다.

그 뉴잉글랜드 사람은 말했다.

"우리는 회사에 인생을 바쳤습니다. 회사는 우리를 책임져 주었고 그 반대급부로 우리의 삶이 회사 업무를 중심으로 돌아가기를 기대했지요. 회사에서 시키는 일을 단 한 번이라도 거부했다가는 승진 대열에서 밀려나 은퇴하는 날까지 주변부를 맴돌아야 했습니다. 그래서 우리는 일찍 출근해 늦게까지 일했습니다."

죽은 동료는 아직 40대 후반밖에 되지 않았다. 그를 대신할 직원이 이튿날 아침 일찍 회사에 나왔다.

뉴잉글랜드 사람은 참담하다는 듯이 말했다.

"직원들은 아무도 그 사람의 장례식에 가지 않았습니다. 그들은 그의 가족들을 몰랐고 그래서 별로 중요하지 않다고 생각했던 것입니다. 회사에 인생을 전부 바친 그였건만 회사는 그의 죽음으로 잃은 것이 하나도ᵈ ⁿ ᵃ ⁿ ⁿ 없었습니다. 그는 마치 없었던 사람 같았습니다."

우리는 직장과 사업에 자신을 쏟아 붓지만, 그 모든 안전과 의미는 죽음과 최후의 운명 앞에서 빛을 잃고 만다. 돈의 유혹과 거짓 유혹에서 해방되려면, **영원의 관점**에서 생각하는 법을 배워야 한다. 천국의 실체를 깨닫는 것이야말로 물질주의라는 영혼의 독약에 대한 확실한 해독제다.

4. 베풂의 영원한 기쁨을 경험한다

잠언에 보면 "선한 눈을 가진 자는 복을 받으리니 이는 양식을 가난한 자에게 줌이니라"잠 22:7고 했다. 말이 안 되는 것 같지만, 바로 그것이 하나님이 정하신 삶의 이치다. "주라, 그리하면 너희에게 줄 것이니 곧 후히 되어 누르고 흔들어 넘치도록 하여 너희에게 안겨 주리라."[6]

베푸는 기쁨은 "너희가 거저 받았으니 거저 주어라"[7] 하신 그리스도의 태도를 취할 때 찾아온다. 그분의 성품을 입을 때 우리는 그분의 임재를 경험하게 된다.

베풂은 돈 그 이상의 가치이다. 그것은 성품의 문제다.

영적인 베풂

'제인'은 속으로 "다들 나 좀 봐줘요"라고 애원하며 파티석상에 들어섰다. 그녀는 자기의 헤어스타일이 너무 평범한지, 화장이 너무 진한지, 신발이 옷에 어울리는지 따위를 걱정하느라 여념이 없었다.

한편 '케이티'는 하나님께 "오늘밤 제가 섬길 사람이 있을까요?" 하고 물으며 똑같은 파티에 참석했다. 곧 그녀는 갓 이혼한 어떤 여자를 만났는데, 그녀에게는 누군가 말을 들어줄 사람이 필요했다.

무언가를 받으려고 모임에 나가면, 그것은 당신의 만족을 여론의 불안정한 받침대 위에 올려놓는 것이다. 그러나 주려고 하면, 사실상 성공이 보장된 셈이다. 도움이 필요한 사람은 언제나 있기 때문이다.

물질적 베풂은 내적 자유의 시작일 뿐이다. 영적인 베풂도 있다. 이는 받으려는 욕심보다는 오히려 주고 섬기도록 우리를 이끌어주는 성향이 있다. 그리스도의 영은 우리를 섬김으로 인도하시며, 하나님이 하시는 대로 우리의 동기를 바로잡게 하신다.

여러 교회를 다니며 강연과 교육을 처음 시작하던 즈음, 나는 즉석에서 부흥이 시작되기를 바랐다. "내용이 정말 깊었소." "당신은 훌륭한 강사입니다." "이렇게 좋은 설교는 별로 들어 보지 못했어요." 이런 말을 듣는 것이 내게는 중요했다.

말하기 창피하지만 사실이다. 나는 '소인배 증후군'을 앓고 있었다. 인정받으려는 욕구 때문에 강연했던 것이다. 도덕적으로, 내 설교 준비는 외모로 대중의 감탄을 자아내려는 어떤 사람들의 헛된 겉치장과 본질상 다를 바 없었다.

나의 변화는 하나님의 도전을 통해 찾아왔다. 몇 년 전에 어떤 행사를 위해 기도하던 중에 나는, 하나님께서 내게 청중을 그저 사랑하라고 말씀하시는 것을 느꼈다. 강연 내용도 중요했지만 그들에게 나 자신을 주는 것이 더 중요했다.

그 주말에 나는 해방감을 맛보았다. 청중을 사랑하기에 뭔가 중요한 것을 주고자 하는 교사와 대단한 인상을 풍기려고 하는 교사는 천양지차임을 이제 나는 안다.

하나님께서 내 동기를 바로잡아 주신 후에 나는 베푸는 기쁨과 만족에 '중독' 되었다. 베풂은 삶에 의미를 가져다주고, 허영과 자기중심적인 삶의 폭정에서 우리를 해방시켜준다.

주일에 교회에 도착한 당신은 주기 위해서 그곳에 있는가, 아니면 받기 위해서 있는가? 직장에 출근해서 당신은 당신을 쳐다봐줄 사람들을 찾는가, 아니면 당신이 보아줄 사람들을 찾는가? 퇴근할 때 당신은 가족들이 당신을 시중들어주기를 기대하는가, 아니면 "주님, 저에게 온전히 아내와 아이들과 함께할 수 있는 힘을 주옵소서"라고 기도하는가?

당신의 목표가 받는 것이라면, 당신은 거의 매번 실망할 것이다. 우리가 살고 있는 세상은 온통 자신에게 몰두해 있어서 남에게 주목할 여유가 별로 없다. 그러나 당신의 목표가 주는 것이라면, 당신이 다른 사람들을 격려하면서 즐거움을 얻는다면, 절대로 만족이 떨어지지 않을 것이다. 베풀 것이 늘 넘쳐나게 될 것이다.

다른 사람들이 당신을 알아주거나 봐주지 않아서 당신이 원한과 분노의 옥에 갇혀 있다면, 베풂의 영성이야말로 당신의 옥문을 여는 열쇠다. 당신의 온전한 삶을 돌려받으라. 베푸는 법을 하나님께 배우라.

주의력

성령께 우리 삶에 보여주실
시간과 공간을 허락하라

네가 네 자신과 가르침을 삼가.

디모데전서 4장 16절

폴과 수잔은 재정 상담자 앞에서 한숨을 지었다.

"빚이 얼마나 되는지 모른단 말입니까?"

상담자가 물었다.

"잘 모르겠습니다."

"집에 돌아가셔서 빚을 전부 합산해서 총액을 알아 오십시오."

그날 밤, 이들 부부는 떨면서 계산기의 숫자를 두드리기 시작했다. 최종 합계는 자그마치 52,721달러였다.

"우리가 어쩌다 이렇게 됐지요?"

수잔이 울먹이며 묻자, 폴은 고개를 저었다.

"나도 모르겠소."

그들의 상황의 진짜 문제는 "나도 모르겠소"라는 폴의 고백 속에 들어 있다. 성경은 우리를 사려 깊은 삶으로 부른다. 즉 우리는 자신의 영적 건강과 외부적 책임에 주의를 기울여야 한다. 우리의 돈은 저절로 관리되지 않는다. 우리는 관계들을 돌보아야 하고, 하나님을 향한 열정을 가꾸어야 하고, 잃어버린 영혼들을 향한 관심을 키워야 한다.

전통적으로 이런 세심한 관심을 주의력이라 불렀다. 주의한다는 것은 삶과 당신 자신의 태도와 행동에 조심하며 산다는 뜻이다.

성경은 우리에게 사려 깊은 삶, 반성하는 삶을 살도록 당부한다.

"오직 너는 스스로 삼가며 네 마음을 힘써 지키라. 그리하여 네가 눈으로 본 그 일을 잊어버리지 말라. 네가 생존하는 날 동안에 그 일들이 네 마음에서 떠나지 않도록 조심하라."[1]

다윗에게 주어진 다음 말씀은 성경에서 가장 귀한 약속 중 하나인데, 역시 주의력을 권하고 있다.

"만일 네 자손들이 그들의 길을 삼가 마음을 다하고 성품을 다하여 진실히 내 앞에서 행하면 이스라엘 왕위에 오를 사람이 네게서 끊어지지 아니하리라."[2]

어쩌면 그래서 다윗이 "나의 행위를 조심"[3]하겠다고 신중히 다짐한 것이리라.

예수께서 제자들에게 마지막으로 주신 말씀들 중에 "시험에 들지 않게 깨어 기도하라"[4]는 말씀이 있다. 주의력에 대한 당부는 또 그분의 많은 가르침 중간 중간에도 나온다.

"삼가 모든 탐심을 물리치라"[5]

"미혹을 받지 않도록 주의하라."[6]

우리는 복잡하고 도전적인 세상, 주의력이 필수인 세상에 살고 있다. J. C. 라일은 젊은이들에게 이렇게 경고한다.

"이 세상은 우리가 생각 없이도 잘 해나갈 수 있는 세상이 아니며, 영혼의 문제에 있어서는 더 말할 것도 없다."[7]

생각이 없어서 구원을 잃는다

주의력을 아는 그리스도인은 자기 마음속에 자기가 모르는 많은 일들이 벌어지고 있음을 인식한다. 우리는 가정의 긴장이 잘 다스려지고 있다고 생각할지 모른다. 상관의 매정한 반응이나 나의 재정적 형편이나 내 친구의 나쁜 선택이 나에게 영향을 미치지 않는다고 생각할지 모른다. 그러나 그렇지 않다.

주의력이란, 성령님께 우리 안에 정말로 벌어지고 있는 일을 우리에게 보여주실 시간과 공간을 허락하는 태도다. 요한 클리마쿠스는 "주의하는 그리스도인은 생각의 어부다. 고요한 밤에 그는 쉽사리 생각을 보고 낚을 수 있다"[8]고 썼다. 자신의 영혼을 아는 사람은, 클리마쿠스가 주의력의 과정을 '부의 축적'[9]이라고 표현했을 정도로, 그만큼 심령이 견고하고 풍요롭다.

나는 이 마지막 이미지를 좋아한다. 주의력이 또 하나의 의무처럼 들리지 않고, 그 본연의 정체인 선물로 우리에게 제시되기 때문이다.

선물이라? 그렇다. 주의력은 때로 우리가 습관적으로 부정적인 기분이나 비참한 태도에 빠졌음을 우리에게 일러줄 것이다. 때로 우리는 어떻게 자신이 적극적으로 유혹을 부르고 있거나 과잉 헌신에 빠져 있는지를 보게 될 것이다. 주의력에 힘입어 우리는 자신의 삶에 대한 진실에 접근하고, 그리하여 자신의 약점에서 돌아서서 하나님의 도움을 얻을 수 있다.

사려 깊은 삶은 영원한 파장을 미치는 엄청난 기회다. 라일은 이렇게 지적했다.

"생각의 부재야말로 수많은 사람들이 버림받는 한 가지 단순한 이유가 된다. 사람들은 생각하지 않거나 주변을 둘러보지 않고, 자신의 현행 노선의 마지막과 현재 가는 길의 확실한 결과를 숙고하지 않을 것이며, 그러다가 마침내 자기가 생각이 없어서 구원을 잃었음을 알게 될 것이다."[10]

영적인 문제에 있어서 마땅한 주의를 기울이지 않으면, 영원히 치명적인 결과를 당할 수 있다.

우리 영혼의 적

버지니아에 살 때 나는 남북전쟁 격전지들을 자주 방문했다. 장군이 부하들을 만나 이튿날의 전투를 구상했다는 작은 진지에 이르면 나는 발걸음을 멈추곤 했다. 진지라고 해야 돌출한 암반에 지나지 않을 수 있지만, 그 동일한 땅뙈기 위에 서 있는 것만으로도 숙연해졌다. 요란한 전투 이전의 조용하고도 긴장이 서린 작전 구상에는 뭔가 유난히 감동적인 면이 있다.

기독교 고전들은 자주 이생을 전쟁으로 묘사한다. 그렇다면 우리는 재편성의 시간 없이 계속 공격만 할 수는 없다. 장비도 보충하고 사기도 진작시켜야 하며, 다음번 동작을 숙고해야 한다. 자신의 신앙에 대해 진지해질수록 특히 더 그렇다. 우리의 적이 눈여겨

볼 것이기 때문이다.

1997년, 시카고 불스 팀이 애틀랜타 호크스 팀을 보기 좋게 물리치고 있었다. 그러자 애틀랜타의 레니 윌킨스 코치는 공격 주도력과 3점 슛 실력으로 잘 알려진 엘드리지 리캐스너를 투입했다. 아니나 다를까. 리캐스너는 곧바로 3점 슛을 두 개나 넣었다.

다음번 그가 바닥에 내려와서 고개를 들어보니 마이클 조던이 그를 마크하고 있었다.

"여기서 뭐하는 거야?"

리캐스너가 물었다. 마이클은 웃지 않았다.

"너를 막으려고 왔다"

라고만 대답했을 뿐이다.

리캐스너는 다음번 다섯 개의 슛 중에 네 개를 놓쳤다.

성숙한 그리스도인이 되는 문제를 우리가 진지하게 여길수록, 우리주변의 전쟁은 더 치열해질 것이다. 요한 클리마쿠스는 그것을 이렇게 설명했다.

"적이 우리를 대적한다는 것은 우리가 지금 무장이 되어 있다는 증거다. 왕이신 하나님의 적들은 일개 시민이나 선원이나 농부를 상대로는 전투를 개시하지 않는다. 그러나 왕의 인장과 방패와 단도와 검과 활과 군복을 받은 사람을 보면, 적들은 이를 갈면서 어떻게든 그를 멸하려 한다. 그러므로 우리는 방심하다가 허를 찔려서는 안 된다."[11]

오늘날 마귀에 대한 얘기는 거의 구닥다리로 들린다. '계몽된'

문화 속에 사는 우리는 사탄의 일쯤이야 이미 뗐다. 그러나 예수님과 사도들은, 우리에게 영적인 적이 존재한다는 사실에 대해 자주 경고한다.[12]

기독교 고전들도 사탄의 일에 대해 똑같이 증언한다. 존 오웬은 주의력을 '우리 안의 연약함과 타락에 대한 도덕적 민감성'이라고 불렀다. 그의 경고를 들어보자.

"우리를 대적하는 유혹의 위력과 죄의 악함을 우리는 인식할 필요가 있다. 계속 무관심하고 부주의하게 있으면, 우리는 적의 마수에서 절대 벗어나지 못할 것이다. 우리는 다가오는 유혹의 위험을 늘 스스로 일깨울 필요가 있다."[13]

오웬은 "대다수 사람들이 여기에 너무도 부주의하니 통탄할 일이다. 대부분의 사람들은 공공연한 죄를 피하는 방법에 대해서는 생각하면서 자기 마음속에 있는 유혹의 움직임에 대해서는 전혀 생각하지 않는다"[14]고 탄식했다.

안타까운 일이지만, 우리 중에는 자신의 영적 상태에 대한 관심이 사탄보다도 덜한 사람들이 있다. R. C. 라일의 말처럼 "당신은 당신의 영혼에 대하여 무관심할지 모르지만 마귀는 그렇지 않다."[15] 오웬은 "영혼의 평생 적이 우리 안에 거하고 있음을 인식한다면 우리가 얼마나 깨어 있어 조심해야 하겠는가!"[16]라고 덧붙였다.

어느 날 아침, 기도 중에 나는 성령님께서 내 속사람의 상태를 살피도록 인도하심을 강하게 느꼈다. 하나님은 전날 밤 내가 텔레비전에서 보았던 내용, 그즈음 읽고 있던 책, 내 삶의 스케줄을 떠올리게 하셨다. 그것들은 하나같이 경건치 못한 태도들이었다. 하나씩 따로따로 보면 심각한 영적인 문제를 일으킬 만한 것은 없었지만, 그 모두가 합해져서 나의 몇 가지 중요한 결심들을 약화시키고 있었다.

나 혼자서는 그런 결론에 이르지 못했을 것이다. 이는 기쁜 소식이었다. 우리 영혼을 위해 주의하는 일을, 하나님은 나 혼자 하도록 하시지 않았다. 보이지 않는 적이 우리에게 있는 것처럼, 성령님께서 친구와 보호자로 늘 우리 곁에 계시며 우리에게 필요한 통찰을 주신다.

하나님이 주시는 통찰

인터뷰 중이던 나와 에반더 홀리필드 사이에는 작은 녹음기와 공책이 있었다. 우리는 얘기를 나누고 있었는데, 전화벨이 울렸다.

홀리필드는 마이크 타이슨과의 첫 대전을 놓고 그쪽과 협상 중이었다. 그런데 전화를 받으러 가기 전에 홀리필드는 손을 뻗어 내 녹음기를 껐다. 언론을 상대하는 데 익숙해진 사람들은 대개 놀란 적이 많아 아예 문제의 소지를 남기지 않는다. 자기 입에서 나오는 말을 일일이 막을 수 없으므로즉흥적인 전화통화 중에 그것은 힘든 일이다 확실한 녹음만이라도 막고자 하는 것이다.

홀리필드가 내 녹음기에 신경을 쓰듯이, 우리도 자신의 영적인 상태에 그만큼만 신경을 쓴다면 이는 매우 잘하고 있는 것이다.

그리스도인의 주의력은 단순히 자기성찰이 아니다. 자기성찰의 방법을 배우려면 경영 서적이나 심리학자의 자기개발 서적을 읽으면 된다. 그리스도인의 주의력에는 하나님의 계시에 대한 간구가 포함된다. 내 영혼의 어두운 심연 속에서 벌어지는 일의 진상을 내 바깥의 누군가가 나에게 보여주어야 하기 때문이다. 우리는 자신의 통찰을 믿거나 자신의 명철을 의지할 수 없다. 우리는 하나님을 인정해야 한다.[17]

잔느 귀용은 주의력을 철저히 하나님의 활동으로 여기는 것이 중요하다고 강조한다.

"당신의 죄를 깨우쳐주는 것은 **당신의** 주의력이나 자기성찰이 아니다. 모든 것을 계시해주시는 분은 하나님이다. 당신 스스로 성찰을 맡으려 하면 자기기만에 빠질 소지가 아주 높다."[18]

누군가와 대립상황에 처할 때면, 나는 대개 내 모든 실망을 뒷받침해줄 가시적인 사례들을 수집할 수 있고, 그것으로 법정에서도 내 진술의 정확성이 '입증될' 것이다. 그러나 새벽녘의 침묵 속에서 하나님은 당당히 그 손가락으로 **나를** 가리키신다. 하나님은 내 실망의 원인이 내 안에 감추어져 있다고 당당히 지적하신다. 사태를 수수방관하고 있는 것은 나다. 믿음으로 행하지 않고 있는 것도 나다. 하나님의 임재를 피하고 있는 것도 나다.

인간의 자각에 대비對比하여, 하나님이 주시는 주의력의 아름다움은 두 가지다.

첫째, 지금까지 내가 하나님께 받은 모든 책망은, 사실 결국은 나를 격려하는 것이다. 하나님이 왜 그렇게 하시는지는 모르지만, 그분이 나를 혼내신다 해도 나는 결국 그분의 사랑받는 아들의 심정으로 다시 집에 들어온다. 하나님은 그런 분이시다.

둘째, 우리는 심리학 용어와 자기기만이 난무하는 시대를 살고 있지만, 하나님이 주시는 주의력은 예리하다. 그것은 변명의 언어를 찔러 쪼개고 우리의 중심을 간파한다. 우리는 자신의 행동의 책임을, 나를 무시하고 구박하고 상처를 입힌 모든 사람들에게 전가시키려 한다. 그러나 하나님은 우리가 회개하여 깨끗하게 되기를 원하신다. 그분은 우리의 진짜 동기에 초점을 맞추신다. 물론 우리는 언제나 진리를 거부할 수는 있지만, 더 이상 진리를 모른 척할 수는 없다.

마귀가 겁내는 것이 이것이다. 루이스의 스크루테이프는 다시 이렇게 말한다.

"인간들은 늘 우리가 자기네 생각 속에 뭔가를 집어넣는다고만 생각하니 정말 웃기는 일이다. 사실 우리의 급선무는 뭔가가 들어가지 못하게 막는 것인데 말이다."[19]

주의력의 실천

주의력이란 우리의 내면생활이 자랄 수 있도록 우리의 외면세계에 질서를 잡는다는 뜻이다. 매일의 결정을 내릴 때 영적인 건강을 중요한 요인으로 삼는다는 뜻이다. 라일은 "당신의 영혼을 상하게 하는 장소나 직업이라면 그 무엇도 당신에게 좋지 않다. 당신의 영혼의 관심사를 가볍게 여기는 친구나 동료라면 그 누구도 당신의 신임을 받을 자격이 없다"[20]고 썼다.

내 경우, 주의력의 소명을 일깨워주는 작은 의식儀式들을 삶 속에 정착시킨 것이 도움이 되고 있다. 아침의 성경 읽기도 좋은 의식이다. 이를 통해 나는 즉시 묵상의 모드, 경청의 모드로 들어가게 된다.

아침저녁의 출퇴근 시간, 20분간의 부엌 청소시간, 아이들을 축구나 발레 연습에 데려다주는 시간, 이 모두가 영적인 주의력의 기회로 전환될 수 있다.

"아침이고 한낮이고 밤이고 당신 영혼의 관심사에서 눈을 떼지 말라. 날마다 영혼이 형통하기를 바라며 자리에서 일어나고, 밤마다 영혼이 정말로 진보를 이루었는지 자문하며 자리에 누우라."[21]

여기서 라일이 하는 말은, 삶의 자연스런 리듬에 맞추어 우리의 영혼을 점검해야 한다는 것이다. 주의력이란 민감하면서도 확고한 마음 상태로, 짧막한 기도 시간들을 통해 길러진다. 이는 우리가 "하나님, 뭐가 어떻게 되고 있는 거죠?"라고 묻는 순간들이다.

나는 이것을 '막간의 체크'라고 부른다. 강연을 마친 후에나 힘든 대면을 끝낸 후에나 자녀와 의지의 싸움을 벌인 후에, 나는 하나님께 주파수를 맞추고 이렇게 여쭙곤 한다.

"이 일에 대한 하나님의 뜻은 무엇입니까?"

토마스 켈리Thomas Kelly도 그 역동을 표현하면서 우리에게 두 차원의 삶을 권했다. 그는 자신의 고전 《거룩한 순종》생명의 말씀사에 "동시에 두 차원에서 우리의 정신생활을 정리하는 방법이 있다"고 썼다. 그는 매사를 하나님 앞에 가져가라고 권면한 다음 이렇게 덧붙였다.

"그렇게 좀 더 깊은 차원에서 하나님의 임재 안으로 가져가도 사실은 여전히 사실이지만, 사실의 가치와 의미는 완전히 재정렬된다."[22]

이것은 우리가 사실 너머의 진리를 듣는다는 뜻이다. 우리는 동기와 깨달음과 새로운 시각을 듣는다. 이를 통해 우리는 자신이 옳음을 입증하려는 덫에서 벗어나 화해와 치유의 통로이자 예언자적인 영혼이 되는 쪽에 관심을 집중하게 된다.

한 가지 유의할 점이 있다. 주의력은 우리가 하나님을 사랑하고 즐거워하고 섬길 수 있도록 우리의 심령에 자유를 주고, 그 자유를 지속시켜주는 하나의 도구다. 우리가 신경증적으로 예민해지고 종교적 불안에 시달리는 사람이 되는 것은 주의력의 취지가 아니다. 우리는 사랑으로 우리를 변화시켜주시는 하나님의 임재 안에 살 수 있다. 죄책이나 정죄에 빠지지 않고도 우리 안팎에서 벌어지는 일을 더 깊이 의식하는 법을 배울 수 있다.

주의력은 오늘날을 살아가는 그리스도인들에게 더없이 중요한 영성이다. 그리스도 안의 삶을 향한 이 영광스러운 추구에 들어선 우리는, 이 기운찬 영성을 통해 자기 자신과 하나님의 은혜 둘 다에 정직하고 용감하게 직면할 수 있다.

12
인내

삶을 받아들이고
하나님과 사랑에 빠지라

고난 중에 인내하는 법을 배우라. 하나님은 당신의 삶에 자주,
그리고 어쩌면 큰 고난을 보내실 것이다.
그것은 그분이 하시는 일이다. 그렇게 정하셨다. 받아들여라.

잔느 귀용

　도서관 옆의 길가에 SUV 한 대가 섰다. 운전석 반대쪽 문이 열리면서 호리호리한 열두 살 소년이 차에서 튀어나왔다. 아이는 문을 열어둔 채로 책을 한 아름 들고 도서관의 도서 반환함으로 뛰어갔다.

　무덥고 눅눅한 버지니아의 전형적인 여름날이었다. 금세 아버지의 성난 목소리가 나른한 공기를 갈랐다.

　"이놈아, 문 좀 못 닫아? 에어컨 고장 나잖아!"

　도서 반환함은 길가에서 4~5미터쯤 떨어져 있었고 아이는 그 거리를 뛰었으므로 차 문이 열려 있는 시간은 10초쯤 되었을 것이다. 그러나 아버지는 더위에 지쳐 열변을 토했다. 10초 동안 문을 열어놓는다고 에어컨이 고장 나겠는가!

　퍼붓는 쪽이든 듣는 쪽이든, 그런 분노와 더불어 사는 기분은 어떨까? 그리고 누군가가 정말로 그 남자의 인내심을 시험한다면 그는 어떻게 될까?

　사람들이 얼마나 서로를 짜증스럽게 대하는지, 백화점에만 나가도 한눈에 보인다. 하나님은 거기서 벗어날 길을 당신에게 주신다. 그분은 다른 사람들에게 은혜와 인내를 베풀 수 있는 영적인 힘을 당신에게 주신다. 당신은 독한 판단과 정죄와 분노를 인내의 태도로 바꿀 수 있다. 그것 때문에 당신의 목숨을 건질지도 모르는 일이다.

1996년도 말에 심장 전문지 〈서큐레이션〉Circulation에는 분노가 많은 남자들일수록 심장발작과 관상 심장질환의 위험이 3배 이상 높아진다는 내용의 연구결과가 실렸다.[1] 레드포드와 버지니아 윌리엄스 박사 부부는 이렇게 간명하게 기술했다.

"분노는 사람을 죽인다. 우리는 지금 사람들로 하여금 총을 쏘거나 칼부림을 하거나 기타 동료 인간을 파괴하게 하는 그런 분노를 말하는 것이 아니다. 지극히 정상적인 많은 사람들의 심신을 순환하는 일상적인 분노와 역정과 짜증을 말하는 것이다. '엉뚱한 조건 하에서' 분노하는 것은 마치 당신의 일상생활 속에서, 약효가 서서히 나타나는 독약을 조금씩 먹는 것과 같다."[2]

조바심의 근원

사도 야고보가 조바심충족되지 않은 갈망의 근원을 잘 밝혔다.

"너희 중에 싸움이 어디로부터 다툼이 어디로부터 좇아 나느냐. 너희 지체 중에서 싸우는 정욕으로부터 나는 것이 아니냐. 너희는 욕심을 내어도 얻지 못하며."[3]

조바심은 위안과 편함과 내 뜻에 대한 중독이다. 우체국에 가는 길이 막히면 우리는 다른 모든 운전자들이 비켜나기를 바란다. 내게 두통이 있으면 우리는 주변 사람들이 그것을 직관으로 알아차리고 상냥하게 말해주기를 원한다. 심지어 우리는 날씨까지도 우리가 계획한 레크리에이션에 딱딱 들어맞기를 원한다.

조바심을 장기간 쌓아두면 분노가 생긴다. 마루 한복판에 놓아둔 신발 때문에 엄마가 평정을 잃으면 아이는 충격을 받을 수 있다. 몇 달 동안 엄마의 마음속에 부글부글 끓는 짜증을 아이가 알리가 없다. 엄마가 폭발한 것은 하나의 행동 때문이 아니라 천천히 달아오른 일련의 사건들 때문이다. 그런 사건들이 있을 때마다 엄마는 가족들이 자기를 당연시한다고 느꼈던 것이다.

우리 중에는 우리의 직업 속에서 요구되는 비현실적인 상황 때문에 일하면서 분노감에 빠지는 경우가 많다. 얼마 전에 나는 전국으로 배포되는 어느 잡지의 커버스토리를 탈고했는데, 그 결과가 아주 마음에 들었다.

이런 부류의 이야기를 쓸 때면 나는 인터뷰한 사람들에게 초고를 넘겨서 자신들의 인용된 말을 재검토할 기회를 준다. 한 남자가 자신의 발언을 읽고는 내게 인터뷰의 가장 알짜배기 부분을 빼달라고 했다. 그가 그 인용구들 대신 내놓은 어처구니없는 대안은 마치 무슨 학술논문 같았다.

나는 망연자실하여 컴퓨터 앞에 맥없이 앉아서는 그 기사를 어떻게든 살려보려고 애쓰고 있었다. 그때 아내 리자가 내 얼굴을 보고 주춤하며 말했다.

"저런, 무엇 때문에 침울해진 거예요?"

나는 '그 정도로 눈에 띄었단 말인가?' 하는 생각이 들었다.

그랬다. 인터뷰 하나 날려버린 사소한 일로도 나는 침통한 기분에 빠질 수 있다. 왜 그럴까? 편함에 대한 애착 때문이다. 나는 추가로 겪어야 할 고생만 생각하고 있었다. 하지만 전체 상황을 다르게 볼 수도 있었다. 그 전문가에게 재고를 부탁하면 즐겁지는 않겠지만 그렇다고 죽을 일도 아닐 것이다. 다른 사람을 새로 인터뷰하면 어쩌면 더 좋은 기사가 나올지도 모른다. 작업시간이 좀 늘어나면 어떤가. 그거야 직장생활에 늘 있는 일 아닌가.

하지만 위안에 대한 애착 때문에 그런 길들이 보이지 않았고, 그대로 짜증과 우울함에 빠지고 만 것이다.

일상의 모든 일들이 그렇게 우리에게 타격을 가할 수 있다.

어린아이들은 스케줄에 대한 개념도 없고, 하루 종일 싸우거나 울거나 이것저것 달라는 것뿐이다. 당신이 그런 아이들을 둔 전업주부라면, 평온과 질서에 대한 당신의 갈망은 물거품이 될 수 있다. 또 관료주의에 빠져 있는 기업체는 엉뚱한 사람들이 엉뚱한 보직에 임용되기도 하므로 그런 곳에서 직장생활을 하는 사람이라면 엄청난 좌절을 맛볼 수 있다.

삶에는 많은 갈등이 있게 마련이다. 모든 것이 나한테 꼭 들어맞기를 기대하며 산다면 그것은 비현실적이고, 건강치 못하며, 영적인 자살 행위와 같다.

단지 우리가 그리스도인이 되었다고 해서, 삶이 그렇게 호락호락하지 않다는 사실을 빨리 받아들일수록 우리는 인내의 유익을 누릴 수 있다.

신앙에까지 파고든 조바심

우리가 신앙생활을 하는 것을 보아도, 우리의 뜻 자체가 얼마나 방해물이 되는지 알 수 있다. 그리스도를 닮은 모습으로 성장하는 일에 있어서, 우리는 그 성숙을 **당장** 원한다. 한번 결단하고, 한번 강대상 앞에 나가서 기도하고 헌신하면, 그것으로 다 됐다고 생각한다.

그런데 우리가 이해하지 못하는 것이 있다. 어렵게 이긴 싸움이 깊은 영향을 미친다. 본질상 싸움이란 쉬운 것이 아니다. 사실 싸움에는 종종 패배나 적어도 심각한 후퇴가 수반된다. 그러나 그 기나긴 **과정**은 더 중요하다. 변화의 과정 동안 끝까지 노력하면 더 영광스러운 결과를 맞게 된다.

요한 클리마쿠스는 "어떤 사람이 천성적으로 가진 단순함은 매우 좋은 것이지만, 고된 수고를 통해 악한 모습 속에서 힘들게 뽑아낸 것은 더 좋다"[4]고 말했다.

내가 아는 한 젊은이는 상습적인 코카인 남용자였다. 어떤 부흥집회 중에 하나님이 그를 기적적으로 구해주셨고, 곧 그는 하나님께 대한 열심이 뜨거워졌다. 그리고는 꼬박 1년 동안 코카인에 손대지 않았다. 그러나 신앙이 시들해지면서 다시 마약을 복용하기 시작했다.

그의 눈을 쳐다보며 이렇게 말해준 기억이 있다.

"하나님이 코카인에 대한 자네의 욕구를 완전히 없애주신 것은 엄청난 선물이었어. 하지만 두 번째는 그렇게 쉽지 않을지도 모르네. 다음번에는 하나님이 자네를 중독에서 끄집어내 주시기보다는 아마도 자네가 직접 끊기를 요구하실 것일세.”

우리는 본능적으로 신속한 영적 해답을 찾고 싶어 하지만, 내면에 기초한 변화가 대개 훨씬 더 오래간다. 아이러니지만, 우리에게 필요한 것은 인내를 배우는 자신에게 인내하는 것이다.

클리마쿠스는 이렇게 썼다.

“왜 어떤 사람들은 천성적으로 태도가 부드러워 보이는지 나는 모른다. 반면, 이것을 얻기 위하여 자신의 본성과 힘들여 싸워야 하는 사람들도 있다. 그들은 힘닿는 데까지 자신을 억지로 떠밀어야 하며, 그 과정에서 때때로 패배를 겪는다. 자신의 본성에 대항해 싸워야 한다는 바로 그 사실 때문에, 이들은 천성적으로 부드러워 보이는 사람들보다 더 높은 범주에 드는 것 같다.”[5]

인내의 생리

인내를 배우는 첫걸음은 불편함을 받아들이는 것이다. 바울은 우리에게 “환난 중에 참으”라고 권한다.[6] 모든 영성의 성장은, 하나님께서 우리의 삶에 허용하시는 것들을 우리가 겸허히 받아들일 때 시작된다.

이것은 단순히 분노와 원한을 억누른다는 뜻이 아니다. 이것은 내어드림과 초연함을 통해 우리의 분노를 십자가에 못 박는다는 뜻이다.

우리가 버지니아에 살던 때의 일이다. 곧 폭우가 쏟아질 듯이 고기압이 팽팽해지면서 나는 닷새 연속 코가 막혀서 고생했다. 나는 이것이 하나님이 내게 주신 삶이라고 자신을 타일렀다.

'오늘 오후에는 업무에 진척이 별로 없을 것이다. 또 아이들과도 즐거운 시간을 보내지 못하겠지. 하지만 하나님이 내게 기후에 영향 받는 몸을 허락하셨다. 지금은 이것을 받아들여야만 한다.'

인내란 받아들임과 맡김 속에 태어나므로 우리는 불평을 철저히 삼가야 한다.

"당신의 삶 속에 못마땅한 일들이 벌어질 때, 마음속에 일어나는 불쾌한 감정들을 죽이라."[7]

미성숙하고 비현실적인 기대를 품지 말라. 그것이 당신의 삶을 망쳐놓는다. 삶을 돌려받고 싶거든 망상을 버려야 한다.

둘째, 우리는 용서 훈련을 할 필요가 있다. 바울은 디모데에게 그리스도의 인내는 "무한한"[8] 것이라고 했다. **무한한** 인내를 생각해보라. 하나님께는 한계점이 없다. '나는 너희에게 질렸다!'가 없다. 왜 그럴까? 하나님은 우리를 용서하시고 다시 시작하게 해주신다. 과거를 붙들고 있을 때 조바심이 나는 법이다.

셋째, 반응하기 전에 잠시 멈추어, 가장 중요한 작업인 자신의 동기와 욕구를 살피는 시간을 가지라. 아내의 문제가 당장 해결되지 않는다고 버럭 화내는 남자는 '진짜 인간'과의 관계를 원치 않는 것일 수 있다. 어쩌면 그는 그의 문제를 지적하거나 잔소리하는 법이 없이 즐거움과 도움만 주는 바비 인형이나 엄마를 원할지 모른다. 자신의 그런 터무니없는 요구를 볼 수 있다면, 그는 그것이 부당함을 알고 버릴 수 있다.

자녀의 만성질환을 고쳐주시지 않는다고 하나님께 화가 난 사람이라면, 어차피 지금 달라지지 않을 문제를 가지고 씨름하는 것일 수도 있음을 알 필요가 있다. 물론 얼마든지 치유를 위해 기도하고 금식할 수 있다! 하지만 치유가 나타나지 않는다면, 하나님의 뜻이 시간을 두고 다른 식으로 이루어질 수 있다는 사실을 받아들여야 할지도 모른다. 이제 그의 초점은 육신의 연약함 중에도 영적인 승리를 가져다주는 내적 평안과 힘을 누리는_{그리고 자녀에게도 그것을 길러주는} 쪽으로 바뀔 수 있다.

이 모든 것을 바탕으로 지혜가 필요하다. 잠언 19장 11절은 "노하기를 더디 하는 것이 사람의 슬기요 허물을 용서하는 것이 자기의 영광이니라"고 말한다. 이것은 우리가 세상의 본질을 더 잘 이해할 때, 그리스도의 인내가 우리를 통해 빛날 수 있다는 뜻이다. 세상은 실망과 실패의 자리요 날마다 일이 틀어지는 타락한 실존이다. 스스로 이 사실을 상기하면, 일이 틀어져도 덜 놀라게 되고 그리하여 짜증도 줄어든다.

지혜에는 영원한 시각을 유지하는 것이 포함된다. 히브리서 기자는 "게으르지 아니하고 믿음과 오래 참음으로 말미암아 약속들을 기업으로 받는 자들을 본받는 자 되게 하려는 것이니라"고 했다. 인내하는 그리스도인은 스트레스에서의 해방과 만족을 다음 세상에서 구하지만, 조바심은 우리가 천국의 모든 편안함을 이 땅에서 구하려고 할 때 일어난다.

물론 하나님은 우리에게 상을 주시겠지만, 우리 중에는 그것을 볼 때까지 인내로 기다리는 법을 배워야 할 사람들이 있다. 경우에 따라서는 천국에 가는 날까지 기다려야 할 수도 있다.

사실, 인내의 영성에 들어간다는 것은 세상이 나를 사랑해주고 받들어주고 선대해주기를 바라는 마음을 버리고 하나님과 더 깊이 사랑에 빠지는 것이다.

"당신에게 일어나는 모든 일, 심지어 혼란까지도 당하는 법을 배우라. 그렇게 하되 오직 한 가지 동기, 즉 하나님을 향한 사랑으로만 그렇게 하는 법을 배우라."[10]

남녀가 연애를 할 때는 같이 있기만 해도 가슴이 설레고 마냥 좋아서, 소소한 불편함 따위는 고통보다 오히려 재미로 변한다. 장대비를 만나도 그들은 웃는다. 함께 있는 것이 너무 즐거워, 삶의 나머지 것들은 둘이 얼굴을 마주하고 있다는 사실만큼 중요하지 않게 된다.

하나님은 당신에게 그런 실존을 주신다. 문제 자체를 막지는 않되 절대로 당신을 문제 속에 혼자 무력하게 두지 않는, 그런 사랑의 관계를 주신다. 이것이 그리스도인으로서 당신의 유업이다. 요한계시록에 보면 우리는 "예수의 … 참음에 동참하는 자"[11]라 했다. 이것이 하나님이 우리에게 주시려는 것이요, 이 세상에서 우리의 삶을 구하시려는 그분의 방법이다. 하나님은 모든 박해와 실망과 고통을 막아주시겠다고 약속하시지는 않았다. 그러나 그분은 박해와 실망과 고통이 우리의 심령을 더 강건하게 하도록 그 속을 우리와 함께 걸으시겠다고 약속하셨다.

인내함으로 하나님과 교제하고 동행하는 법을 배우면, 걸핏하면 짜증내고 스트레스에 시달리던 우리의 영혼이 평안의 성소로 바뀔 것이다. 그리고 거기서 임마누엘_{우리 안에 계신 하나님}의 고요한 영광이 끊임없이 빛날 것이다.

하나님께서 당신의 마음속에 거룩한 공간을 더 내시도록 내어드리라. 바로 인내 가운데 자라가면 된다.

감사

감사는 삶에 동력을 주는 연료이다

감사하는 사람에게는 언제나 은혜가 따라다닌다.

토마스 아 켐피스

프로 풋볼 명예의 전당에 오른 미국 국회의원 스티브 라전트Steve Largent는 자기 아내가 넷째 아기를 출산하는 것을 지켜보면서 집안에 아들이 또 하나 늘어난다는 생각에 기뻐서 어쩔 줄 몰랐다. 그때 의사가 "아기에게 문제가 있네요"라고 말했고, 스티브는 그대로 얼어붙었다. 그의 아들이 척추피열脊椎披裂이라는 병으로, 척수가 노출된 채로 태어났던 것이다. 스티브가 울고 있는데 그의 아내 테리가 이렇게 그를 위로했다.

"크레이머는 하나님이 계획하신 아이예요. 우리 삶 속에 이 아이를 주신 것이야말로 우리에게 가장 놀라운 일 중의 하나가 될 것이라 믿어요."

스티브와 테리는 웬만한 부모라면 분노와 원망을 품을 법한 상황 속에서 감사의 조건을 발견한 사람들이다. 스티브는 이렇게 말했다.

"우리 부부만 생각한다면 지금 상태로 만족합니다. 물론 아들을 생각한다면 지금과 달라지기를 원하고, 아들의 삶에 이런 고통이 없기를 바라지요. 하지만 크레이머는 우리 삶을 풍성하게 해주었습니다. 또 어려운 문제를 겪고 있는 다른 부부들을 보면서 많은 긍휼과 공감을 느끼게 되었습니다."[1]

어떤 사람은 원망하는데, 어떤 사람은 감사하게 하는 그것은 무엇인가?

18세기의 영국교회 목사였던 윌리엄 로William Law는 흥미로운 질문을 던진다.

"세상에서 가장 훌륭한 성인聖人이 누구인지 알고자 하는가? 그것은 기도를 가장 많이 하거나 금식을 많이 하는 사람이 아니다. 헌금을 가장 많이 하는 사람도 아니다. 항상 하나님께 감사하는 사람, 매사에 하나님의 뜻을 자기 뜻으로 삼는 사람, 모든 것을 하나님의 선하심의 증표로 받고 늘 그로 인해 마음에 하나님을 찬양할 준비가 되어 있는 사람이다."[2]

감사하는 그리스도인들은 하나님의 선하심을 보는 눈을 가진 사람들이다. 그들은 선하신 하나님이 모든 상황 속에서 일하실 수 있음을 믿는다. 그들은 하나님의 선하심을 겸손히 받아들이며, 상황이 나빠 보여도 뭔가 감사할 제목을 찾는다.

역대상 16장 8절은 우리에게 "여호와께 감사" 하라고 명한다. 에베소서 5장 20절도 "항상 아버지 하나님께 감사" 하라는 말씀으로 그것을 강조해준다. "범사에 감사하라"는 데살로니가전서 5장 18절 말씀은 그보다 더 직접적이다.

감사는 가장 아름답고 영혼에 힘을 주는 그리스도의 성품 중 하나다. 물론 하나님은 우리의 감사를 받아 마땅하신 분이지만, 의무와 당위는 좋은 동기가 못 된다. 감사는 그리스도인의 삶에 동력을 주는 연료와도 같다. 길이 가파르고 험할 때도 감사가 있으면 우리는 영적 성장의 길을 계속 걸어갈 수 있다. 감사하는 마음을 기르는 법을 배우지 않는 한 우리는 원망에서 헤어나지 못한다.

감사는 특권이다

몇 년 전, 나는 밤늦게 출장에서 돌아왔다. 여독으로 피곤했으나 내가 집에 도착하자마자 아내는 현관에서부터 나 없는 사이에 집안에 고장이 난 것들을 줄줄이 늘어놓았다. 옷장 문이 떨어져 나갔고, 변기가 계속 새고 있고, 냉장고 선반이 헐거워졌다는 것이었다. 나는 고함이라도 지르고 싶었다.

"잠깐! 고장 나지 않은 것만 말해요. 그냥 둬도 되는 것들만!"

이튿날 아침, 나는 렌치로 뒤쪽의 나사를 물려고 변기를 끌어안고는 속으로 씩씩거렸다. 원망이 싹트기 시작했다. 나는 피곤했고 하루쯤 쉬고 싶었다. 아니, **당연히** 하루쯤 쉴 권리가 있었다. 산책을 나가 시원한 바람을 쐴 수도 있고, 아이들과 놀 수도 있었다. 그런데 나는 냄새나는 변기를 끌어안고 있었다. 변기 뒤에서 쏟아져 나오는 물처럼이나 콸콸 내 안에서 '나, 나, 나'가 쏟아져 나왔다.

그때 이 집을 달라고 아내와 함께 기도했던 일이 떠올랐다. 이 집을 보러 오던 날, 바깥이 아주 추웠었는데 따뜻한 집안에 들어오니 너무 좋았던 일도 기억났다. 비록 노화된 난방 펌프에 불안한 눈길이 가기는 했지만, 거처가 생겼다는 것, 악천후 따위로부터 보호 받을 수 있고, 아내 마음대로 장식할 수 있는 거실이 있다는 것

등을 하나님께 감사했었다.

아이가 하나였을 때 아파트에 살던 일도 기억났다. 그때 동네의 한 여자아이가 우리 집에 놀러왔었는데, 우리 딸의 조그만 플라스틱 부엌 세트를 보더니 그 아이의 눈이 휘둥그레졌다. 그 아이는 한 지붕 아래 세 집이 살고 있었고, 그래서 우리 딸의 널따란 놀이 공간이 믿어지지 않았던 것이다.

한마디로, 그 일련의 일들을 떠올리며 나는 하나님께 감사할 제목들을 얻었고, 내 마음은 하나님께 더 가까워지게 되었다. 잠깐, 그렇다면 열악한 상황이라는 현실은 어떻게 되는가? 감사란 너무 순진한 것 아닌가? 그 대답으로 나는 이렇게 되묻고 싶다. 원망의 태도로 장애를 가진 자녀가 고쳐진 적이 있는가? 은행계좌가 채워진 적이 있던가? 자동차나 새는 변기가 수리된 적이 있던가?

물론 감사한다고 해서 망가진 삶이나 쓰라린 상실이 고쳐지는 것은 아니다. 하지만 상황에 임하는 우리의 마음가짐은 달라진다. 이 타락한 세상을 고생하며 살아야 하는 우리에게는 능력이_{그것도 아주 큰 능력이} 필요한데, 그것은 마음의 평안과 기쁨에서 온다. 그것이 있어야 험한 삶을 헤쳐 나갈 수 있다.

감사는 영혼의 능력이다. 하나님은 원망과 부정적 사고라는 영적 퇴행성 질환을 물리치라고 우리에게 그 능력을 주신다. 나는 감사를 하나님의 '영적 방향제'로 생각하고 싶다. 그것은 원망의 퀴퀴한 냄새를 영혼이 호흡할 수 있는 깨끗하고 상큼한 공기로 바꾸어준다.

감사하는 마음 가꾸기

우리가 워싱턴 주로 다시 온 지 두 달도 안 되었을 때였다. 우리는 '고향'으로 다시 돌아와 너무 기뻤다. 그러나 5번 고속도로를 타고 가족들을 만나러 가는 길에 아내는 걱정스레 하늘을 쳐다보며 말했다.

"여기는 하늘이 너무 잿빛이에요. 당신은 햇볕이 그립지 않아요?"

내가 씩 웃자 아내는 내 마음을 읽고는 다시 말했다.

"알아요. 당신은 잠깐 비가 멎어 마른 길을 운전할 수 있는 것만으로도 감사한 거죠?"

나는 큰소리로 웃었다. 아내는 내 생각을 **정확히** 짚어냈다. 나는 하나님께 감사할 제목을 찾는 연습을 귀히 여기게 되었다.

늘 불평을 달고 살던 내가 적극 감사하는 사람으로 바뀐 것은 결코 단시일 내에 이루어지지는 않았다. 작지만 점진적인 몇 가지 단계가 나의 성장에 도움을 주었다. 각 단계마다 이전 것보다 약간 더 어려웠지만, 새로운 단계에 들어설수록 영적 유익도 그만큼 더해졌다. 이들 단계는 당신에게도 분명 도움이 될 것이다.

1. 감사하지 않는 삶의 위험을 인식한다

바울은 하나님을 알면서도 감사의 훈련을 개발하지 않은 백성에 대하여 우리에게 경고했다. "하나님을 알되 하나님을 영화롭게도 아니하며 감사하지도 아니하고 오히려 그 생각이 허망하여지며 미련한 마음이 어두워졌나니."[3]

감사하지 않을 때 우리는 하나님의 영광을 탈취하는 것이며, 그분의 아름다움을 시야에서 놓치게 된다. 그리고 마음은 어두워져 바른 시각을 잃게 된다.

그리스도인이 감사하지 않는 것은 운전자가 안전벨트를 매지 않는 것만큼이나 위험하다. 사고가 날 때결국 사고는 나게 마련이다 우리는 보호받지 못한다. 감사를 익혀두지 않으면, 우리는 하나님이 과연 사랑의 아버지인지 의심해 자신의 영적 안정을 해치게 된다. 힘겨운 상황은 물론, 소소한 방해거리에만 막혀도 우리는 영적 시각이 흐려진다. 그리고 뻔히 알고 있는 영적인 절대 진리들을 다시 생각하고 싶어진다.

나는 어려움에 부딪치는 그리스도인들을 수없이 보았다. 그들은 하나님의 사랑이 절실히 필요하건만, 그분을 **탓하느라** 바쁜 나머지 정작 자신에게 필요한 확신과 힘은 받지 못한다. 원망이 찾아올 때, 나는 감사를 중단하는 것이 영적으로 얼마나 위험한 일인지를 의식적으로 일깨운다.

2. 감사의 말씀들로 자신을 무장한다

성경말씀을 외우는 사람들을 보면 나는 늘 감동을 받는다. 우리의 생각을 새롭게 하고 긍정적인 쪽으로 사고의 방향을 돌리고 싶을 때, 우리에게 필요한 것은 하나님의 말씀이다. 성경에는 감사하라는 구절들이 가득하다.

- "여호와께 감사하라 그는 선하시며 그 인자하심이 영원함이로다" 대상 16:34.
- "내가 노래로 하나님의 이름을 찬송하며 감사함으로 하나님을 위대하시다 하리니" 시 69:30.
- "오직 성령으로 충만함을 받으라 … 범사에 … 아버지 하나님께 감사하며" 엡 5:18~20.
- "그리스도의 평강이 너희 마음을 주장하게 하라 … 너희는 또한 감사하는 자가 되라" 골 3:15.

이 같은 구절들은 우리에게 한 가지 중요한 영적 진리를 일깨워준다. 상황 자체는 우리가 어찌할 수 없지만, 상황을 보는 렌즈는 우리가 조정하기 나름이라는 것이다.

3. 쉬운 것들부터 하나님께 감사한다

내 영혼을 감사로 물들이기 위해 우선 자연의 아름다움, 아들을 아낌없이 보내주신 하나님의 선하심, 가정에서 일어난 여러 가지 일 등 감사하기 쉬운 것들부터 시작했다.

삶이 밋밋한 것 같고 감사가 느껴지지 않을 때면 성경의 진리로 돌아간다. 그러면 평소에는 보이지 않던 실체들이 다시 살아난다.

"내가 여호와께 그의 의를 따라 감사함이여"라고 한 시편 7편 17절 말씀도 그런 경우다. 하루 동안 어려움이 맹렬히 다가온다고 해서 하나님이 의롭지 않다고 할 수는 없다. 어려운 날 자체를 하나님께 감사할 능력은 내게 없더라도, 그분의 의를 인해 언제나 감사할 수 있다. 그리고 그릇된 길로 기울어지지 않도록 내 영혼을 지킬 수 있다.

쉬운 것들부터 하나님께 감사하면 내 초점을 조정하는 데 도움이 된다. 문제를 생각하다 보면, 생각의 건설적인 면은 온데간데없이 사라지고 마냥 안달하게 된다. 그럴 때는 나의 협소한 세계에서 잠시 물러나 더 높은 것들에 생각을 두는 것보다 더 좋은 묘약은 없다.

나의 경우, 그것은 수목이 우거진 길을 걷는 것과 같다. 기도하면서 나는 온 천지의 아름다움을 생각하며 하나님께 감사한다. 거기서 자유와 쉼을 얻어 하나님께 감사하는 길로 다시 돌아간다.

4. 과거의 역경을 통해 믿음을 세우시고, 더 강한 사람이 되게 하신 하나님께 감사한다

십대 후반에 달리기 경주를 나간 적이 있었다. 나와 맞수였던 머리가 좀 빠진 아저씨가 지금도 잊혀지지 않는다. 그의 나이는 아마도 30대였으련만, 당시 내가 열아홉 살이다 보니 서른둘도 한참 많아 보였다. 우리 둘은 6마일 구간의 도로 경주에서 선두 자리를 놓고 다투고 있었다. 속도는 그가 나았고 체력은 내가 나았다. 평지에서는 그가 앞섰으나 오르막길이 나오면 내가 그를 따라잡아 추월했다.

그날, 훈련에 대한 나의 시각이 바뀌었다. 연습할 때만 해도 나는 언덕배기가 나오면 내가 왜 이러고 있나 싶게 힘이 들었다. 다리는 힘이 쭉 빠져 후들거렸고, 허파가 타는 것 같았다. "이런 고통이 정말 가치가 있을까?" 하는 생각이 들었다.

그러나 진짜 경주에서 경사진 곳이 나올 때마다 경쟁자가 뒤로 처지는 것을 보면서, 나는 훈련 중에 견뎌냈던 그 오르막의 시간들을 인해 감사했다. 마침내 결승점이 언덕 꼭대기에 있었던 덕분에 내가 경주에 이기게 되었다.

영적인 싸움에도 동일한 원리가 적용된다. 하나님이 우리를 평지로만 다니게 하신다면, 우리의 영적 근육은 단단해지지 않을 것이다. 고된 시련 속을 지나는 그 순간에는 하나님께 감사하기가 너무 어려울 수 있지만, 나중에 돌아보면서 이렇게 고백할 수 있다.

"하나님, 지난번 그 힘든 시기를 통해 정말로 저를 성숙하게 하셨습니다. 감사합니다."

5. 당신 삶의 역경을 통해 일하시는 하나님께 감사한다

일단 쉬운 것들부터 감사하고 나면, 거기서 한 걸음 나아가 과거의 힘들었던 일들을 인해 감사하는 것도 가능해진다. 그리고 머잖아 현재의 어려운 상황 속에서 하나님이 하시는 일을 인해서도 감사할 수 있게 된다. 어려운 일을 **인하여** 하나님께 감사하는 것과 어려운 일 속에서 하나님께 감사하는 것은 다르다는 것을 잊지 말기 바란다. 그 차이는 정확히 무엇일까?

나는 데살로니가전서 5장 18절의 "범사에 감사하라"는 말씀과 로마서 8장 28~29절의 "우리가 알거니와 하나님을 사랑하는 자 곧 그의 뜻대로 부르심을 입은 자들에게는 모든 것이 합력하여 선을 이루느니라. 하나님이 미리 아신 자들을 또한 그 아들의 형상을 본받게 하기 위하여 미리 정하셨으니"라는 말씀을 생각한다.

이것을 놓치면 우리는 모든 것을 놓치게 된다. 우리가 그 아들의 **형상을 본받는 것**이 하나님의 뜻이다. 하나님은 사실상 모든 상황을 아무리 괴로운 상황이든 혹은 즐거운 상황이든 사용하셔서 내 안에 그리스도의 성품을 빚으실 수 있다. 바로 그 빚으심을 인해 우리는 감사할 수 있다.

문제는 나를 위한 **나의 뜻**과 하나님의 뜻이 다를 수 있다는 것이다. 스티브 라전트도 자기 아들이 척추피열로 고생하지 않았으면 좋겠다고 시인했다. 바로 이 부분에서 겸손과 내어드림이 감사와 협력하여 우리로 하여금 본궤도에 오르게 한다.

그러려면 "알았어요. 하나님, 감사하면 되지요" 하는 식의 겉발림의 말로는 안 된다. 하나님이 바꿔주시려는 의도를 알려면 영혼을 성찰하는 노력이 필요한데, 건성으로 하는 감사에는 그런 노력이 없다.

내 친구 고디가 근위축증으로 죽었을 때 나는 우정의 상실을 인해서는 하나님께 감사할 수 없었다. 그러나 그의 고통을 벗겨주신 것을 인해서는 하나님께 감사할 수 있었다. 또한 그분이 또 하나의 사건을 통해 내게 천국을 사모하는 마음을 주신 것도 감사할 수 있었다. 천국에서 나는 고디를 다시 만날 것이다. 거기서는 고디가 이동할 때마다 나던 전기 휠체어의 소리도 나지 않을 것이다.

하나님은 최선을 아신다. 그런 하나님을 생각하면서 내가 하나님께 깊이 감사하지 않는다는 것은 불가능하다. 그분은 결국 최악의 질병과 죽음 자체까지도 이기시는 분이다.

6. 감사를 연습한다

세상에는 우리를 불만스럽게 하는 일들이 쌓여 있다. 이따금씩 나는 감사의 연습이 지지부진해져서, 감사도 훈련임을 애써 떠올려야 할 때가 있다. 보이지 않지만 늘 함께 계시는 아버지의 귀하신 모습들을 의지적으로라도 생각해야 한다. 의식적으로 생각을 돌려 원망을 떨쳐버리는 것이다. 그리고 하나님이 그분의 최고의 계획을 이루실 때까지 기다려야 함을 스스로 일깨운다.

감사의 말이 내 귀에 들리도록 소리 내어 기도를 드리는 것이 도움이 될 때도 있다. 일단 감사가 습관이 되면, 감사에 자체적 생명이 붙어서 놀라운 힘의 원천이 된다. 내 목표는 내가 자주자주 "하나님, 감사합니다"라고 말하는 것을 내 아이들이 듣는 것이다. 나는 "제기랄!"이니 "빌어먹을!"이니 그보다 더 심한 말을 하는 사람들을 주위에서 많이 본다. 그러나 나는 내 아이들의 기억 속에 "주님, 감사합니다!"라고 자주 되뇌이던 아버지의 모습이 떠올랐으면 좋겠다. 내가 이것을 바라는 이유는 감사야말로 하나님께, 그리고 평안으로 가득한 심령에 이르는 가장 확실한 길 중의 하나이기 때문이다.

하나님께 이르는 길

"이 책자를 읽어 보세요. 제가 당신의 상태를 설명해 드리겠습니다." 안과의사가 말했다. 나는 자동차 있는 곳으로 가면서 그 소책자를 훑어보며 생각했다.

'뭐라고? 내가 이런 어려운 시기를 지나야 한다고?'

집에 돌아가자 아내 리자가 그 소책자를 들고는 읽기 시작했다.

"여보, 끔찍하네요."

아내는 놀란 기색이었다. 몇 년 전에 읽던 책이 흐릿해져서 알게 되었는데, 내 한쪽 눈에 퇴행성 질환이 있었던 것이다. 지금 나는 오른쪽 눈을 감으면 갑자기 세상이 뿌예진다. 늘 정상 시력으로 살았기 때문에 나로서는 큰 충격이었다.

지금은 각막까지 일그러져서 안경도 아무런 도움이 되지 않는다. 콘택트렌즈도 모양이 이상해진 눈동자에 맞지 않아 역시 무용지물이다. 고칠 수 있는 길은 각막이식뿐이다.

오른쪽 눈을 감거나 밤이 다가오면 나는 갑자기 만화 인물 미스터 마구Mr. Magoo, 영화로도 제작된 존 허블리의 캐릭터로 근시안 때문에 늘 문제를 자초해 웃음을 자아내는 사람-역주와 비슷해진다.

한번은 내가 운전 중에 회전해야 할 곳을 완전히 놓쳤다. 그러자 아내가 "당신 소경이에요?"라고 큰소리로 말하다가 자제하고는 다시 말했다.

"오, 여보. 정말 미안해요. 그런 뜻이 아니라, 내 말은 ….."

"걱정 말아요. 무슨 뜻인지 아니까."

내가 웃으며 말했다. 감사의 연습 덕분에 나는 시력의 퇴행에도 흔들리지 않는 태도로 임하고 있다. 예전 같았으면 어림도 없었을 것이다. 의사들도 이 질환을 고칠 방법이 없다는데, 나는 이것에 거의 신경이 쓰이지 않는다. 내 마음이 이렇게 된 것은 내가 하나님을 의지하기 때문이다. 일이 어찌되든, 나는 그분이 어떻게든 그것을 사용하여 그분의 뜻을 이루실 것을 안다. 안달하고 원망한다고 해서 눈이 낫는 것이 아니다. 하나님이 지금까지 함께 하셨고, 지금도 내 일을 하고 계시며, 앞으로도 하실 모든 일을 인하여 그분께 감사드리면 내 심령이 건강해진다.

헨리 나우웬은 발달장애가 있는 사람들을 돕기 위해 예일대학교

교수직을 버렸다. 가장 힘겨운 삶을 사는 사람들을 지켜보면서 그는 감사에 대한 깊은 교훈을 배웠다. 그의 말은 길게 인용할 가치가 있다.

"감사의 이유가 있는 곳에서는 언제나 원망의 이유도 찾을 수 있다. 바로 여기서 우리는 선택의 자유에 부닥친다. 우리는 감사를 택할 수도 있고 원망을 택할 수도 있다. … 나는 우리 공동체에서 그것을 매일 본다. 정신장애가 있는 사람들은 원망할 이유가 많다. 이들 중 다수는 깊은 외로움, 가족들이나 친구들의 거부, 반려자를 만나고 싶은 소원의 무산, 늘 도움을 받아야만 하는 데 대한 끝없는 좌절을 겪고 있다. 그래도 그들은 대체로 원망이 아니라 감사를 선택한다. 저녁 초대, 며칠간의 피정, 생일 축하 등 삶의 작은 선물들과 무엇보다도 우정과 지원을 베푸는 사람들과의 공동체 생활을 감사하는 것이다. … 그래서 그들은 모든 봉사자들에게 희망과 영감의 커다란 원천이 된다. 정신장애는 없지만 똑같은 선택을 내려야 하는 봉사자들에게 말이다. 나를 정말 매료시키는 것은 우리가 감사하기로 마음먹을 때마다 새로운 감사 제목들이 더 잘 보인다는 것이다. 사랑이 사랑을 낳듯이 감사는 감사를 낳는다."

하나님은 우리가 그리스도의 영성을 닮아갈 때 우리에게 삶을 돌려주신다. 그리고 실은, 심히 타락한 세상 속에서 우리로 하여금 인생을 보다 높게 경험하게 하신다. 염려하고 탄식하고 울며불며 불평하느라 생을 낭비하는 사람들이 많지만, 그런다고 좋은 것이 나오는 것이 아니다.

많은 이들에게 있어서 감사는 피상적이고 진부해 보이지만, 사실상 감사는 우리를 생각보다 더 깊은 하나님과의 여정으로 인도하며, 내가 여기 존재하는 핵심 이유로 우리를 데려간다. 즉 우리는 인생에 대한 자신의_{곧 그분의} 뜻을 이루기 위해 여기에 있다. 시편 기자는 "감사함으로 그의 문에 들어가며 찬송함으로 그 궁정에 들어가서 그에게 감사하며 그의 이름을 송축할지어다"[4]라고 썼다.

하나님의 문에 들어가는 것_{내가 전심으로 원하는 바다}은 하나님의 감사의 영이 내 안에 들어올 때만 가능하다.

감사는 의무가 아니라 하나님 자녀로서의 특권이다. 감사는 우리에게 열쇠요 특권이다.

14
온유함
온유는 내적 힘과 절제와
회복력을 준다

성경은 추하고 이기적이고 성을 잘 내고

다투기 좋아하는 사람은

진정한 그리스도인이 아니라고 말한다.

까다롭고 완고하고 폐쇄적이고 악의에 찬 그리스도인보다

더 큰 모순은 없다.

조나단 에드워즈

나는 유아용 보조좌석의 버클을 세 번 점검했다. 우리 큰아이 앨리슨이 생후 36시간이 되었을 때였는데, 나는 그 아이를 최소한 80년은 살게 해야 한다는 각오가 대단했다.

나는 보조좌석을 뒷좌석 한가운데에 위치시킨 뒤, 만약의 경우를 대비하여 수건들을 돌돌 말아서 앨리슨의 몸 둘레에 끼웠다. 설령 우리 차 옆으로 핵미사일이 날아온다 해도 앨리슨의 생존 가능성은 적어도 50%는 되었을 것이다.

우리 집은 병원에서 5킬로미터 거리에 있었는데, 내가 어찌나 조심조심 서행 운전을 했던지 집까지 가는 데 15분쯤 걸렸다. 습기라고는 조금도 없는 화창한 봄날이었으니 길이 미끄러웠을 리는 만무하다.

그 무엇도 우리의 첫아이를 다치게 할 수는 없었다.

10년이 훌쩍 지나고서는, 수영장에 들어가서 아이들을 최대한 높이 올려 물속으로 던질 수 있게 되었다. 10년 넘게 자식을 키우다 보면, 아이들이 겉보기만큼 그렇게 약하지 않다는 것을 알게 된다. 하지만 내가 첫아이를 살살 다루던 그 일은 영영 잊지 못할 것이다.

바울은 우리에게 그와 같은 온유함으로 다른 사람들을 대하라고 명한다. 사도로서즉 그리스도의 성품의 살아 있는 모본으로서 "우리가 너희 가운데서 유순한은유한 자가 되어 유모가 자기 자녀를 기름과 같이 하였"[1]다고 그는 말한다.

온유함은 그리스도인의 삶에 매우 중요한 것이다. 에드워즈는 말하기를 온유함이란 "그리스도인의 정신이라 해도 과언이 아니다. 온유함은 그리스도인의 마음을 그리스도인답게 해주는 특징적 성품이다. 참으로 경건하고, 그리스도의 제자인 모든 사람들 안에는 온유한 마음이 있다"[2]고 했다.

우리에게 이런 온유한 마음을 주는 그리스도의 태도는 무엇인가? 어떻게 우리는 냉혹한 세상에서 온유해질 것인가?

부려먹는 상전

"게리, 너는 게으름뱅이야."

내게 그렇게 말하는 사람은 바로 나였다. 밤 10시, 나는 방금 막 텔레비전을 껐다. 30분 동안 텔레비전을 보고 난 후였다.

"완전히 시간낭비야. 너는 삶에 심각한 문제가 있어."

나는 자신에게 그렇게 중얼거렸다.

위층까지 계단을 다 올랐을 때쯤, 안에서 뭔가 나를 쿡 찌르며 말을 걸었다. 나의 하루를 다시 돌아보게 되었다. 나는 직장에서 12시간, 출퇴근에 2시간을 소모하고도, 집에 와서 피곤한 몸을 이끌고 아이들이 조르는 바람에 '사다리와 미끄럼틀' 게임을 함께 해주었다.

대부분의 부모들이 알다시피 '사다리와 미끄럼틀'은 착하게 속아 넘어가서 그것을 구입하는 부모들을 잔인하게 벌하려고 생긴 게임인 것 같다.

"아빠, 미끄럼틀이니까 나 올라가는 거지?"

"아니, 미끄럼틀은 **내려가는** 거고, 사다리가 **올라가는** 거지."

그것처럼 부모의 인내심을 시험하는 것도 없다. 힘들고 고단한 하루를 보낸 뒤에는 더 말할 것도 없다. 게임을 끝낸 뒤에 나는 아이들을 재우고 잠시 아내와 대화하며 보냈다. 나의 하루를 재평가해본 결과, 그날 나는 잘 선택한 일들이 많았다. 그런데 나는 왜 자신에게 그처럼 가혹했을까?

비단 나만의 일은 아닐 것이다. 우리 많은 사람들은 실패와 창피한 일에 대하여 정신적으로 자신을 자학한다. 자기를 못살게 구는 이런 태도는 어디서 오는 걸까?

하나님을 매정하신 분으로 보면 우리는 자신에게도 냉혹해지고 다른 사람들에게도 인정사정 없어진다. 우리 중에는 하나님을 천상의 마크 트웨인 정도로 생각하는 사람들이 많이 있다. 마크 트웨인은 똑똑했지만 모시기 쉬운 상전은 아니었다. 어느 교정자의 작업을 검토한 후에 그는 자신의 기지機智로 완전무장을 하고는, 그 딱한 친구를 완전히 묵사발을 내버렸다. 그는 "그자는 천치였다. 천치 정도가 아니라 장님이었다. 장님 정도가 아니라 반은 시체였다"고 말했다.

어떤 사람들은 하나님도 우리를 그렇게 대하시는 줄로 생각한다. 무지막지하게 완벽을 요구하시다가 우리가 거기에 못 미치면 매번 쓴맛을 보여주시는 분으로 말이다. 조금이라도 완벽하지 못하면 적어도 악의 없는 매서운 발길질이나 심하면 암 같은 중병까지도 걸리게 하는 분이라고 믿는다.

성경에 따르면, 우리가 하나님을 그런 식으로 생각하면 그분은 불쾌하게 여기신다고 써 있다. 달란트의 비유를 생각해보라. 불충한 종은 자기 주인이 "굳은 사람"인 줄 알고는, 맡겨진 달란트를 땅속에 감추었다.[3] 그러자 그의 주인은 격노했다. 당신은 하나님을 어떤 분으로 보고 있는가?

하나님은 온유하신 분이시다. 그러므로 온유의 길에 오르려면 우리는 우리 주님의 온유하심의 깊이를 알 필요가 있다.

온유하신 하나님

예수님은 자신을 선한 목자 등 여러 가지로 호칭하셨지만, 실제로 자신의 성품을 묘사하신 부분에서는 그분의 자화상이 분명해진다. 그럴수록 어떤 하나의 묘사마다 그 중요성이 더 각별해진다. 마태복음 11장 28~30절에서 자신을 묘사하는 것이 처음으로 나오는데, 그 첫 번째가 온유함이다.

"나는 마음이 온유하고 겸손하니."

예수께서 오시기 전에 선지자들은 메시아가 남달리 온유하신 분임을 예언했다.

"보라, 네 왕이 네게 임하시나니 그는 … 겸손^{온유}하여서 나귀를 타시나니."[4]

사도들도 기억 속의 예수님을 돌아보며 온유함을 생각했다. "나 바울은 이제 그리스도의 온유와 관용으로 친히 너희를 권하고"[5]

하나님의 참 마음을 메시아에 관한 또 다른 예언에서도 볼 수 있다. 이사야 42장 3절에 그리스도는 "상한 갈대"를 꺾지 않고 "꺼져가는 등불"을 끄지 않는 분이라는 예언이 나온다. 갈대는 가장 싱싱할 때도 아주 약하고 속이 비어 있고 쉽게 부러진다. 상한 갈대란 몇 가닥 실에 매달려 있는 심령을 표현한 말이다. 꺼져가는 등불이란 생명과 희망이 거의 사라져 버린 심령을 표현한 말이다.

나는 그런 사람들을 많이 만났다. 한 번만 더 흔들리면, 정녕 그것을 마지막 고비로 무너져버릴 것만 같은 사람들이다. 기업과 교회에서, 가게와 백화점에서, 심지어 운동 경기장에서도 우리는 상한 갈대들과 꺼져가는 등불들을 보게 된다. 사이가 멀어진 외로운 결혼생활, 반항하는 자식, 아무리 돈을 벌어도 생활비의 절반에도 못 미치는 상황, 하나님의 끝없는 침묵, 지난 굴욕의 상처, 몸뚱이 하나에 스무 명 정도가 걸릴 만큼 많은 질병…, 상한 갈대의 원인은 끝이 없다.

당신도 자신이 '근근이 버티고' 있는 것처럼 느껴질 때가 있는가? 그렇다면, 당신도 온유하지 못한 그리스도인들의 무례함을 알 것이다. 그들은 현장으로 달려와 불난 집에 부채질을 한다. "털고 일어나시오"라고 말하는 사람도 있다.

"걱정 마세요. 예수님이 천국에 함께 두시려고 당신의 아기를 데려가신 거예요. 아직 젊으니까 아기는 또 낳으면 되잖아요"라고 입심 좋게 떠벌이는 사람도 있다. "주님을 사랑한다면 절대로 죄를 지을 수 없지요. 당신 구원받은 것 확실해요?"라고 따지는 율법주의자도 있다.

이 사람들은 언어의 톱을 가져와서 영혼을 조각조각 잘라낸다. 예수님의 모습과는 거리가 멀다. 예수님은 당신을 부러뜨리지 않고도 만지실 수 있는 분이다. 예수님은 당신을 온유하게 간호하여 영적 건강을 되찾아 주실 수 있다. "나는 마음이 온유하고 겸손하니 … 너희 마음이 쉼을 얻으리니" 마 11:29.

창조주 하나님의 속성을 계시하도록 보냄 받으신 예수님의 마음은 온유함으로 옷 입으셨다. 이 온유함 때문에 그분은 상하고 다친 사람들의 삶 속에 들어가실 수 있었다. 똑같은 긍휼의 역량을 그분은 우리에게도 주시기 원하신다.

온유한 그리스도인

그리스도를 주님으로 모신 사람들은 온유함을 나타내게 된다고 성경은 분명히 말한다. 빌립보서 4장 5절은 우리에게 "너희 관용^온을 모든 사람에게 알게 하라"고 했고, 골로새서 3장 12절에는 "온유를 … 옷 입"으라고 덧붙여져 있다. 디모데전서 6장 11절에서 바울은 우리에게 "온유를 따르라"고 더 직접적으로 말한다.

내가 본 바로는, 강압적인 사람들일수록 정서불안이 심할 때가 많다. 자기도 호통을 치니까 남의 호통도 잘 받을 수 있을 법하지만, 막상 그렇지도 못하다. 이런 경우에 나도 똑같이 반응하고 싶지만, 그것은 불화를 심화시킬 뿐이다. 내 쪽에서 조심스레 말투를 조절하면, 대개 둘 사이의 긴장이 가시는 것을 느낄 수 있다.

베드로는 믿지 않는 사람들에게 "온유와 두려움으로" 대답하라고 우리에게 권면했다. 그리스도의 적들, 그분을 대적하고 그분의 제자들을 조롱하는 사람들까지도 온유한 대우를 받아야 한다는 뜻이다. 여기서 베드로는, 온유란 우리가 유자격자에게 베푸는 보너스가 아니라 만인에게 진 빚이라고 말한다.

타락한 그리스도인들도 우리는 온유함으로 되돌릴 수 있다. 갈라디아서 6장 1절에서 바울은 "사람이 만일 무슨 범죄한 일이 드러나거든 신령한 너희는 온유한 심령으로 그러한 자를 바로잡고"라고 조언한다. 누가 그리스도의 이름을 욕되게 했더라도 우리는 온유한 심령을 잃지 말아야 한다.

바울은 우리를 대적하는 자들을 온유하게 다루어야 한다고까지 권하고 있다. 그리스도인 지도자들에 관하여 말하는 대목에서 그는 "거역하는 자를 온유함으로 훈계할지니"[6]라고 말했다.

율법주의자는 '그들은 존중받을 자격이 없다'고 항변하겠지만, 그것은 핵심을 놓친 것이다. 복음이란 변론에 이기는 것이 아니라 사람들을 하나님과, 그리고 서로 간에 화목하게 하는 것이다. 우격

다짐의 힘으로는 화해는 커녕 오히려 분열만 낳는다. 율법주의적인 요구는 사람을 초대하지 않고 도리어 소외시키지만, 은혜와 온유는 사람들 사이에 다리를 놓는다.

사람들을 윽박질러 의롭게 만들 수는 없다. 내 경험으로 보면, 목소리가 큰 그리스도인들일수록 양심이 죄책감에 찌들어 있는 경우가 많다. 그들에게 무엇보다도 필요한 것은, 자신을 사랑하시는 온유하신 하나님의 실체에 파묻히는 것이다.

바울이 디모데에게 온유를 좇으라고 했다면, 우리의 삶에 이 성품을 얻는 것도 반드시 가능하다는 얘기다. 어떻게 가능한지 살펴보자.

온유한 사람이 되는 길

내가 자동차를 고치고 있는데(나같이 기계에 숙맥인 사람에게는 언제나 속 터지는 일이다) 막내딸이 옆에 있어 주었다. 딸은 내 연장을 구경하다가 소켓 세트를 열었다. 마침 그것이 뒤집어져 있는 바람에, 64개의 소켓이 땅바닥으로 굴러 나왔다.

"오, 켈시."

나는 그렇게만 말했을 뿐 고함을 지르거나 언성조차 높이지 않았다. 그러나 켈시는 내 말투만 가지고도 괴로운 표정을 자아낼 정도로 민감한 아이였다. 딸은 집 쪽으로 가기 시작했다. 내가 뒤에서 불렀다.

"켈시!"

딸이 돌아섰다.

"네가 일부러 그런 게 아니잖아. 아빠는 너한테 화나지 않았어. 괜찮아."

켈시는 울음을 터뜨리며 나한테 달려와서는, 그 얼굴을 내 어깨에 묻었다. 딸의 행동을 보며 나는 세상 사람들이 얼마나 쉽게 상처를 받는지 새삼 느꼈다. 우리가 매일 만나는 영혼들은 얼마나 가냘픈가. 겉으로는 다들 괜찮아 보이기 때문에 그것을 놓칠 때가 많지만, 속으로는 금방이라도 쓰러질 듯한 상한 갈대들이 많다.

온유는 놀라운 내적 힘과 절제와 회복력을 가져다준다. 그런데 왜 우리는 '온유함' 하면 '연약함'이 생각나는 것일까? 언젠가 나는 자동차를 팔려고 창문에 '차 팝니다'라는 종이를 붙여서 어느 백화점 주차장의 외곽에 세워두었다. 차는 밤새 견인되고 없었다. 백화점 경비부에 전화해보니 그들은 견인을 요청한 적이 없다고 했다. 알고 보니 견인회사 측에 계약서가 있었다. 건수가 별로 없는 밤이면 그들은 일부러 차들을 '찾아내서' 끌어가기도 하는 것이다.

그러잖아도 스트레스가 많은 한 주간이었고, 나는 이미 기분이 상해 있었다. 그런데 견인차 사무실에 가보니 설상가상이었다. 직원은 지독했고, 매니저의 벽은 온통 여자 나체 사진으로 도배되어 있었다. 나는 그들이 견인차 기사로 정직하게 돈을 벌 위인들도 못 되며, 오히려 선량한 시민들을 등쳐먹는 악덕업주라는 확신이 들었다.

나는 그 사무실에서 울화통을 터뜨렸다. 내 생각을 그들에게 정확히 밝혔다. 그런데 내가 틀렸다. 분노 폭발은 내가 **약하다는** 표시였다. 온유한 힘, 즉 단호한 절제로도 그 어려운 상황을 잘 대처할 수 있었던 것이다. 그리스도의 마음으로 말이다.

온유는 급한 성미, 분노, 증오 같은 인간적 결점보다 훨씬 더 강력하다. 물론 그리스도인의 삶에는 분노의 자리도 있고 지적의 자리도 있다. 그러나 온유의 역할은 분노보다 훨씬 더 크다. 온유는 인간의 연약함을 이해한다는 뜻이기 때문이다. 온유는 상대방이 강하고 성숙해질 때까지 기꺼이 인내로 지원하고 돕고 가르치고 조언하려는 마음가짐이다. 온유는 또 은혜를 적용한다는 뜻이기도 하다. 은혜가 '공로 없는 호의'이므로, 온유의 참 정의는 '공로 없는 호의를 적용하는 것'이다.

이는 아무도 내 온유를 자신의 공로로 얻어낼 필요가 없다는 뜻이다. 내 분노로 그 매니저를 몰아붙이는 대신, 나는 그에게 그리스도의 친절을 보일 수도 있었다. 화나는 상황에서 어떻게 하면 온유함이 우리를 덮게 할 수 있을까?

1. 그리스도의 온유함을 기억한다

온유해지는 첫걸음은 우리에게 보이신 하나님의 온유함에 푹 젖는 것이다. 하나님이 나를 대하신 것처럼 나도 다른 사람들을 대해야 함을 늘 기억한다. 온유하다고 해서 다른 사람들의 결점을 눈감아 주는 것은 아니지만 하나님도 나의 결점을 눈감아 주시지 않는다 그러나 온유하려면 특정한 방식으로 반응해야 한다. 차이는 방법론에 있다. 죄와 연약함을 지적하고 다룰 것인지의 여부가 아니라, 그것을 지적하고 다루는 **방법**에 있는 것이다.

우리는 전혀 자격이 없고, 죄 가운데 죽어 있으며, 아직도 날마다 실패한다. 그런데도 하나님은 우리를 단념하시지 않는다. 그분은 여전히 곁에 계시고, 여전히 용서하시고, 여전히 사랑하시고, 여전히 양육하신다. 당신을 향한 그분의 온유함을 받아들이라. 그것이 당신에게 어려운 일이라면, 성경 암송이라는 영적 훈련을 활용하여 당신의 영혼을 빚어 나가라. 마태복음 21장 5절, 고린도후서 10장 1절, 마태복음 11장 28~30절을 깊이 생각하면서 천천히 읽어 보라.

"너희를 대면하면 유순하고 떠나 있으면 너희에 대하여 담대한 나 바울은 이제 그리스도의 온유와 관용으로 친히 너희를 권하고" 고후 10:1.

"수고하고 무거운 짐 진 자들아 다 내게로 오라 내가 너희를 쉬게 하리라 나는 마음이 온유하고 겸손하니 나의 멍에를 메고 내게 배우라 그리하면 너희 마음이 쉼을 얻으리니 이는 내 멍에는 쉽고 내 짐은 가벼움이라 하시니라" 마 11:28~30.

이런 말씀을 영혼의 양식으로 삼아 생각의 방향을 돌리라. 그러면 당신을 사랑하시는 하나님의 본성을 알 수 있게 된다.

2. 자신에게 온유를 베푼다

예전에 저지른 어리석은 일 때문에 자책을 일삼는 사람들의 말을 듣노라면 괴롭다. 당신도 혹 사업상의 어리석은 투자를 했을지 모른다. 하지만 처음부터 아는 사람이 누가 있는가? 태어나면서부터 재정적으로 천재여야 한단 말인가? 당신은 혹 성적으로 실패했을지 모른다. 하지만 그것 때문에 평생 자신을 벌할 셈인가?

때로 사람들은 필요를 채울 수 있다는 생각에서 죄를 짓지만, 결국 죄란 파괴를 낳고 공수표만 날린다는 것을 깨닫게 된다. 영적인 삶은 배우고 성장하는 삶이다. 누구보다도 하나님이 그것을 잘 아신다. 하나님이 우리에게, 두 주만에 열성 이교도에서 아시시의 프란시스가 되기를 기대하시겠는가? 죄를 두둔하려는 것이 아니라 다만 삶을 현실적으로 보자는 말이다.

비록 나의 어떤 행동들이 그리스도의 이름을 욕되게 했더라도, 온유함으로 나는 예수님의 죽음과 부활에 의지하여 나에게 공로 없는 호의를 베풀어야 한다.

3. 다른 사람들에게 온유를 베푼다

우리는 주변 사람들에 대한 실망 속에서 살아갈 수도 있고, 온유함의 영성으로 무장하여 진정한 관계의 축복 속에 들어갈 수도 있다.

몇 가지 진리를 상기하자. 하나님을 제외하고는 아무도 완전하지 못하다. 당신의 배우자는 당신의 기대를 저버릴 것이고, 당신의 자녀는 당신을 실망시킬 것이며 당신의 목사는 당신의 기대에 못 미칠 것이다. 그러므로 당신이 정당한 불평을 품을 때가 온다. 당신이 옳고 그들이 틀린 상황이 온다. 여기가 온유의 교차로다. 당신은 어느 쪽 길로 갈 것인가? 단죄와 비난인가, 아니면 은혜인가? 그 결정을 내리기 전에, 하나님이 당신을 어떻게 대해 오셨는지를 떠올리라.

삶이란 고달픈 것이다. 사람들은 늘 삶 자체에 시달리고 있다. 그 사실을 인식하면 온유를 적용하는 데 도움이 된다. 언젠가 나는 평소 알고 지내던 사람이 이유없이 나한테 딱딱거리는 바람에 몹시 불쾌했던 적이 있다. 그야말로 아닌 밤중에 홍두깨였다. 나중에 알고 보니, 그 사람은 그 직전에 집을 잃었고, 자동차마저 잃게 될 상황이었다.

물론 그가 나한테 화풀이한 것은 옳지 않았지만, 마침 내가 그 자리에 있었기 때문에 나를 불쾌하게 대했던 것이다. 그걸 알고 나니 그리스도 안에서 그의 좌절을 잘 받아줄 수 있었다. 그를 향한, 그리고 나를 놀라운 은혜로 대해오신 온유하신 하나님을 향한 선물로서 말이다.

학교에서 돌아온 아이가 심술을 부리려고 작정한 듯이 보일 때,

직장에서 퇴근한 배우자가 공연히 저기압일 때, 함께 일하는 사람이 딱딱거릴 때, 나는 잠시 멈추어 기도하고 생각한다.

'무슨 일일까? 상황의 진상이 무엇일까?'

그러고 나면 나는 절제와 은혜로 온유하게 반응할 수 있다.

우리는 강제로 사람들에게 많은 일을 시킬 수 있다. 그러나 강제로 하다 보면 그들의 마음을 좀 더 상하게 하거나 아예 그들을 자신에게서 쫓아낼 수 있다. 대안은 그리스도의 마음으로 그들을 끌어들이는 것이다. 온유함의 영성으로, 그들의 마음을 열리게 하는 것이다. 어쩌면 가장 중요한 것은, 그들이 우리 안에 계신 그리스도를 경험할 수 있다는 것이다.

온유한 삶은 복된 삶이다. 그것은 그리스도의 임재 안에서 사람들을 달래주고, 상쾌하게 하고, 감싸준다. 에드워즈가 온유를 '그리스도인의 마음'이라고 한 것도 무리가 아니다. 무엇이 주님의 모습을 이보다 더 정확히 그려내겠는가? 온유함은 세상의 경솔한 판단과 분노로부터 근본적으로 우리의 삶을 돌려준다.

15

분별력

하나님의 아름다움에 눈뜸이
분별력의 열쇠

지옥 자체는 너무 늦게 알게 된 진리다.

J. C. 라일

"책을 읽듯이 사람을 읽을 줄 알아야 합니다."

버마의 전 수상 우 누U Nu는 옥스퍼드 그룹 운동일명 도덕재무장 운동의 대표인 프랭크 부크먼Frank Buchman의 강연을 열심히 들었다. 옥스퍼드 그룹 운동은 20세기 전반부에 세계의 여러 사건들에 지대한 영향을 미친 강력한 기독교 회복 운동이다. 부크먼에게는 사람을 읽는 능력과 함께 잔잔한 영적 은사가 있었다. 그래서 그는 전 세계의 지도자들에게 심오한 영향을 끼쳤다.

그런데 인도 최고의 갑부 중 한 사람이 부크먼과 함께 기도하다가 깜짝 놀랐다. 갑자기 부크먼이 그를 똑바로 쳐다보면서, "주님께서 도둑질을 그만두라고 말씀하십니다"라고 했던 것이다. 그 인도 사람은 벌컥 화를 내며 방을 나갔으나 이튿날 다시 돌아와 이렇게 고백했다고 한다.

"사실 나는 몇 년째 정부의 세금을 떼어먹고 있었소."

중국의 한 반체제 지도자는 부크먼을 "나에게 나 자신의 실상을 말해준 유일한 사람이다"라고 말했다. 아들과의 문제로 부크먼을 찾아갔던 영국의 한 대령도 같은 경험을 했다. 그는 자기가 아들을 위해 기도도 했고 교회에도 다니게 했으며 성경구절들도 가르쳤지만, 아들은 여전히 증오에 가득 차 있다고 하소연했다.

부크먼은 대령의 눈을 보며 말했다.

"당신 자신의 삶을 아들에게 솔직히 보였습니까? 아들의 나이 때 당신이 어떤 사람이었고, 지금은 어떤 사람인지 아들에게 말했습니까?"

"그래 봐야 소용없소. 괜히 아이를 난처하게 만들 뿐이오. 영국에서는 그런 식으로 하지 않소."

아버지는 항변했다. 그러자 부크먼은 아들보다 더 난처해질 사람이 아버지라 그러느냐, 아들에게 가장 도움이 될 일을 해주는 것보다도 아버지의 자존심이 더 중요한 것 아니냐고 지적했다.[1]

사람을 간파하는 그런 명쾌한 분별력은 우리의 기를 죽일 수도 있다. 그러나 성경과 기독교 역사에는 거룩함이 우리 존재의 모든 능력을 깨운다는 증거가 풍부하다. 그리고 그런 능력에는 흔히 말하는 **분별력**이라는 요소도 포함된다. 그리스도의 임재는 우리에게 사람과 상황을 확실히 보는 능력과 진귀한 통찰력을 준다.

조나단 에드워즈는 "하나님의 자녀는 신령한 것들을 전보다 더 많이 보고 알기에 은혜롭게 감동을 받는다"[2]고 썼다. 에드워즈의 이 말은 시편기자의 고백이 그대로 묻어나는 말이다.

"주의 계명이 ⋯ 나를 원수보다 지혜롭게 하나이다. 내가 주의 증거들을 늘 읊조리므로 나의 명철함이 나의 모든 스승보다 나으며 주의 법도들을 지키므로 나의 명철함이 노인보다 나으니이다."
시 119:98~100

에드워즈는 "신령한 것들에 대한 이해는 자연인의 모든 지식과는 그 본질과 성격이 완전히 다르다"[3]고 설명했다.

영적인 이해는 세상만사를 하나님의 시각으로 볼 때 찾아온다. 하나님은 우리의 처한 상황과 두려움과 갈망을 아신다. 그분은 세상의 이치도 아신다. 즉 소유보다 관계가, 감정적 흥분보다 의지적 헌신이, 일시적인 것보다 영원한 것이 중요함을 아신다. 우리가 하나님을 알고 그 음성을 듣고 그 형상을 닮아갈 때, 그분은 이런 통찰들을 우리에게 계시해 주신다.

클리마쿠스는 '분별력이란 모든 시대, 모든 장소, 모든 일에 있어서 하나님의 뜻을 확실히 이해하는 것이며, 이는 마음과 몸과 말이 깨끗한 자들에게만 주어진다"[4]고 말했다. 이런 명철함은 하나님의 지혜에 힘입어 지성을 개발하기도 한다. 거기서 비유에 대한 신비한 해석이나 새로운 교리가 나오는 것은 아니지만 하나님의 지혜는 변치 않는다. 그러나 지성이 우리의 이해와 지각을 탁월하게 해주는 것은 분명하다.

예수님께 그런 특성이 있었다. 성경에 보면 사람들이 예수님의 가르침에 놀랐다고 했는데, 이는 그분이 권세 있는 자처럼 가르치셨기 때문이다.[5] 그분의 말씀은 인간의 심령을 꿰뚫었고, 지금까지 아무도 보거나 듣지 못했던 것을 드러냈다. 사람들은 예수께서 행하신 기적에 치중하기를 좋아하지만, 내게는 그분의 풍부한 지성이 훨씬 더 매혹적이다. 예수님이 가지셨던 분별력을 우리는 어떻게 기를 수 있을까?

하나님의 아름다움을 아는 것이
거룩함과 분별력의 열쇠다

언젠가 나는 통근용 소형 비행기를 탔는데, 통로를 사이로 두고 아주 매력적인 여자와 마주앉게 되었다. 내가 비행기에서 맨 마지막에 내렸으므로, 나는 짐 찾는 곳으로 가면서 공항 안에 있는 남자들의 반응을 살폈다.

어떤 남자들은 가볍게 눈길을 던졌다가 곧바로 반사적인 몸동작을 보이고는, 그 뒤로 오랫동안 뚫어져라 쳐다보았다. 물론 그 정도로 과감하지 못한 남자들도 있었는데, 그들은 계속 고개를 돌리느라 바빴다. 여자를 얼른 보고는 다시 불안한 눈초리로 신속하게 자기 아내를 흘긋 보았던 것이다.

여자에게 도움이 필요한지 물어보기 위해 세 남자가 자기들끼리 서로 카트를 부딪치기도 했다.

그런데 사실 이 여자는 함께 살기에는 피곤한 사람일 수 있다. 늘 요구를 일삼고 이기적이며 매정할 수도 있다. 반대로 매우 친절하고 사려 깊을 수도 있다. 그녀를 쳐다보는 사람 중에 누구도 그런 것은 전혀 몰랐지만, 그것은 중요하지 않았다. 아름다움은 그 자체로 사람을 사로잡기 때문이다. 불행히도, 성품이 따라주지 않는 아름다움이라 하더라도 말이다.

하나님의 아름다움은 인류가 반사하는 아름다움보다 훨씬 더 강력하다. 하나님은 아름다우신 정도가 아니라 아름다움 자체이시기 때문이다. 남자들이 아름다운 여자의 시선을 끌려고 실없는 짓들도 마다하지 않는 것처럼, 우리도 아름다우신 하나님께 순종하며 살려고 극단적인 일까지도 할 것이다. 물론 우리의 눈이 그분의 아름다움에 떠 있다면 말이다. 고로 하나님의 아름다움을 아는 것이야말로 거룩함과 분별력의 열쇠다.

조나단 에드워즈는 영적인 이해력은 '영적인 아름다움'에 대한 의식과 함께 시작된다고 했다.

"누구든지 거룩함의 아름다움을 볼 줄 모르는 사람은 성령의 은혜를 감지하지 못한다. 이것이 없이는 영적인 세계 전반에 대하여 무지만 남는다."[6]

빛을 지각할 수 없는 사람은 맹인이다. 빛은 시각의 기본 요소다. 따라서 빛을 보지 못하면 정말 아무것도 볼 수 없다. 마찬가지로 하나님의 아름다움은 영적인 이해와 통찰의 기본 요소다. 그것을 놓치면 정말 중요한 영적인 형체와 윤곽을 놓치게 된다. 그리고 우리는 타락한 세상의 비뚤어진 각도에 익숙해지거나 아예 거기에 매료된다. 우리는 중시해서는 안 될 것을 중시하게 되고, 가장 소중한 것을 멸시하게 된다. 그런 의미에서 예수님은 이렇게 말씀하신 것이다.

"눈은 몸의 등불이니 그러므로 네 눈이 성하면 온 몸이 밝을 것이요 눈이 나쁘면 온 몸이 어두울 것이니 그러므로 네게 있는 빛이 어두우면 그 어둠이 얼마나 더하겠느냐."[7]

영적인 아름다움은 우리의 순종의 모습이 되며, 우리의 영적인 입맛을 바꾸어 놓는다. 그리하여 하나님이 중시하시는 것을 중시하고 매사를 그분의 방식대로 보는 것이 율법적인 의무가 아니라 기쁨과 즐거움이 된다.

하나님이 첫 번째가 되게 하라

그렇다면 우리는 어떻게 이 아름다움을 알 수 있을까?

언젠가 부크먼은 자기 방에 차(茶)를 내온 청년에게 이런 조언을 한 적이 있다.

"모든 사람과 모든 것들보다 그분을 우선해야 하네. 부수적인 것들은 모두 떨어버리게. 나는 오래 전에 내 삶을 단순화했다네. '내 내면을 순결하게 하고 순결하게 지키자'라고 말일세. 뜨겁지 않은 마음은 순결할 수 없지."[8]

부크먼이 말하는 '단순화'란 하나님을 향한 우리의 사랑을 막는 것은 무엇이든 없앤다는 뜻이다. 부크먼은 "다른 사람과의 관계가 당신과 하나님의 관계보다 더 중요하다면 그것은 뭔가 잘못된 것이다"[9]라고 했다. 하나님이 우리 삶의 첫째가 아니면 우리의 우선순위는 잘못된 것이며, 그만큼 우리의 명철도 어두워진다.

자신이 하나님보다 사람을 우위에 두는지 어떻게 알까? 자신에게 이런 질문을 던져보라. 나는 상대방의 비난이 두려워 진실을 말하지 못할 때가 있는가? 여기에는 자녀, 배우자, 직장 상사, 교인, 남자친구, 여자친구가 다 포함된다. 하나님께서 싫어하시는 행동인 줄 알면서도 그 행동으로 상대방의 인정이나 애정을 얻을 수 있다면, 나는 진실을 타협할 마음이 있는가?

단순화와 아울러 부크먼은 절대적 순결을 강조했다.

"어떻게 이것들죄라고 할 것도 없는 아주 작은 악습들이 때로 한 인간의 삶 전체를 좌우할 수 있는지 정말 놀랍다."[10]

죄에 기대어 하루를 헤쳐 나갈 때, 우리의 마음은 하나님을 등지고 그분의 아름다움을 시야에서 놓치고 만다.

무력한 그리스도인들이 그토록 많은 이유는 그들이 입술로는 그리스도를 고백하면서 삶은 타협하고 있기 때문이라고 부크먼은 분명히 보았다. 또 제대로 된 신앙 경험은 깊은 도덕적 변화를 수반한다고 그는 보았다. 믿음을 고백하면서 여전히 죄 아래서 살아가는 사람들은 하나님의 권능을 사람들 앞에서 부인하는 것이라고 그는 보았다."[11]

바울은 로마서에 이렇게 썼다. "하나님을 알되 하나님으로 영화롭게도 아니하며 감사치도 아니하고 오히려 그 생각이 허망하여지며 미련한 마음이 어두워졌나니."

그래서 그들은 부도덕에 빠졌다.[12]

성경적으로 말해서, 미련함과 몰지각함과 우둔함, 그리고 부도덕 사이에는 상관성이 있다. 하나님의 영광을 기뻐하지 않고 그분의 우월성과 위대하심과 아름다움을 인정하지 않을 때, 우리는 인간의 모든 행동과 생각과 품행의 척도가 되어야 할 기준을 업신여기는 것이다.

하나님께 사로잡혀 있으면 그분을 반대하는 것들에 반감이 들기 시작한다. 에드워즈는 이렇게 설명한다.

"거룩하지 못한 행동을 영적 분별력이 있는 사람에게 제안하면, 성화된 눈은 거기서 아름다움을 보지도 못하고 그것을 즐거워하지도 않는다. 성화된 입은 오히려 거기에 욕지기만 느낄 뿐이다. 이처럼 거룩한 사람은 심령의 거룩한 입맛과 성향을 통해 성령의 인도하심을 입는다."[13]

하루는 아들인 그레이엄이 나한테 와서

"아빠, 이 사탕 좀 먹어 보세요."

했다. 사탕을 입에 넣었더니 갑자기 톡 터지면서 지독히 신맛이 났다. 그레이엄은 배꼽을 잡고 웃었다.

"초강력 신맛인데!"

그레이엄은 내내 낄낄거리면서 떠들었다. 나는 생각해볼 것도 없이 본능적으로 사탕을 뱉어버렸다.

"버리지 말아요! 나 줘요! 내가 먹을게요!"

그레이엄은 기겁을 하며 소리쳤다.

영적인 입맛이 바뀌면 죄에 대한 우리 반응도 그 사탕에 대한 내 반응처럼 된다. 외적인 훈련에 의존하기보다 내면생활을 가꾸는 것이 그토록 중요한 이유가 거기에 있다. 상한 우유 냄새만 맡아도 코가 씰룩여지듯이, 당신의 영혼도 죄와 부딪치면 움찔할 것이다. 이 책에서 말하는 내면의 작업을 당신이 해왔다면 말이다.

반가운 소식은, 입맛이란 기를 수 있다는 것이다. 나는 음식에 대한 입맛을 지독히도 모르고 자랐다. 그러다가 실제로 땅에서 나지 않는 것은 무엇이든 진짜 음식으로 치지 않는 여자와 결혼했다. 신혼여행 때 맥도날드 옆을 지나가게 되었는데, 내가 거기에 들어가자고 했더니 아내는 무슨 소리냐는 듯이 이렇게 말했다.

"난 배가 고프지만, 거긴 먹을 것이 아무것도 없어요."

맥도날드의 연매출은 수십억 달러에 이른다. 많은 사람들이 거기서 먹을 것을 얻고 있다는 말이다. 그러나 내 아내의 기준으로 볼 때, 거기에는 아내가 주문할 수 있는 것이 아무것도 없었던 것이다. 채소가 건강에 더 좋기에 나는 브로콜리와 샐러드를 좋아하는 법을 배울 수 있었다. 마찬가지로 영적인 입맛도 점차 바뀌어 더 깊은 거룩함 쪽으로 향하도록 성령님께 도움을 구할 수 있다.

지혜는 경험을 통해서 자란다

분별력의 세 번째 요소는 **경험**이다. 믿음의 기초는 경험이 아니라 진리이지만, 우리의 지혜는 경험을 통해서만 자란다. 조나단 에드워즈도 이 진리를 알았다. 초기 순교자들에 대해 말하는 자리에서 그는 "예수 그리스도의 순교자들은 그리스도의 복음을 진리로 굳게 믿기만 한 사람들이 아니었다. 그들은 그 진리를 직접 보았다"[14]고 말했다. 다시 말해서, 그들은 그것을 경험했다.

그리스도의 실체를 경험하고 하나님의 지혜와 길대로 살아가는 삶의 아름다움을 경험하면, 우리 안에 뭔가 변화가 일어난다. 비판

하고 흠잡고 죄를 지적하는 모습이 우리에게서 점차 떨어져 나가고, 죄에 매여 삶을 나약하고 초라하고 불행하게 만드는 보이지 않는 것들을 분별하는 사람이 되어간다.

우리가 세상에 전하고 싶은 것은 그리스도인가, 아니면 단순히 규율인가? 혼외 성생활이 어떻게 성품을 해치는지 우리가 설득력 있게 논증할 수 있다고 해서 젊은이들이 그런 생활을 끊지는 않는다. 이혼을 생각 중인 부부는 결혼의 해체가 어떻게 우리 사회를 망치고 있는가에 관한 달변의 설교에 반응하지 않을 것이다. 이들에게 올바른 설득력을 갖게 하려면 시원한 논리 못지않게 마음이 온통 사로잡혀야 한다. 시의성 있는 사역을 원한다면 우리는 **경험**을 전할 수 있어야 한다.

재즈 뮤지션 마일즈 데이비스Miles Davis는 자신이 찰리 파커Charlie Parker와 디지 길레스피Dizzy Gillespie의 연주를 처음 듣고 재즈의 혼에 빨려들기 시작했던 일을 자서전에 회고했다. 그들의 완성된 음악 형태는 데이비스의 남은 평생에 영향을 끼쳤다. 그는 이렇게 썼다.

"나는 1944년 그날 밤의 느낌을 잊을 수가 없다. 그 이후 나는 늘 그 느낌을 찾고 있고, 듣고 느끼려고 애쓴다. 매일 연주하는 나의 음악 속에서, 그리고 나의 음악을 통해 그것을 느끼려고 애쓰고 있다."[15]

마일즈는 파커와 디지를 보면서 진짜 재즈를 알게 되었는데, 이는 그가 그것을 경험했기 때문이다. 영적인 경험도 마찬가지일 수 있다. 나는 '십자가의 요한'의 생애에 관한 글을 꽤 읽어 보았는데,

그에 대한 사람들의 반응은 놀랍도록 비슷했다. 무엇보다도 그들은 십자가의 요한 덕분에 자기들에게 그리스도가 실체가 되었다고 말했다. 십자가의 요한이 말하면, 신기하게도 그의 말을 통해 그리스도의 임재가 전해졌다. 그의 말을 듣는 사람들은 단지 원리나 이야기를 듣는 것 이상으로, 그들의 영혼 깊숙이 만져짐을 경험했다. 영원이 조금씩 열리면서 그들은 초자연적인 임재를 맛보았다.

재즈의 모든 것을 책으로 읽을 수 있지만, 직접 들어보기 전에는 그것은 많은 음악 형태 중의 하나인 어떤 개념일 뿐이다. 영적인 삶에 대해서도 책을 읽을 수 있지만, 직접 경험하기 전에는 그것이 당신의 마음을 쥐는 힘은 미약할 것이다. 사람들은 참된 영적 경험을 찾고 있다. 이 부분에서 교회의 역할이 아주 중요하다. 교회란 복음을 '몸으로 살아내고' 이론을 실체로 옮기는 사람들의 공동체가 아니던가.

상대방의 가르침을 들어보면 대개 경험의 진위가 확연히 드러난다. 거룩함이 열망의 대상이 아니라 한낱 개념이고, 하나님이 영혼의 연인이 아니라 단순히 하나의 힘이 있는 존재라고 여길 때는 그분의 말씀은 약하고 생명력이 없다. 가르치는 자가 그 가르치는 진리와 진정으로 씨름하고 있으면, 신기하게도 우리 영혼은 본능적으로 그것을 감지한다. 그리고 그것이 많은 차이를 가져온다.

당신이 누군가에게 '영적인' 찰리 파커나 디지 길레스피가 된다고 상상해보라. 당신을 만난 사람이 남은 평생 동안 영향을 입는다고 상상해보라. 내가 그리스도의 빛을 그렇게 경험하여 다른 사람들이 나의 삶, 나의 대인관계 방식, 나의 말을 통해 조금이나마 그분을 느낄 수 있다면, 그보다 더 값진 삶을 나는 상상할 수 없다.

우리의 지성을 영적 근육으로 사용하라

우리가 지혜를 얻으면 우리의 지성은 영적 근육이 된다.

예수님은 그리스도인의 삶에서 지성의 역할을 강조하셨다. 바리새인들은 정욕을 단지 신체의 한 현상으로 국한시키기를 좋아했겠지만, 예수님은 정욕적인 생각을 정욕의 행위와 동등시하셨다.[16] 그분은 살인적인 생각을 살인 행위에 견주셨다.[17]

하나님은 짐승들에게 없는 것을 우리에게 주셨는데, 그것은 도덕적 지각이다. 우리는 어두운 속성의 노예가 아니다. 우리는 적어도 앞에 놓인 선택의 길에서 "이 길은 하나님이 내게 주시는 아름답고 거룩한 삶과 맞지 않아서 이 길을 거부한다"고 말할 수 있는 존재다.

전에 우리 큰딸은 뒤에서 마구 달려가서 여동생을 붙잡곤 했다. 나쁜 뜻으로 한 것은 아니고 장난으로 그랬다. 그래도 언니한테 잡히면 막내딸은 무섭다고 울곤 했다. 우리는 큰딸에게 이렇게 타일렀다.

"어떤 행동을 하기 전에 그 행동에 대해 생각해봐라. 어린아이한테는 그것도 무서울 수 있는거야. 네가 동생보다 힘이 세니까, 실수로라도 네가 너무 꽉 쥘 수 있다는 것을 생각했으면 좋겠어."

어떤 종류의 유혹이 올 때 나도 똑같은 교훈을 자신에게 적용한다. 내 지성을 영적 근육으로 사용하여, 거룩한 방식으로 반응해야 하는 이유를 나 자신에게 일깨운다. 가정과 평판과 주님께 대한 헌신을 생각한다. 끊임없는 영적 만족과 의미 있는 삶, 그리고 내게 무한한 사랑을 베푸신 하나님을 마음 아프시게 해드릴 수 없음을 생각한다. 비슷한 유혹이 온다면 예수님은 어떻게 반응하실까 하고 묵상할 때도 있다. "마귀를 대적하라 그리하면 너희를 피하리라"[18] 하신 성경말씀에는 그런 의미가 들어 있다. 대적한다는 것은 마귀의 거짓말을 드러낸다는 뜻인데, 그 과정에서 우리는 하나님의 말씀의 빛과 아울러 우리의 지성을 활용할 수 있다.

다른 성경말씀들도 그것을 뒷받침해준다. 베드로는 그리스도인들에게 "너희 마음의 허리를 동이고 근신"[19]하라고 했다. 솔로몬은 "내가 돌이켜 전심으로 지혜와 명철을 살피고 연구하여 악한 것이 얼마나 어리석은 것이요 어리석은 것이 얼마나 미친 것인 줄을 알고자 하였더니"[20]라고 말했다.

우리 안에 그리스도의 마음을 지키는 것은 상당한 싸움이 따를 수 있다. 때로 나는 그리스도의 마음은 "내 마음을 위엣 것에 두고 땅엣 것에 두지 **않으리라**"는 단호한 결단으로만 지켜짐을 깨닫곤 한다. 그런가 하면 어느 때는 하나님이 그것을 현재의 축복으로 자연스럽게 부어주실 때도 있다.

어쨌든 그리스도의 마음이 있으면 나는 절대로 내가 완전무장 없이 영적인 전투에 들어가지 않는다는 것을 안다. 예수님과 베드로와 솔로몬이 한 목소리로 하는 말은 우리의 지성을 영적 근육으로 사용하라는 것이다. 지성을 구사하라. 생각하며 살라. 성경지식을 취하고 나아가 그것을 강력하게 활용하여 더 지혜로워지라.

그분의 임재는 우리를 변화시킨다

우리는 취미, 관계, 일 등에서 뭔가 새롭고 흥미로운 것이 있으면 그것을 생각 속에서 떨쳐버리기 어렵다. 그런 꿈을 꾸는가 하면, 아침에 일어나자마자 그 생각부터 한다. 그것이 우리를 지배하는 것이다.

분별력은 우리의 생각을 예수 그리스도의 임재와 아름다움, 그리고 그분과의 교제 가운데 있게 한다. 언제라도 예수님을 즐거워할 수 있도록 마음이 늘 '훈훈해져' 있다. 그분은 하루 종일 우리와 동행하신다. 그리고 그분의 임재는 우리를 변화시킨다. 그분은 우리의 입맛을 바꿔주시고, 그분께 진실하려는 우리의 헌신 뒤에 '지적인 근육'을 덧입혀주시고, 소중한 통찰과 지혜를 열어주시며 우리를 풍성한 경험으로 인도하신다.

그리하여 우리는 후회보다 소중한 추억이 더 많아지게 된다. 지난날을 돌아보며 아찔한 절망 대신 잔잔한 기쁨을 맛보게 되고, 훌륭하고 지혜로운 선택들을 하고, 그에 따른 내적 평안을 경험하게 된다.

이는 우리 모두가 원하는 것이다. 하나님께 당신을 비뚤어진 지각에서 건져달라고 하라. 그분의 아름답고 자유케 하는 진리의 그릇으로 당신을 다시 빚어달라고 하라. 오늘 당신 안에 새로운 일을 시작하셔서 당신의 영안을 치유해주시고 분별력의 영성을 달라고 기도하라.

16

견고함

하나님의 공급을 의지하는
내면의 힘

폭군에게 굴복하는 것은 연인에게 굴복하는 것과 정반대다.
전자는 정신적 에너지를 삭여야 가능하지만,
후자는 정신적 에너지가 넘쳐야 가능하다.

피터 크리프트

명약관화한 사망선고였다. 남은 일이라고는 죽는 것밖에 없어 보였다. 로버트 코틀로비츠는 조금 전에 제3소대에 배정되었다. 그런데 C중대의 상사가 분대 내 브라우닝 자동소총BAR팀의 인력으로 코틀로비츠와 다른 두 사람을 재배치한 것이다.

코틀로비츠는 본국의 포트 베닝에서 배웠던 충격적인 군사 정보를 생생히 기억하고 있었다. 전투 중 자동소총팀의 평균수명이 11초라는 사실이었다. "하지만 우리는 놀라지 않았다"고 그는 털어놓았다. 좀처럼 믿을 수 없는 용기로 코틀로비츠는 그 도전을 감수했고 전쟁에서 살아남았다.[1]

'그런 경우 나라면 어떻게 반응했을까?' 생각하며, 내가 2차대전에 참전할 수 없음에 안도하는 마음을 가져보기도 한다. 하지만 그것은 현재의 영적 도전을 간과한 것이다. 전시에 용기가 매우 중요한 것처럼, 신앙 안에서도 그에 견줄 만한 영성이 있다. 옛 사람들은 그것을 **견고함**이라고 했다. 바로 내면의 힘과 용기다.

두려워 말라

성구사전에서 '두려워하다' 라는 단어를 찾아보면, 그 뒤에 '말라' 는 말이 붙는 경우가 많음을 알게 된다.

하나님은 아브람에게 "두려워하지 말라"[2]고 하셨다. 아브라함의 아들 이삭을 만나서도 하나님은 똑같이 "두려워 말라"[3]고 말씀하셨다. 모세는 기적을 수없이 목도하고도 "두려워하지 말라"[4]는 말씀을 또 들어야만 했다.

성경의 가장 유명한 구절 가운데 "강하고 담대하라 두려워하지 말며"[5]라고 여호수아에게 이르시는 하나님의 말씀이 있다. 이것은 우리가 여기서 살펴보기에 특히 적합한 말이다. 처음의 두려움 때문에 이스라엘의 한 세대 전체가 약속의 땅에 들어가지 못했으니 말이다. 두려움 때문에 그들은 여기가 중요하다 최고의 것을 놓쳤다.

성경에 보면 하나님은 사람을 불러 일을 맡기실 때마다 거의 매번 두려워하지 말라고 당부하신다. "요셉아, 네 아내 마리아 데려오기를 무서워하지 말라."[6] "바울에게 말씀하시되 두려워하지 말며 침묵하지 말고 말하라."[7] 예수님의 가르침과 대화를 보면, 사람들에게 두려워하지 말라고 이르시는 말씀이 절반을 차지하는 것 같다. 왜 이렇게 이 말씀이 강조되고 있을까? 아마도 두려움이야말로 막강한 생명의 도둑 가운데 하나이기 때문일 것이다.

셰익스피어는 "겁쟁이들은 죽음을 맞기 전에 여러 번 죽지만 용감한 사람들은 딱 한 번만 죽음을 맛본다"[8]고 썼다. 우리의 눈이 지나치게 상황에 집중되어 있어서 우리의 힘이신 하나님을 보는 시각을 잃으면, 두려움이 우리 영혼 속에 비집고 들어온다. 겁과 두려움의 직접적인 원인을 몇 가지 살펴보자.

첫 번째, 두려움의 원인은 상실에 대한 두려움이다. 이것은 고아가 될 것에 대한 두려움이다. 마치 우리를 보살펴주실 하늘 아버지가 안 계시기라도 한 것과 같은 두려움이다. 하나님은 우리의 자비로우신 공급자이신데, 우리가 잃었을 때 정말로 필요하다면 다시 주시지 않겠는가? 당신의 심중에 이 두려움이 느껴지거든 이렇게 자문해보라.

"내가 정말로 잃을까 봐 두려운 것은 무엇인가?"

그리고 나서 다시 이렇게 물어보라.

"내게 정말로 필요한 것을 하나님이 채워주실 수는 없는가?"

두 번째, 두려움의 원인은 실패가 가져다주는 자존심이다.

나는 빌리 그레이엄이 자신의 첫 설교 경험에 대해 수줍게 말하는 것을 들었다. 그는 이틀 동안 설교하려고 두 편의 설교를 준비했는데, 결국 첫날밤에 두 편을 다 전하고 말았다. 그러고도 10분만에 내용이 다 떨어졌다. 그 첫 경험 후에 그레이엄이 만일 자존심 때문에 용기를 잃고는 "이제 다시는 설교 하지 말아야지"라고 고집했다면 어떻게 되었을까? 실패의 소지가^{그리하여 진짜 성공의 소지도} 극히 적은 안전한 삶을 택하는 사람들이 많다. 이들은 절대 모험하지 않으므로 실패하지 않지만, 진정한 섬김도 없이 죽을 것이다. 이들은 실수가 없을지 모르나 영향력도 미치지 못한다.

통찰력 있는 기독교 작가인 제이미 버킹햄^{Jamie Buckingham} 목사는 사람들이 꽉 들어 찬 부활절 예배에서 침례를 집전했던 경험을 털어놓았다. 침례를 받은 사람 중에 유난히 몸집이 큰 사람이 있었다. 수위가 너무 높이 올라가서 제이미 목사의 방수 장화 속에 물이 가득 찼고, 그래서 그는 도저히 장화를 신은 채로 나올 수가 없었다. 결국 청중들이 뻔히 지켜보며 웃는 가운데, 그는 속옷 바람으로 장화에서 기어 나와야만 했다.

하나님을 섬기려 하면서 그 과정에서 창피당할 일이 한 번도 없기를 고집한다면, 우리는 영적인 겁과 자존심에 굴하는 것이다. 우리는 실수를 범하고, 모욕도 당할 수 있다. 그러나 우리를 끝까지 견디게 해줄 힘의 원천은 견고함의 영성이다.

이와 관련한 두려움의 또 다른 요인은 **절망**이다. 때로 우리는 지금의 내 자리와 장차 도달하고 싶은 자리를 보다가, 그 간격이 너무 커보여서 이런 생각을 한다.

'백만 년이 지나도 나는 내가 있어야 할 자리의 근처에도 못갈 거야. 이렇게 아득한데, 해볼 것 뭐 있나?'

포기하지 않는 그리스도인 안에는 영광이 빛난다. 그런 사람은 지치고 넘어지고 비틀거리고 기진하고 쇠하고 구부러져도 계속 일어난다. 때로 우리도 지푸라기라도 잡을 수밖에 없는 상황에 처할 때가 있는데, 대개는 그만두지 않는 용기가 우리의 신앙 성장을 유지하는 유일한 끈이다.

세 번째 두려움의 원인은 **심한 박해**다. 우리가 살고 있는 세상은 하나님께 우호적인 곳이 아니다. 크리프트가 지적한 것처럼 "세상에는 당신이 변태나 펑크족이나 새디스트나 속물이라고 해도 용인될 수 있는 곳들이 있다. 그러나 그리스도와 그의 교회는 따돌림

당하고 위협 요소로 간주된다."[9]

당신이 지나치게 소심하고, 쉽게 겁을 먹고, 두려워서 할 말도 못한다면, 그리스도의 성품을 행하기가 극히 어렵거나 아예 불가능할 것이다. 예수께서 산헤드린 가운데 서서 담대히 적들과 마주하시고 용감히 진리를 말씀하시는 장면을 읽노라면, 나는 예수님의 견고하심에 놀란다. 그들의 마음속에 꾸며지고 있는 음모를 예수님은 아셨다. 그들이 자신을 죽이리라는 것도 아셨다. 그런데도 예수님은 거침없이 진리를 말씀하셨다.

그리스도의 중요한 영성인 이 견고함의 기초는 무엇인가?

견고함이란 하나님의 공급을 의지하는 내면의 힘

견고함이란 억지로 용감한 얼굴을 하는 것 그 이상이다. 전투에서, 겉보기에 용감무쌍하게 돌격하는 병사는 사실 순전히 겁 때문에 그럴 수 있다. 어쩌면 그는 총알보다 동료 병사들의 조롱이 더 무서울지도 모른다. 그는 적을 향하여 달리기보다는 오히려 조롱을 벗어나 달리는 것일 수 있다.

견고함이란 하나님의 공급을 의지하는 내면의 힘이다. 그리스도를 닮은 방식으로 반응하도록 우리의 마음과 생각을 도와주실 그분을 믿는 것이다. 에드워즈는 이렇게 지적했다.

"그리스도인의 견고함의 본질을 크게 착각하는 사람들이 많은 것 같다. 그것은 맹수의 대담함 같은 무지막지한 사나움과는 정반대다. 오히려 그리스도인의 참된 견고함은 은혜로 말미암은 사고의 힘으로 이루어진다. 그것은 사납게 날뛰는 악한 사고의 열심과 애착을 압도하고 억제한다. 또 그것은 죄된 두려움이나 적들의 박해에 방해받지 않고, 선한 애정과 성향을 꾸준하고 자유롭게 구사한다."[10]

그리스도의 견고함은 내적 능력을 부여하고, 그 힘으로 우리는 자기 내면의 자연인이 무서워하는 길까지도 능히 좇는다.

견고함은 우리에게 암과 재해와 만행과 유혹과 배신과 환난의 세상 속에서 침착하고 단호한 마음을 내내 잃지 않으면서 살아갈 힘을 준다. 어떤 사람은 "종양이 악성입니다"라는 말을 듣고는 곧바로 믿음이 흔들리고 무너질 수 있다. 그러나 견고함으로 무장된 사람은 하나님이 그것을 통해서도 일하실 수 있음을 안다. 앞날이 암담하게 보여도 그는 하나님의 궁극적인 선하심을 믿는다.

당신은 이런 내적 힘과 통제력을 경험한 적이 있는가? 두려움과 유혹과 분노와 원한을 느끼는 중에도 당신은 옳고 참되고 거룩하고 선한 인도를 받은 적이 있는가? 어떻게 우리의 삶 속에서 견고함을 나타낼 수 있을까?

모험에 발을 내딛으라

워싱턴 주 벨링햄은 비교적 안전한 지역이다. 그러나 여기로 이사 온 직후에 우리 가정은 몇몇 교활한 약탈자들과 마주쳤다. 그손님들은 밤중에 와서는 우리 집의 음식을 실컷 먹었다. 그들은 돈은 가져가지 않았지만 자기들이 침입한 증거를 충분히 남겼고, 그래서 아내는 아침에 내가 먼저 가서 모든 것을 살펴보기 전에는 아래층에 내려가지 않았다.

마침내 운명의 밤이 왔다. 나는 그들 가운데 하나와 정면으로 마주쳤다. 그때 마침 내 친구 롭이 우리 집에 왔다. 아래층에 내려가롭을 맞이하려고 자리에서 일어나 몸을 돌렸는데, 그 침입자들 가운데 하나가 싸늘하게 나를 쳐다보고 있었다. 내가 일하고 있던 책상에서 불과 1피트 남짓한 거리였다. 나는 그 불청객을 쫓아 아들의 방으로 들어가면서 롭에게 소리쳤다.

"올라와서 쥐 잡는 것 좀 도와주게!"

나는 내가 약간 신경과민이 되고 있다는 데 놀랐다. 내 키는 180센티미터에 가깝고, 그 생쥐는 햄버거 빵 사이에 쏙 들어갈 만큼작은데도, 롭도 나도 쥐 옆에 가까이 가고 싶지 않았다.

생쥐처럼 작고 무해한 것이 어떻게 그처럼 큰 두려움을 유발할수 있을까?

시간을 내어 해부해본다면, 우리의 모든 두려움은 그처럼 합리성이 없다는 것을 발견하게 된다. 기독교적 관점에서 볼 때 경건한 두려움이 아닌 두려움은 영적인 기본 진리들을 망각하는 데서 온다. 견고함을 향한 첫걸음은 우리의 두려움을 해부하여 우리가 두려워하는 것이 정말로 무엇인지 알아내는 것이다. 그러고 나서 이렇게 자문하는 것이다. 이 두려움은 정당한 것인가?

시간을 들여 두려움을 이런 식으로 본다면, 대부분의 경우에 우리는 두려움이 하나님의 적극적인 임재를 간과한다는 사실을 알게 된다. 상실에 대한 두려움이라면, 하나님의 공급의 약속을 떠올리라. 조롱에 대한 두려움이라면, 당신의 겸손이 자랄 기회를 주신 하나님께 감사하라! 하나님의 살피심과 보호가 떠나지 않고는 당신에게 아무 일도 일어날 수 없음을 기억하라. 그분은 눈도 깜짝하지 않으신다. 그분은 어떤 상황이든 그것을 사용하여 그분의 선하신 뜻을 이루실 수 있다.

분별력이 하나님의 아름다움을 묵상할 때 샘솟듯이, 견고함도 우리가 하나님의 크심을 묵상할 때 생겨난다. 모세와 다윗의 시편을 보면 그들은 하나님을 영혼의 요새, 방패, 피난처, 장막, 망대, 높은 반석으로 삼았음을 알 수 있다. 하나님을 자기 **내면의** 요새로 삼았기에 그들은 **외부의** 모험에 나설 수 있었다. 하나님의 크심을 묵상했기에 그들은 자신의 물리적인 목숨을 잃는 것보다도 하나님의 임재를 잃는 것을 더 두려워했다. 이것이 기독교의 본질이다. 예수님은 우리에게 "몸을 죽이고 그 후에는 능히 더 못하는 자들을 두려워하지 말라. 마땅히 두려워할 자를 내가 너희에게 보이리니 곧 죽인 후에 또한 지옥에 던져 넣는 권세 있는 그를 두려워하라.

내가 참으로 너희에게 이르노니 그를 두려워하라"[11]고 가르치셨다.

하나님의 크심에 잠겨 있을 때, 우리는 하나님이 선을 이루셔서 내세에 보상해 주실 수 없는 육체적, 정서적, 사회적 상실이란 없음을 깨닫는다. 시편 47편, 48편, 99편, 111편, 145편으로 기도하거나 암송하면 아주 좋다.

〈사마리아인의 지갑〉 총재인 프랭클린 그레이엄은 그리스도인의 견고함을 보여주는 좋은 귀감이 된다. 나는 그에게 이렇게 물은 적이 있다.

"그렇게 기꺼이 목숨을 걸고 맹렬한 내전 지역들의 한복판으로 들어가는 이유가 무엇입니까?"

프랭클린은 이렇게 말했다.

"나는 어리석게 목숨을 걸지 않습니다. 하지만 하나님이 나를 불러 그곳에 가게 하셨다면, 내가 누구이기에 그분을 거역합니까? 게다가 나에게 벌어질 수 있는 최악의 일이란 과연 무엇입니까? 설령 중상을 입어도 나는 여전히 하나님을 섬길 수 있습니다. 일례로 조니 에릭슨 타다의 삶을 보십시오.[12] 혹시 내가 죽는다면 그 순간 나는 예수님과 함께 천국에 있게 됩니다."

프랭클린의 담대함은 하나님께 순종하는 데 대한 이 땅의 결과와 그에 뒤따르는 영원한 축복을 비교한 데서 나왔다.

내 영혼 안에 견고함을 심는 데 도움이 되는 시각은 시편기자에게서 온다. "여호와는 나의 빛이요 나의 구원이시니 내가 누구를 두려워하리요. 여호와는 내 생명의 능력이시니 내가 누구를 무서

워하리요."^{시 27:1}

내게 있어서 견고함을 얻는다는 것은 하나님 중심의 방향성을 얻는 것과 동의어다. 내 힘만 의지하면 나 자신을 우주의 중심에 두는 것이다. 가족을 부양하는 일도 내가 해야 하고, 교회 봉사도 내가 해야 하고, 나를 챙기는 일도 내가 해야 한다. 그러나 그리스도의 태도를 취하여 하나님을 온전히 의지하면, 나는 그분의 공급과 목적과 자비 안에 쉬는 법을 배우게 된다.

우리는 전투의 결과를 주님께 맡기는 법을 배워야 한다. 결과를 우리 소관에 두려 할 때 우리는 그분을 진정으로 믿지 못하는 것이다. 그리스도의 견고함은 우리에게 최고의 평온함, 허둥대지 않고 침착하게 평가하는 능력, 필요한 조치를 취해 믿음의 사람답게 행동할 용기를 준다.

내 좋은 친구 하나가 교회 개척 여부를 두고 고민하고 있었다. 그는 하나님의 부르심에 대한 믿음이 있었고, 다른 목사들도 그 소명을 확인해주었다. 그리고 그는 목회의 은사들도 보여왔다. 하지만 가정의 재정적 필요는 어찌할 것인가? 새 교회가 혹시라도 실패하면 어찌할 것인가? 주변 교회들과 그리스도인들이 행여 적대적인 반응을 보이면 어찌할 것인가?를 고민하다 교회 개척을 포기하게 되었다.

지금까지 사탄 때문에 무산된 하나님의 선한 일보다 "이러면 어쩌나, 저러면 어쩌나"를 곱씹는 두려움 때문에 무산된 일이 아마 더 많을 것이다. 만약 하나님을 위해 일하는 모든 사람에게 1억 원의 예비 자금과 주변 사람들의 만장일치 승인이 있어야만 한다면, 아무 일도 시작하지 못할 것이다. 하나님을 섬기는 데에는 모험이 수반된다. 실패하지 않는다는 보장이 없다. 하지만 모험을 거부하는 마음이야말로 우리의 실패 중에 가장 큰 실패일 수 있다. 이처럼 모험에 발을 내딛고 나면 견고함은 더욱더 견고해진다.

최근에 나는 최선을 다해 하나님을 따르며 살았는데도 온 세상이 나를 삼키려고 하는 것 같은 상황에 부닥쳤다. 나는 단 하루를 견딜 힘과 인도하심을 구하며 무릎을 꿇고 하나님께 부르짖었다.

내 모든 문제와 도전은 24시간 내에 해결될 수 없는 것이었다. 내게 있어서 견고함은 계속 앞으로 나아가려는 의지였다. 소심해지지 않고, 지금 이 자리에서 신실한 청지기가 되는 것이었다. 하나님은 "한두 달이면 다 좋아질 것이다"라고 속삭이지 않으셨다. 그분은 다만 포기하지 않고 결과를 그분께 맡기도록 나를 인도하셨다.

두려움 속으로 곧장 걸어가라

어느 노인이 워싱턴 D.C.의 스미소니언 박물관에 발을 질질 끌며 들어갔다. 그는 변장을 하고 있었으므로 아무도 그를 알아보지 못했다. 젊었을 때 그는 유명세를 혹독하게 치렀다. 프라이버시를 송두리째 잃었을 뿐 아니라 그의 명성 때문에 결국 그의 아들이 비참하게 납치당해 목숨까지 잃었다. 그는 아첨의 말을 들으러 이곳까지 온 것이 아니었다. 그는 그저 옛 친구와 시간을 보내고 싶었을 뿐이었다.

그는 자기가 보러온 전시물 앞으로 곧장 갔다. 거기 천장에 그의 모험의 소중한 동반자인 '세인트루이스의 정신'이 매달려 있었다. 찰스 린드버그는 자신의 유명해진 비행기를 보며 미소를 지었다. 볼트와 쇳조각을 모아 만든 그 비행기로 그는 수많은 사람들이 시도하다 목숨을 잃었던 바로 그 일을 해냈다. 놀랍게도 최초의 대서양 횡단 비행에 성공한 것이다. 항공 기술에 갓 눈뜨던 당시로서는 어렵고 위험한 일이었다.

린드버그는 비행 중에 얼마든지 목숨을 잃을 수도 있었다. 그런데도 이륙할 용기가 있었다는 것은 경이로운 일이다. 비행은 30시간도 더 걸렸고, 이륙 전날 밤도 그는 뜬눈으로 지새웠다. 사실 이륙한 지 몇 초도 안 되어 사고가 날 뻔했었다. 이착륙장은 질퍽거렸고 '세인트루이스의 정신'은 연료 때문에 너무 무거워서, 사람들은 그의 비행기가 근처 송전선을 가까스로 비껴가는 것을 숨죽이며 지켜보아야 했다.

그러나 린드버그는 그런 두려움에 맞섰고, 그 과정에서 그는 비행기와 부부처럼 하나가 되었다. 그래서 노년에도 그는 그 비행기를 꾸준히 찾아갔다.

하나님과 함께 두려움에 맞서는 것만큼 하나님과 친밀하게 해주는 것은 드물다. 린드버그의 영혼이 비행기와 연합한 것처럼 우리의 영혼도 하나님과 연합하게 된다. 그분만을 의지하는 법을 배우고, 두려울 때도 그분의 뜻에 순종한다면 말이다.

하나님의 인도로 위험해 보이는 상황을 통과하고 나면, 그는 온전히 그분의 것이 된다. 이처럼 영광스럽고 친밀한 만족을 나는 알지 못한다.

두려움을 피하여 달아나지 말라. 두려움 속으로 곧장 걸어가라. 견고함의 영성으로 무장한 당신은 바로 하나님의 심장 한가운데로 들어가게 될 것이다.

17
순종

순종은 충만한 삶으로
나아가는 추진력

복음 덕분에 지옥까지는 면하지 못하더라도
복음 덕분에 감옥과 교수대를 면하는 사람들은 많이 있다.

조지 윗필드

인간들이 기독교의 진리를 문제 삼는 이유는
그것을 실천하기가 싫기 때문이다.

로버트 사우스

　교인들이 교회 안으로 줄지어 들어가는 동안 마이크 펠라워 목사는 자신의 차 안에 앉아 있었다. 몇 가정으로 개척한 교회가 어느덧 교인 400명 이상으로 성장했다. 마이크는 아주 성공한 목사처럼 보였다.

　목사는 흔히 예배 전에 기도를 하는데, 이날 마이크는 자동차 안에서 옆에 둔 총을 만지작거렸다. '사격 연습'을 한다고 어느 교인한테 빌린 총이었다. 마침내 그는 총을 들어 천천히 총구를 자기 입 안에 넣었다. 마이크는 방아쇠를 당기라는 '마귀의 재촉'을 느꼈고, 생각만 해도 전율이 일었다고 했다.

　한편, 교회 안에서는 한 여성도가 담임목사의 목숨을 위해 간구해야 한다는 느낌에 휩싸였다. 이유는 몰랐지만 그녀는 전심전력하여 기도했다.

　바깥의 차 안에서 마이크는 뭔가 자기를 흔들어 깨우는 것을 느꼈다. '너 지금 뭐하고 있는 거냐?'라는 속삭임이 불현듯 들려오는 것 같았다. 그는 총을 입에서 꺼냈다.

　수년째 펠라워 목사는 정욕과의 은밀한 싸움이라는 위기 상황에 빠져 있었다. 교회는 계속 성장했고 아내와의 성생활도 건강해 보였지만, 몇 달 주기로 마이크는 무너지곤 했다. 처음에 포르노로 시작된 그의 중독은 스트립쇼 클럽의 세계로 진전되었고, 급기야 창녀를 찾아다니게 되었다. 은밀한 불순종의 삶으로 인한 죄책감 때문에 그는 목숨을 끊고 싶었다.

불순종이 언제나 우리를 그런 생사의 기로로 몰아가는 것은 물론 아니다. 불순종은 기독교에 대한 권태감, 단절된 느낌, 조용한 절망을 불러일으킨다. 그러나 순종은 예수께서 채워주실 수 있다고 약속하신 열망을 불러일으키며, 그리하여 우리에게 온전한 삶을 돌려준다. "의에 주리고 목마른 자는 복이 있나니 그들이 **배부를 것임이요**"마 5:6.

이 '배부름'이 우리가 정말로 갈망하는 것이다. 하나님이 그것을 갈망하도록 우리를 지으셨기 때문이다. 사실 순종이란 일상생활의 여정 가운데서 하나님과 교제하는 가운데 깊이있고 생각하는 삶을 살려는 열망이다. 그것만이 참되고 영원한 충만함과 내면의 '배부른' 만족을 가져다주는 삶이다.

우리 마음의 실상

1991년, 메릴랜드의 한 과부가 죽은 남편의 명의로 납세 신고서를 접수했다. 국세청에서 그녀의 남편 앞으로 다음과 같은 편지를 보내왔을 때 그녀가 얼마나 놀랐겠는지 상상해보라.

"1990년의 당신의 증여세 신고서를 처리 중인데 몇 가지 더 필요한 정보가 있습니다. 당신의 사망일을 알려주십시오. 협조해주셔서 감사합니다."[1]

우리 모두가 사후에 염려해야 할 것은 국세청이 아니라 하나님의 심판석이다. 그리고 심판석에 관한 예수님의 가르침에서 즉시 우리 눈에 띄는 것 한 가지는, 심판받는 자들이 놀란다는 사실이다.[2]

예수님 말씀에 따르면, 어떤 사람들은 자기가 하나님 앞에서 잘하고 있다고 생각하며, 자신의 영적 상태에 대해 한 점 염려도 없지만, 그들은 지옥의 영원한 벼랑 위에서 살고 있다. 어떻게 그럴 수 있을까?

성경은 인간의 마음을 명백히 밝히고 있다. 만물보다 거짓된 것이 인간의 마음이다.[3] 바울은 자기의 양심이 떳떳하다는 이유만으로 자신이 실제로 무죄한 것은 아니라고 덧붙였다.[4] 그러나 현대 종교의 기둥 노릇을 하는 기분은 계속해서 많은 그리스도인들의 길잡이가 되고 있다. 기분상 괜찮으면 자신이 틀림없이 **괜찮다고** 우리는 생각한다. 무지근한 죄책감이 없으니 대체로 나는 하나님 앞에서 잘살고 있는 것이 분명하다. 하지만 마태복음 25장에서 예수께서 심판을 말씀하실 때 지적하신 것은 기분이 아니라 행동이었다.

변화의 핵심은 안으로부터의 영혼의 중생이지만, 그렇다고 행동이 중요하지 않다고 말한다면 그것은 이단이다. 순종은 대단히 중요하다. 조나단 에드워즈가 지적한 것처럼 "그리스도인들의 진실성의 가장 확실한 증거는 실천이라고 성경은 밝히 가르친다. 우리의 이성도 똑같이 가르친다."[5]

이런 점에서 뉴 에이지를 신봉하는 사람들은 쉬운 길을 간다. 그들 신봉자들에게 필요한 것이라고는 진심과 관용뿐이다. 내면에 전율을 주는 어떤 공부나 영적 의식에 가끔씩 참가하기만 하면 그들은 '영적인' 사람들로 자처할 수 있다. 마음이 변화되어 다른 사람들을 대하는 방식이 바뀌고 있는지 여부는 상관없다.

이와는 대조적으로 에드워즈는 "구원의 증거로서 급작스런 회심, 신비한 깨달음, 단순한 정서적 위안의 경험보다 훨씬 더 우선되어야 할 것은 그리스도인의 실천이다"[6]라고 썼다.

예배 중에 경험하는 영적 희열, 분명히 하나님께로부터 오는 섬광처럼 돌연한 통찰, 회심에 뒤따르는 깊은 감정 따위로 우리 믿음의 진실성을 입증할 수 있다면 얼마나 좋으랴! 그러나 그런 것들의 피상성은 누가 보아도 분명하다. 나는 아내에게 발렌타인데이 카드와 결혼기념일 카드와 생일 카드를 꼬박꼬박 챙겨줄 수 있다. 꼭 해주어야 할 말도 다 해줄 수 있다. 그러나 내가 따로 정부情婦를 두고 있다면, 내가 정말로 아내를 사랑한다고 말할 사람이 누가 있을까? 10년이 지난 지금 내가 항상 이기적이고 비판적인 남편이라면, 결혼식 날 내가 기뻐서 울었다는 사실이 그리 중요할까?

에드워즈는 우리에게 본질을 적나라하게 지적한다.

"인간이 정말로 무엇을 우선시하는지 알 수 있는 확실한 시험은, 선택의 기로에서 그가 실제로 무엇에 집착하고 행하는지 보면 된다. 경건함이란 그저 하나님의 뜻을 행하려는 마음만 있어서 되는 것이 아니라 실제로 행하는 행함이 있어야 한다. … 그러므로 착한 척하면서 삶은 악하게 사는 것은 진정한 경건이 아니다."[7]

삶을 건성으로 사는 것도 마찬가지다.

유혹에 부딪쳐서 우리의 의지의 핵이 드러날 때, 우리는 "나는 하나님을 사랑하는가, 아닌가?"를 자문해야 한다. 예수님은 시원스럽고 투박하게 "너희가 나를 사랑하면 나의 계명을 지키리라"[8]고 말씀하셨다.

우리는 자신의 방종에 이런저런 '구실'을 대곤 한다.

"나는 피곤했다. 정말 스트레스가 많았다. 제정신이었고 힘이 펄펄 넘쳤다면 나도 넘어지지 않았을 것이다."

이런 식으로 은폐하는 말은 하나님은 고사하고 훌륭한 상담자한테도 통하지 않는다. 사실 유혹이란 우리가 약할 때 찾아올 뿐만 아니라 우리의 약한 부분을 공략해온다.

에드워즈는 또 이렇게 말한다.

"건물이 강한지 아닌지 알려면 강풍이 불어올 때 건물을 보면 된다. 마찬가지로 사람이 하나님의 섭리 가운데 시련을 당하고 있을 때 우리는 그의 기독교적 실천의 실상을 알 수 있다."[9]

우리가 자신을 위해 할 수 있는 최선의 일은 수시로 모든 구실을 버리고, 순종 부분에서 자신의 실상을 자문하는 것이다. 자신을 속이지 말라. 장난하지 말라. 자신과 하나님께 솔직해져라. 실제적인 순종에 있어 당신의 실상은 정말로 어떤가?

하나님께 협력하는 법을 배우라

나는 마이크 펠라워와 전화로 통화했다. 그가 자신의 진상을 직면하고 나자 하나님은 그를 회복시켜 주셨고 더 큰 사역을 맡겨 주셨다. 그는 자주 전국을 돌면서 간증을 하는데, 때로 부부동반으로 다닌다.

그러나 그가 절대로 할 수 없는 일들이 있다. 예컨대 그는 기간을 불문하고 출장길에 혼자 있을 수 없다. 그가 있는 위치를 현지의 목사가 사실상 매순간 파악하고 있다. 엉뚱한 영상이 마이크의 눈앞에 나타나면, 심지어 박물관의 그림이나 조각 같은 무해한 것들조차 엄청난 충동을 불러일으킬 수 있다. 그의 지난날의 불순종은 흔적을 남겼다. 그것은 마이크의 세계를 오그라뜨렸다. 아주 엄격한 울타리 안에서 사는 것이 자신에게 더 안전하다는 것을 그는 안다. 그는 여자와 성性을 대하는 건강한 심적 태도를 다시 배우고 있다.

죄는 우리의 경험을 넓혀주겠다고 약속하지만 사실은 오히려 제한시키고 만다. 술 문제로 고생한 적이 없는 사람은 술을 파는 식당에 들어가서도 아주 편안할 수 있다. 그러나 회복중인 알코올 중독자는 감히 술을 끊자마자 그런 일을 시도하지 않는다.

이렇게 죄는 우리의 삶을 제한시키는데, 그렇다면 죄를 끄는 힘은 어디서 올까? 죄의 인력引力은 우리가 영적으로 굶주린 사람들이라는 사실에서 온다. 예수님의 표현대로 우리는 배부르기를 원한다. 죄는 현실에서 일시적으로 벗어나게 해준다. 하나님과 분리된 고통을 순간적인 쾌감으로 없애주는 것이다. 그러나 여기에 비극이 있다. 죄는 결국 우리를 하나님에게서 더 멀리 밀어내고, 우리의 영적 공허함을 장기적으로 더 깊어지게 한다. 하나님은 오직 의를 구하는 자들만이 배부를 수 있도록 우리를 그렇게 지으셨다. 죄는 우리를 배부르게 할 수 없다. 그런데도 우리는 그럴 수 있다고 생각할 때가 많다.

불순종의 또 다른 원인은 철저한 반항이다. 우리 중에는 자신의 삶에 대한 하나님의 주도권에 콧방귀조차 뀌지 않는 사람들이 있다. 우리는 구원은 원하지만 그 다음부터는 하나님 없이 자율적인 삶을 살려고 한다. 책임질 것 없이 이기적인 방종 속에 뒹굴고 싶은 것이다.

이런 태도에서 본격적인 영적 우상숭배의 문이 열린다. 그렇다고 석상에 절을 한다는 말이 아니다. 예배를 나의 헌신적 사랑, 시간과 에너지와 달란트와 돈의 지출이라는 관점에서 본다면, 내 심중에 벌어지고 있는 일의 실상이 더욱 분명해진다.

당신과 나는 뭔가를 섬기는 데에 자신의 힘과 열정을 쏟고 있다. 그것이 무엇인가? 취미인가? 행복인가? 은밀한 죄인가? 특정한 생활방식인가? 다른 사람들의 존경을 받는 것인가? 안전인가?

그 일차적인 추구가 당신의 삶을 완성해 가시는 하나님께 협력하는 법을 배우는 것이 아니라면, 당신은 항상 내면이 허할 것이고 결국은 절박한 영적 곤경에 처하게 될 것이다.

우리는 영적인 삶의 순환적 특성을 알 필요가 있다. 중력이 물리적으로 모든 것을 아래로 끌어당기듯이 죄는 영적으로 모든 것을 아래로 끌어당긴다. 우리는 영적인 존재이며, 거기서 비롯되는 진리 중 하나는 죄가 유혹을 더 양산한다는 것이다. 죄란 지으면 지을수록 끊기가 더 어려워진다. 반대로, 그 죄에서 한동안 떨어져 지내면, 다음번에 그 죄를 피하기가 더 쉬워진다.

성경은 점진적 악화가 죄의 정상 경로라고 우리에게 경고한다. 하사엘의 경험을 생각해보라. 엘리사는 장차 하사엘이 이스라엘에게 저지르게 될 모든 악을 그에게 지적했다.

"네가 그들의 성에 불을 지르며 장정을 칼로 죽이며 어린 아이를 메치며 아이 밴 부녀를 가르리라."[10] 하사엘은 기겁한다. 그는 믿어지지 않아 "당신의 개 같은 종이 무엇이관대 이런 큰 일을 행하오리이까"라고 묻는다. 아이 밴 부녀를 가르는 자신을 하사엘은 최악의 악몽 중에라도 상상할 수조차 없다. 그러나 바로 이튿날, 하사엘은 벤하닷 왕을 이불로 덮어서 죽인다. 그의 악정惡政은 이렇게 살인으로 시작된다.

잘 보라. 하사엘은 처음부터 대량학살로 시작하지 않았다. 그의 악한 이력은 단 하나의 살인행위로 시작되었다. 우리가 다 그렇듯이 그도 죄 속에 **야금야금** 들어간 것이다. 일단 죄에 장악 당하자, 그는 얼마 전까지만 해도 몸서리쳤을 일들을 잘도 저지른다.

회사 돈을 조금만 '빌려' 쓰겠다고 생각했다가 결국은 구제불능의 횡령 사범이 된 사람들이 감옥마다 넘쳐난다.

J. C. 라일은 이렇게 지적했다.

"지옥에 가는 길은 두 가지가 있다. 하나는 두 눈을 빤히 뜨고 걸어 들어가는 것인데, 그렇게 하는 사람은 거의 없다. 또 하나는 작은 죄들의 계단을 타고 내려가는 것인데, 안타깝게도 이 길은 너무 흔하다."[11]

일단 죄의 비탈에 들어서면, 진도를 나가다가 원하는 지점에서 멈출 수 있다는 보장이 없다. "이만큼만 가고 멈추겠다"고 해서 될 일이 아니다. 어느 단계에서든 멈출 수 있다고 생각한다면 그것은 이만저만한 착각이 아니다.

정말로 하나님이 주시는 삶을 돌려받고 싶다면, 특정한 행동과 사고방식과 태도 앞에 게시된 '진입금지' 표지판에 지금부터 주목해야 한다.

순종은 다른 사람들은 물론 당신 자신을 해치지 않도록 지켜주는 보호자이며 수호자다. 또한 우리가 하나님을 아프시게 하지 않도록 막아준다.

순종은 승리를 낳는다

리복사(社)는 프로 농구선수 앨런 아이버슨Allen Iverson의 품행을 바르게 유지시켜주는 대가로 헨리 '큐' 개스킨즈Henry 'Que' Gaskins에게 해마다 1억 원 가까운 돈을 지급한다. 운동화 제조회사들은 전속계약 운동선수들이 문제를 일으키지 못하도록 갈수록 더 많은 멘토

인력을 채용하여 선수별로 할당시키고 있는데, 개스킨즈도 그 중 하나다.[12]

리복사는 운동선수 하나를 감시하는 사람에게 왜 그처럼 억대의 수입을 지급하는 것일까? 그들은 자신의 투자 상품을 보호하고 있는 것이다. 리복사는 400억 원에 아이버슨과 전속계약을 체결했고, 따라서 그의 이미지를 깨끗하게 지키기 위해 1억 원을 쓰는 것은 비교적 소액의 보험금에 해당된다.

거액의 연봉을 주어가면서까지 우리를 순종의 길에 묶어두려는 회사가 당신과 나에게는 없다. 그러나 우리에게는 성령님이 계시다. 그분은 우리 안에서 일하시며 우리를 거룩함으로 부르시고 감화하신다. 이처럼 우리의 순종의 길은 내면생활에서 시작되는 길이다.

우선 우리는 죄의 두 가지 측면에 직면해야 하는데, 바로 고통과 반항이다. 기도하면서 하나님께 그 둘을 다 내어드리라.

우리의 마음은, 내가 필요를 느꼈다면 만족을 찾아다닐 권리가 있다고 우기고 요구한다. 거기에 예의주시하여 그 요구를 내려놓아야 한다. 하나님을 기쁘시게 하기로 우리 마음이 정해지면, 우리의 행동을 하나님의 뜻에 맞추기가 더 쉬워진다. 하나님의 율법을 "즐거워한다"[13]고 말한 시편기자의 이상理想을 향해 우리도 노력해야 한다. 라일은 바울이 로마 교인들에게 악을 미워하라고 말한 것을 지적했다.[14]

우리가 유혹을 불러들이고 집적거리고 부추긴다면, 그것은 자신의 믿음의 진실성에 스스로 이의를 제기하는 것이다. 라일은 이렇게 설명했다.

"유혹에 빠지지 않으려고 스스로 조심하지 않는다면 '우리를 시험에 들게 하지 마옵시고'라고 기도하는 것이 무슨 소용이며, 악을 멀리 하려는 의욕을 보이지 않는다면 '다만 악에서 구하옵소서'라고 기도하는 것이 무슨 소용인가?"[15]

내가 내면의 단계를 먼저 강조하는 이유는 다음 단계에 들어설 힘이 거기서 나오기 때문이다. 다음 단계란 순종의 작은 걸음들을 내딛는 것이다. 마음속에 내면의 순종을 쌓아나가면 결국 그것이 당신을 외적인 승리로 데려다준다. 하나의 순종 행위는 충만한 삶으로 나아가는 추진력이 된다.

'십자가의 요한'은 이렇게 설명한다.

"영성의 행위 하나가 영혼 안에 온화함과 평안과 위로와 빛과 순전함과 힘을 낳는다. 과도한 식욕이 부대낌과 식곤증과 나른함과 몽롱함과 무력증을 가져오는 것과 같은 이치다. 하나의 영성의 실천을 통해 모든 영성이 자라며, 마찬가지로 하나의 악이 늘어나면 모든 악과 그 여파가 자란다."[16]

순종은 생명을 준다. 순종은 우리를 강하게 하며, 잔잔하고 한결같게 우리의 심령을 새롭게 한다. 한번 해보고, 그 결과를 보라!

반면 불순종은 결국 우리의 진을 빼놓고, 무기력과 낙심을 낳으며, 종종 우리를 아주 절망에 빠뜨린다.

당신은 어느 쪽 삶을 좇고 싶은가?

순종을 향한 가장 결정적인 단계는 자기중심적인 삶을 버리는 것이다. 죄의 뿌리는 자아집착이다. 자녀에게 잔뜩 분을 퍼붓는 어머니는 자신의 말이 자녀에게 미칠 영향을 생각하는 것이 아니라 자신의 좌절을 생각하는 것이다. 당신이 어떤 죄 때문에 심히 고생하고 있다면, 당신의 심적 태도를 점검해보라. 내면 깊은 곳에 이기적인 요구와 몰두가 묻혀 있지는 않은가?

이 자아집착에 어떻게 맞설 것인가? 단순히 악을 피하는 차원을 벗어나서, 하나님이 우리의 삶 속에 두신 더 높은 소명 **쪽으로** 노력을 집중하는 것이다. 그것은 바로 섬김과 사명의 삶이다.

에드워즈는 우리 믿음의 성장과 진실성을 우리 안에 그리스도의 태도가 자라는 것과 연관시킨다. 우리가 여기 있는 것은 하나님을 섬기기 위함이라는 것이다. 이런 관점에서 볼 때, 죄는 우리를 하나님이 지으신 본연의 남녀가 되지 못하게 막는 많은 것들 중 하나일 뿐이다. 시련 우리 삶을 어렵게 만드는 것들, 정욕과 타락 우리를 유혹하여 목적에서 멀어지게 하는 것들, 고난 우리의 관심을 다른 사람들에게서 돌려 자신에게 집중하게 하는 것들이 모두 우리를 공격해올 것이다. 그러나 종의 태도가 있으면, 끝까지 헤치고 나가 하나님 앞에서 자신의 사명을 완수할 수 있다.

순종은 피난처이고 특권이고 영광이다

진정한 순종은 오랜 세월을 두고 길러지고 표출된다. 순종의 진정성은 순종이 정말 어려워질 때 입증된다. 이치에 닿지 않음에도 불구하고 하나님을 따를 때 말이다.

나는 중년의 한 자비량 사역자를 알고 있는데, 그가 자비량으로 사역을 하는 동안 그의 주 사업은 몇 년 사이에 천천히 내리막길을 걸었다. 사역자의 소명을 버리고 풀타임으로 사업에만 매달리면 차라리 쉬울지도 몰랐다. 그러나 그는 하나님께서 주신 소명의식으로 계속해서 이런 긴장 속에서 열정적으로 일하고 있으며, 앞으로도 계속해서 그 사역을 감당하려고 한다. 그의 삶은 내게 많은 감동을 주었다. 순종의 머나먼 길을 추구하는 그는 어디서 힘을 얻어 그렇게 견뎌내는 것일까? 그의 동기는 하나님이 맡겨주신 사명에 있고, 바로 그 사실이 힘의 원천이다. 그것이 동력이 되어 그가 역경 중에도 순종할 수 있도록 한 것이다.

순종은 우리의 소명이고 피난처이고 특권이고 영광이다. 그 이유는 바로 우리가 순종하도록 부름 받은 **대상**이기 때문이다. 하나님께 순종할 때 우리는 중론衆論에서 자유를 얻고, 자신의 상향 욕구에서 벗어나며, 죄의 폭정과 손아귀에서 해방된다. 순종은 그리스도의 영적 태도이며, 그분의 성품으로 옷 입는 우리의 일은 순종으로 완성된다.

하나님의 뜻에 담대히 순종하여 스스로 목숨을 버리신 겟세마네의 예수님과 절망에 떠밀려 자기 입 안에 총을 들이민 목사는 하늘과 땅만큼이나 다르다. 당신은 어느 쪽 삶을 택하겠는가?

아이러니 같지만, 순종은 당신에게 당신이 원하는 삶, 사명과 목적이 있는 충만한 삶을 돌려줄 것이다.

18

회개

회개는 참된 기쁨의
영적 서곡이다

이다음에 죽어서 우리는 기적을 행하지 못했다고
혼나지는 않을 것이다.
신학자나 명상가가 되지 못했다고 책망 받지도 않을 것이다.
그러나 끊임없이 애통하지 않은 것에 대해서는
반드시 하나님께 설명을 해야 할 것이다.

존 클리마쿠스

우리 죄를 미워하시는 하나님은
오직 환자를 사랑하기에 암을 미워하는 의사와 같다.

피터 크리프트

　미국이 주권국가가 된 기간의 거의 두 배에 달하는 4백 년이 지나서야 드디어 누군가가 하나님의 보냄을 받고 와서 말문을 열기 시작했다. 구약에 실린 마지막 말씀에서부터 신약의 첫 말씀까지, 신구약 중간 시기는 참으로 고통스러운 침묵의 4세기였다.

　4백 년이 얼마나 긴 세월인지 잠시 생각해보자. 4세기 전에 셰익스피어는 글로브 극장을 막 개관하여 자신의 연극 〈헛소동〉을 첫 청중들 앞에 선보였다. 갈릴레오는 자기 제도공의 나침반을 완성하는 중이었고, 장 칼뱅은 죽은 지 30년 정도밖에 되지 않았다. 북미 대륙 최초의 유럽인 식민도시 제임스타운은 아직 건설되기 10년 전이었다.

　4백 년은 긴 세월이다. 하나님이 그 백성 이스라엘에게 침묵하신 세월이 바로 4백 년이었다. 그런데 이제 저 광야에서 드디어 그 침묵이 깨어지고 있었다. 하나님 말씀에 굶주려 있던 사람들이 요한이라는 우락부락하고 투박한 사내에게 몰려들었다.

　상대에게 4백 년 동안 말을 걸지 않았다면, 첫마디를 잘 고를 것은 당연하다. 주변적인 문제를 거론할 때가 아니다. 문제의 뿌리로 들어갈 때다. 어디까지나 그 첫마디는 하나님과 그 백성 사이의 역사상 가장 중요한 연애 사건을 재정립시킬 말이었다.

그런데 하나님께서 이스라엘 나라와의 관계를 재정립하시고자 사용하신 첫 단어가 '회개하라'[1]는 말이었다. 놀랍지 않은가?

세례요한은 뇌성처럼 그 말을 외친 지 몇 달도 못 되어 옥에 갇혔다. 그의 가르침은 별로 인기가 없었던 것 같다. 하지만 세례 요한은 자신이 메신저일 뿐이라고 증거한다. 훨씬 중요한 메시아의 음성을 위해 길을 예비하려고 보냄을 받은 사람이라는 것이다.

그렇다면 그분은 뭐라고 말씀하실까? 요한과 반대로 혹 하나님의 메시지를 약간 잠잠히 외치실까? 천사들이 귀를 쫑긋 세우고 메시지를 들으려는 통에, 분명 천국에는 굉장한 흥분이 일었을 것이다. 이 메시지는 하나님이 그 백성에게 그토록 간절히 들려주시려한 메시지, 오직 타락한 인간들에게 그것을 전하시기 위해 자신을 낮추어 육신의 형상을 입으시고 지구별의 고생스런 삶을 감수하셨을 정도의 메시지가 아니던가.

그런데 예수께서 하신 말씀은 요한과 똑같았다.

"회개하라, 천국이 가까왔느니라."[2]

그리스도인의 영적인 삶은 소망과 순결로 시작되지 않는다. 순종으로도 시작되지 않는다. 마태복음에 따르면 그것은 회개로 시작된다.

회개란 자신이 보기에 내면생활을 가져다줄 듯싶은 것들에 대한 낡은 시각을, 정말로 생명과 건강을 가져다줄 하나님의 것들로 기꺼이 대체하는 것이다. 회개에는 그릇된 길을 간 것에 대한 슬픔과 옳은 길로 돌아서려는 의지가 포함된다. 회개는 마음의 변화로서,

거기에 사고의 변화가 뒤따르고 방향의 변화로 완성된다. 세 가지 변화는 모두 하나님의 뜻을 지향한다.

회개는 하나님께 순종하지 못한 후의 우리를 바로잡아주는 영적 평형추이며, 따라서 우리를 하나님과의 생명력 있는 교제에 계속 이어주는 영성이다. 회개는 우리 안에 내어드리는 마음을 불어넣고, 그리하여 다시금 겸손히 하나님을 의지하게 한다.

왜 회개가 이토록 중요한가?

에스겔서에 깜짝 놀랄 본문이 나온다. 하나님은 여섯 사람을 불러, 그 손에 살육하는 기계를 들고 예루살렘을 향하여 서게 하신다. 그 중 하나는 옆에 서기관의 먹 그릇을 찼는데, 하나님은 먼저 그 사람에게 명하신다.

"너는 예루살렘 성읍 중에 순행하여 그 가운데에서 행하는 모든 가증한 일로 말미암아 탄식하며 우는 자의 이마에 표를 그리라"젤 9:4. 이어서 하나님은 다른 사람들에게 말씀하신다.

"너희는 그를 따라 성읍 중에 다니며 불쌍히 여기지 말며 긍휼을 베풀지 말고 쳐서 … 죽이되 이마에 표 있는 자에게는 가까이 하지 말라. 내 성소에서 시작할지니라."[3]

섬뜩하지만 사실이다. 회개가 없는 사람들은 사형선고를 받고, 애통하는 사람들은 구원을 얻는다. 타락한 문화에 살면서 전혀 비애와 고뇌를 느끼지 못하는 사람들을, 하나님은 생명을 누리기에 합당치 못한 자로 여기신다. 회개는 하나님의 마음을 녹이고 그 은총의 문을 연다. 사실, 예수님의 유명한 산상수훈의 첫 두 가지 복도 회개와 상관된 것이다.

"심령이 가난한 자는 복이 있나니 천국이 그들의 것임이요 애통하는 자는 복이 있나니 그들이 위로를 받을 것임이요."[4]

회개는 그 백성을 향한 하나님의 첫마디였을 뿐 아니라 신약에 나오는 예수님의 첫 장편 설교의 도입부이기도 했다.

그렇다면 왜 회개가 이토록 중요한 것일까? 우리가 죄에서 돌이키는 것을 하나님이 그토록 깊은 애정으로 보시는 이유 중 하나는, 죄 자체가 그만큼 치명적이기 때문이다.

위험한 게임

언젠가 나는 이상한 꿈을 꾸었는데, 지금의 이 교훈에 잘 맞는 비유라 하겠다.

꿈속에서 나는 폭도들의 비위를 건드렸다. 그들은 나를 해하려고 '힘센 사람'을 보냈다. 그런데 그는 우리 가족들에게 정중했고, 내 아내와 아이들에게 상냥했고, 친절한 상담자가 되어 나를 다시 올바른 궤도에 올려놓는 것이 유일한 목표인 것처럼 행동했다.

우리는 내가 저지른 일에 대해 대화했고, 나는 거리낌 없이 내 잘못을 설명했다. 폭도의 대표자는 미소를 짓고 고개를 끄덕이고 한두 가지 시정을 덧붙였다. 이제 우리는 헤어지려는 참이었다. 그가 마음씨 좋은 아저씨처럼 행동했으므로 나는 결과가 다 괜찮으리라고 생각했다. 그래서 가족들의 귀에 들리지 않을 만한 거리에서 나는 그에게 물었다.

"이제 나는 어떻게 됩니까?"

그는 이렇게 말했다.

"그야 내가 당신을 죽여야지요. 의심의 여지없는 사실입니다. 하지만 사사로운 감정은 아닙니다. 사실 나는 당신을 아주 좋아하거든요."

잠에서 깬 나는 죄란 정말 마피아 같다는 생각이 들었다. 그것은 당신의 친구인 척하지만 사실은 거짓말쟁이다. 당신은 외로운가? 죄에 답이 있다. 속상한가? 죄에 달콤한 해답이 있다. 따분한가? 죄에 '치료제'가 있다.

그래서 우리는 조금만 맛본다. 우리는 죄와 사귀지만 정회원으로 등록할 마음은 없다. 하지만 무슨 근거로 우리는 폭도와^{또는 악과} 거래하고도 화상火傷 없이 빠져나올 수 있다고 생각하는 것인가? 폭도는 어디까지나 폭도다. 죄는 어디까지나 죄다. 사탄이 오는 목적은 도적질하고 죽이고 멸망시키려는 것뿐이다.[5] 사탄의 세계에 산다면 우리는 강탈과 살해와 파멸을 당하고 만다.

당신은 죄를 합리화할 수 있고, 죄와 시시덕거릴 수 있다. 그러나 당신이 시시덕거리는 대상이 누구이고 무엇인지 잊지 말라. 죄는 지옥에서 온 데이트 상대다. 지옥이 아무리 당신의 친구처럼 행동한다 해도, 지옥은 무섭도록 격한 열정으로 당신을 증오한다.

"그야 내가 당신을 죽여야지요. 하지만 사사로운 감정은 아닙니다." 크리프트는 그것을 이렇게 지적했다.

"가장 작은 죄는 지옥불이라는 유일한 불의 작은 불꽃이다."[6]

죄는 우리를 태워버린다. 전소되지 않는 범위 내에서 최대한 많이 타기로 작정한 듯한 사람들이 우리 중에 있으니 비극이다. 버젓이 천국으로 가는 중에도 우리는 죄를^{그리하여 지옥을} 최대한 많이 맛보고서 간신히 벗어날 요행을 바란다.

이것은 위험천만한 장난이다. 죄를 견딜 수 있는 우리의 역량은 미지수다.

"인간의 영혼이 죽기 전에 죄의 화염을 얼마나 오랫동안 견딜 수 있는지는 아무도 모른다."[7]

만일 우리가 지옥을 방문한다면, 방문 시간이 끝났음을 채 알기도 전에 우리 뒤로 이미 문들이 잠겨 있을 것이다. 당신은 정말로 이 장난을 하고 싶은가?

회개의 가치는 이것이다. 회개는 우리의 영혼을 죽이려는 원수로부터 우리를 보호하며, 우리를 다시 하나님의 길로 돌아가게 한다. 우리에게 생명을 주러 오신 예수님의 순종의 태도를 가지고 말이다.

회개의 영성과 실천에서 우리는 어떻게 자라갈 것인가?

회개의 걸음은 하나님이 설계하신 삶을 경험하려는 마음에서 온다

1990년, 프리스비^{플라스틱 원반} 제조회사 왬-오_{Wham-O}는 앙골라의 고아원에서 사역하는 한 수녀에게 7천 개의 프리스비를 보냈다. 회사 사장 존 보우즈는 이런 답신을 받았다.

"보내주신 접시들은 훌륭합니다. 우리 모두 거기에 음식을 담아서 식사를 합니다. 그런데 아주 놀라운 일도 벌어졌습니다. 어떤 아이들이 일종의 게임으로 그것을 던지고 있습니다. 당신에게도 좋은 아이디어가 될 것 같습니다."[8]

프리스비는 접시로 공용될 수도 있으나 엄연히 용도가 따로 있다. 프리스비를 접시로 쓰는 것은 평가절하라 할 수 있다. 납작한 물체라면 아무것에나 음식을 담을 수 있지만, 둥그런 물체라고 아무거나 그렇게 멀리까지 잘 날아가는 것은 아니다.

마찬가지로 우리도 바쁜 추구 거리들을 일부러 지어내서 자신의 삶을 평가절하시킬 수 있다. 인간들은 다음번 월급, 다음번 성경험, 다음번 휴가, 다음번 사기 칠 기회만을 고대하며 70평생을 보낼 수도 있다. 그러나 우리는 하나님의 뜻 가운데서 비상하도록 지음 받았고, 바로 거기서 지상에서의 영적 삶의 영광을 얻도록 되어 있다.

회개를 향한 첫걸음은 우리를 위해 하나님이 설계하신 삶을 에누리 없이 경험하려는 마음에서 온다. 회개의 동력은 자신의 죄에 대한 병적인 슬픔이 아니라 점차 **이루어져가는** 기쁨에 있다. 하나님은 우리를, 이 땅에 그분의 나라를 확장시키기 위해 일하는 가운데 그리스도를 닮아가도록 지으셨다. 그 밖의 목표는 하나같이 다 하나님이 주신 80~90년의 우리 인생을 아깝게 오용하는 것이다. 회개의 기본을 이루는 마음의 변화란 바로, 하나님께 잘 맞추어 우리를 향한 그분의 목표를 이루고자 하는 열망이다.

둘째, 우리는 죄로 인하여 잃어버린 세월을 슬퍼할 필요가 있다. 낭비한 시간과 에너지와 자원을 애통할 필요가 있다. 그러려면 시간을 내어 내 죄가 자신과 다른 사람들에게 어떤 대가를 불러왔고, 하나님을 어떻게 아프시게 해드렸는지를 기도하는 마음으로 정직하게 성찰해야 한다.

괴로운 일이지만, 두려워 말고 그 고통의 씻김에 자신을 맡기라. 결국 그것이 당신을 속속들이 씻어내서 다시 시작할 준비가 되게 할 것이다. 애통하는 법을 배운 적이 없다면, 예레미야애가와 요엘 1장을 묵상하는 마음으로 통독하라. 성경말씀을 회개 기도의 길잡이로 삼으면 도움이 된다. 건강한 후회는 절망에 이르지 않음을 성경은 우리에게 일깨워 준다. 예를 들어서 요엘서에 이런 약속이 나온다. "너희는 이제라도 금식하며 울며 애통하고 마음을 다하여 내게로 돌아오라 하셨나니 너희는 옷을 찢지 말고 마음을 찢고 너희 하나님 여호와께로 돌아올지어다. 그는 은혜로우시며 자비로우시며 노하기를 더디 하시며 인애가 크시사 뜻을 돌이켜 재앙을 내리지 아니하시나니."[9]

참된 회개는 당신을, 하나님께 유감을 표하는 자리에서 다른 사람들에게 유감을 표하는 자리로 인도한다. 당신은 자신이 죄를 지은 대상들에게 용서를 구해야 할 것이다. 해결되지 않은 죄는 무거운 짐이고, 화해하지 않은 관계는 얽어매는 줄이다. 높이 날려면 몸이 가볍고 자유로워야 한다.

회개를 향한 마지막 걸음은, 앞으로 무슨 결정을 내릴 때마다 자신의 삶을 향한 하나님의 설계에 기초를 두는 것이다. 자신이 날도록 지음 받았음을 알면, 우리는 그 이하의 것에 안주하지 않는다. 하나님이 우리 몸을 성령의 전으로 지으셨는데, 그 몸을 죄에 내줄 까닭이 무엇인가?

이제 회개의 영성에 힘입어 우리는 자신의 발목을 붙드는 것들로부터 돌이키고, 잃어버린 세월을 애통하고, 그리고 자유의 몸이 되어 앞으로 남은 기간이나마 최대한 잘 활용하도록 해야 한다. 아울러 회개의 다른 많은 유익도 기억하자.

회개는 참 기쁨을 맛보게 되는 관문이다

회개를 모르는 사람은 비교적 쉽게 표가 난다. 분노에 지배당하고 끌려다니는 사람을 찾으면 된다. 옛 사람들은 우리 마음을 지배하는 불경한 인간적 분노를 회개가 깨뜨린다고 가르쳤다. 회개하는 사람은 "인간이 분을 품는다는 것이 무엇인지 더 이상 알지 못한다. 비통해하는 마음이 격분의 기능을 없애 버렸기 때문이다."[10]

나중에 클리마쿠스는 "진정한 애통의 눈물은 분노와 역정의 모든 불꽃을 끌 수 있다"[11]고 덧붙였다. 회개가 우리를 하나님의 임재 안으로 끌어들이듯이 분노는 우리를 거기서 밀쳐낸다. 클리마쿠스는 "성령께서 정녕 영혼의 평안이실진대 … 우리 안의 성령의 임재에 분노보다 더 큰 장애물은 없다"[12]고 설명했다.

무섭도록 악착같이 우리에게 달라붙는 것이 분노의 본성이다. 떨쳐냈다 싶으면 어느새 표면 밑에서 더 독하게 곪고 있는 분노가 드러난다. 우리의 분노의 대상자는 정작 우리의 부글부글 끓는 격노를 전혀 모를 때가 많다. 공연히 우리는 자기 속에 영적 분노를 마구 쏟아 부어 자신의 영혼에 독을 먹일 뿐이다.

뭔가 곪도록 오래 둘수록 그것은 더 악화된다. 아마추어 역사학도로서 나는 유명한 전쟁에 관한 책들을 많이 읽었다. 특히 초기의 전쟁일수록 군인들의 전사戰死는 총알이나 포탄 때문이 아닌 경우가 많았다. 그들은 총상에 뒤따르는 감염 때문에 죽었다. 위생조치를 해줄 의무병이 너무 멀리 있었거나 아예 그런 개념이 없었기 때문이다. 동일한 원리가 영적으로도 적용된다. 우리를 무너뜨리는 것은 애초의 죄 자체가 아니라 죄의 결과로 우리 영혼에 끓어오르는 감염일 수 있다. 회개는 그 과정을 끊고 우리를 깨끗하게 한다.

"오래 방치해두어 곪아버린, 그래서 특단의 치료와 수술과 싸매기와 소작燒灼을 요하는 상처보다는, 갓 입어 화끈거리는 상처가 더 잘 낫는다. 오래 방치해두면 많은 경우 불치가 될 수도 있다."[13]

우리가 회개하며 살면, 영적으로 다른 사람들을 판단하거나 원한을 품기가 훨씬 어려워진다. 하나님의 풍성한 용서를 경험하면, 자격이 없는 사람에게까지도 그 용서를 베풀기가 훨씬 쉬워진다.

회개의 또 다른 큰 유익은 역설적인 것이다. 놀랍게도 회개는 참된 기쁨의 영적 서곡이다. 세상에 푹 빠진 사람들은 죄 가운데 죽어 있어서, 자기 내면에서 벌어지고 있는 일에 무감각한 경우가 많다. 회개는 우리를 해방시켜 실상을 그대로 경험하게 하는데, 이는 참 기쁨을 맛보게 되는 관문이기도 하다.

"하나님이 기뻐하시는 방식으로 수시로 애통하는 사람은 날마다 기쁨이 끊이지 않는다. … 하나님이 주시는 복된 애통을 혼례복처럼 입는 사람은 영혼의 신령한 웃음을 알게 된다."[14]

이 '영혼의 웃음'이 우리에게 얼마나 절실히 필요한가. 그것은 하나님이 무조건 나를 사랑하심을 알 때 찾아온다. 나는 죄를 지어 그분을 버렸어도, 그분은 절대 나를 버리시지 않고 절대 내게서 사랑을 거두시지 않는다.

클리마쿠스는 이렇게 설명한다.

"양심의 가책은 우리 영혼에 진정한 기쁨을 주시기 위한 하나님의 선물이라 아니할 수 없다. 하나님은 마음 깊이 회개하는 자들을 은밀히 위로해주시는 분이기 때문이다."[15]

예수님도 친히 이 진리를 설명하셨다. 두 번째 복을 생각해보라. 예수님은 애통하는 자들이 위로를 받을 것이라고 약속하셨다. 사랑하는 부모치고 진심으로 애통하는 자녀를 혼자 둘 사람이 누가 있겠는가? 부모는 그 자녀에게 다가가 팔로 어깨를 감싸며 다정하게 말한다. 그냥 덤으로, 자녀를 웃게 만들려고 할 때도 많다.

하나님도 그와 같다. 우리의 애통은 그분을 부르고, 그분은 급히 우리를 데리고 그분 마음의 기쁨 속으로 직행하신다.

회개의 또 다른 유익은, 우리로 하여금 주님께서 그토록 자주 칭찬하신 어린아이 같은 마음을 잃지 않게 한다는 것이다. 이것은 현대의 인습적인 지혜에 정면으로 어긋나는 가르침이다. 크리프트는 이렇게 썼다.

"현대의 심리학자들은 거의 누구나 우리에게 '성인이 되는' 법, '성숙해지는' 법, '알아서 하는' 법, '자기 삶에 책임지는' 법을 가르친다. 어디에나 널려 있는 이런 암호명들을 보거든, 그 정체를 잊지 말라. 그것들은 옛 이교異敎가 새 옷을 입은 것이다. 우리 문화에서 성인이라는 말이 무엇을 뜻하는지 잊지 말라. 성인 서적, 성인 잡지, 성인 영화가 어떤 것들인지 잊지 말라. 예수님은 우리에게 '성인'이 되라고 하신 적이 한번도 없고, 대신 '너희가 … 어린아이들과 같이 되지 아니하면 결단코 천국에 들어가지 못하리라' 마 18:3고 하셨다는 것을 잊지 말라. 천국 문은 너무 작아 어린아이가 아닌 사람은 들어갈 수 없다. 그것은 바늘귀다. 몸집이 큰 성인 낙타는 집에 가서 죽거나 아니면 어린아이로 거듭나야 한다."[16]

회개는 우리가 하나님의 아이들임을 일깨워준다. 회개는 앞에서 기독교 최고의 덕목으로 설명한, 겸손의 영성에 들어가는 관문이다. 회개하면서 교만하기란 불가능하다. 당신이 겸손의 영성을 경험하는 데 어려움을 겪고 있다면, 회개의 '뒷문' 으로 들어가라.

지금 말하는 회개의 마지막 유익이 어쩌면 가장 중요할 것이다. 나는 '하나님이 우리의 삶^{생명}을 돌려주신다' 는 표현을 자주 썼는데, 이는 영성이 단지 이 땅에서의 실존과만 상관된다는 의미는 아니다. 일면, 우리는 이 말을 '삶' 이라는 비유적 의미로 사용해 왔다. 그러나 여기서는 다시 '생명' 이라는 문자적인 의미가 된다. 한 번도 회개한 적이 없는 사람들은 영원히 하나님과 분리되는 운명에 처해진다. 지옥은 실체다. 괴롭고 비참하기 이를 데 없는 영원한 실존이며, 고통과 부질없는 동경으로 가득 찬 세계다.

그러나 예수님을 통하여 믿음으로 드리는 회개를 하나님은 받아주시고, 예수님의 희생을 적용하시어 평생의 죄를 씻어주시며, 그리하여 마땅히 받아야 할 끔찍한 미래에서 우리를 건져주신다. 십자가의 강도에게 있었던 것이라고는 딱 하나, 회개하는 마음뿐이었다. 그런데 예수님은 그것으로 족하다며 그에게 낙원을 약속하셨다.[17] 우리가 알기로 그 강도는 평생 1원 한 푼 십일조를 드린 적도 없고, 단 1분이라도 복음적인 '경건의 시간' 을 가져본 적도 없다. 그는 회당에 나가거나, 선행을 베풀거나, 죄를 멀리하거나 찬송하며 예배한 적도 없다. 그를 구원한 것은 종교와 순종이 아니다. 그러나 그는 바른 대상에게 말했기에, 평생 동안 정당하게 쌓여온 형벌이 단 한 번의 회개 행위로 깨끗이 벗겨졌다. 그는 말 그대로 해거름 녘에 고용되고도 여전히 하루치 품삯을 다 받은 일꾼과 같았다.

이렇게 회개는 우리의 믿음을 새롭게 하고, 분노와 자존심을 무너뜨리고, 우리를 참된 기쁨으로 인도하고, 어린아이 같은 마음을 지키게 하고, 궁극적으로 우리를 천국 본향으로 인도한다.

영성이란 우리가 소유하는 것이라기보다는 부족하게라도 실천하는 것이다. 그래서 회개는 우리를 성장의 길에서 벗어나지 않게 해주는 중요한 연결고리 역할을 한다. 우리는 넘어지겠지만, 하나님은 그때를 위하여 회개라는 소중한 영성을 마련해주셨다.

당신의 삶을 돌려받으라. 회개를 실천하라.

하나님은 우리의 참 삶을
생생하게 돌려주신다

우리가 다 수건을 벗은 얼굴로 거울을 보는 것 같이

주의 영광을 보매

그와 같은 형상으로 변화하여 영광에서 영광에 이르니

곧 주의 영으로 말미암음이니라

고린도후서 3장 18절

　결혼한 지 오래된 부부들이 점차 서로 닮아 보이는 것을 본 적이 있는가? 12년 전에 순수한 일본인인 내 친구 롭 다케무라가 빨간 머리의 백인 질과 결혼했을 때 우리는 "야, 이제 롭과 질도 점점 닮아 보이겠는걸." 하고 우스갯소리로 말했다.

　그것은 순전히 농담이었다. 일본 남자가 빨간 머리 백인 여자처럼 보일 수 있다는 것은 상상하기 힘든 일이었다. 롭과 질은 지금도 우리 부부의 가장 가까운 친구지만, 우리가 버지니아에 사는 동안에는 1년 넘게 서로 못 보고 지낼 때도 있었다. 편지와 전화 연락은 꾸준히 계속되었지만 말이다.

　한번은 크리스마스 때 그들이 둘이서만 크게 찍은 사진을 우리에게 보내왔다. 함박웃음을 지은 두 얼굴을 잘 담아낸 사진이었다. 사진 속 두 사람의 얼굴은 정말 오누이처럼 닮아 있었다.

　어떻게 그렇게 될까? 예일대학교 연구진이 이 현상을 연구한 결과, 장기간 서로 함께 사는 사람들은 자기도 모르게 상대방의 얼굴 표정을 따라가는 경우가 많다는 결론이 나왔다. 이것은 일종의 '안면 보디빌딩'이 되어, 말 그대로 우리의 외양을 형성시킨다. 그래서 롭과 질까지도 그렇게 닮아 보이게 된 것이다.

　이와 비슷하게, 우리도 그리스도의 성품과 영성을 실천하면, 그분을 닮은 모습으로 변화된다. 그런 성품과 영성이 우리의 마음과 영혼을 형성시켜, 마침내 부족하게나마 우리는 주님을 닮아가게 된다.

그와 마찬가지로 감사하게도, 이 책을 쓰면서 나의 삶이 변화되었음을 고백한다. 이 책을 쓰느라 나는 예수님의 영성을 공부했고 즉 그분의 태도와 행동을 골똘히 들여다보았고, 그것을 실천하는 법을 익혔던 그리스도인들의 책들을 읽었고, 그것이 예시된 성경구절들을 묵상했다. 이 작업은 지금까지의 나의 신앙생활에서 가장 귀한 경험 중의 하나가 되었다. 나는 이전에 도전받지 못했던 삶의 방식들로 큰 도전을 받았다. 오래도록 패배감과 무기력에 찌들어 있던 부분들에서 새롭게 됨을 경험했다.

내가 이 책을 쓰는 동안 그리스도의 성품이 나를 세워갔다. 내가 서서히 그리스도를 닮아가기 시작함을 느꼈다. 특히 두 가지 진리가 내게 감동을 주었다. 첫 번째는 진정한 변화가 **정말** 가능하다는 사실이다. 즉각적이지는 않다. 하나님이 단번에 거룩하게 만들어주실 '마술의 순간'을 기대해서는 안 된다. 그러나 내면의 점진적인 변화를 통해 그리스도를 경험할 수 있다는 소망은 있다.

두 번째 진리는, 일상영성은 완성된 상태가 아니라 실천의 과정임을 깨달은 것이다. 나는 절대로 완전히 겸손해지지는 않겠지만 겸손을 실천할 수는 있다. 나는 절대로 베풂에 완벽해지지는 않겠지만 베풂을 실천할 수는 있다. 그것을 알고 나자, 나의 신앙생활 초기의 두드러진 특징이었던 완벽주의의 부담이 벗겨졌다.

덕분에 나는 하나님 중심의 믿음으로 더 돌아설 수 있었다. 예수님은 나를 부르셔서 그분께 반응하되 결과는 그분의 손에 맡기라 하신다.

이 두 가지 요점은 그리스도를 닮으려는 나의 추구가 은혜의 장막 아래 있음을 일깨워준다. 영성이란, 강압적인 요구를 일삼는 부모 앞에 내보여야 하는 어려운 연기演技가 아니다. 영성이란, 삶을 긍정하고 영혼을 새롭게 해주는 초대다. 순전한 성품의 사람, 즉 하나님이 지으신 본연의 인간이 되라는 초대다.

은혜 때문에, 내 삶에 아직 그리스도의 성품이 나타나지 않는 부분들도 용서받고 나아가 변화될 수 있다. 은혜 때문에, 나는 내 성격의 더 모난 면들에 갇혀 살지 않는다. 은혜 때문에, 한때 수치로 얼룩졌던 부분들도 깨끗하고 새롭게 되어 다시 빚어질 수 있다.

나는 아직도 그리스도의 모습에 가까워지도록 나아가는 중이지만, 이런 영성을 실천하는 한 최소한 제 방향으로 가고 있는 것이다. 내가 힘쓰는 일상영성에 대한 영광스러운 추구는 곧 하나님의 마음에 파묻히는 것임을 깨닫는다. 내 안에 순환하는 그분의 능력을 느끼고 싶다. 나에게 새로운 힘을 주는 하나님의 인내와 견고함과 온유와 전적 신뢰를 간절히 느끼고 싶다.

그러다 보면 혹시 어느 날 누군가가 나를또는 당신을 만날 때 비록 당장은 예수님이 생각나지 않더라도, 헤어진 뒤에 뭔가 어렴풋이 떠오르다가 몇 시간이 지나서 깨닫게 될지도 모른다. 당신과 내 안에 하나님의 생명을 보여주는 어떤 느낌, 그림자, 부족하나마 예수님과 닮은 구석이 있음을 말이다.

하나님은 우리에게 삶을, 우리의 참 삶을 생생하게 돌려주기 원하신다. 우리가 더럽히고 오용하고 팽개쳐온 삶이 아니라, 우리가 아직 모태에 있을 때 그분이 설계하신 그 삶을 말이다. 그것을 온전히 경험하려면, 우리는 몇 번이고 이 책을 다시 읽으며 복습해야 할지도 모른다. 물론 우리는 새로운 장들을 더 써나가며 새로운 영성을 탐색해야 할 것이다. 어쨌든 그리스도의 영성의 거울을 계속 들여다보면, 변화는 반드시 나타나게 되어 있다.

바삐 이 여정을 가다보면 우리는 깜짝 놀라게 될 것이다. 마침내 영원이 우리를 휘감으면서, 그토록 바라던 영광스러운 실체가 될 테니 말이다. '십자가의 요한'이 말한 것처럼, 마침내 이 세상은 벗겨지고 우리의 변화는 완성될 것이다.

"그가 나타나시면 우리가 그와 같을 줄을 아는 것은 그의 참모습 그대로 볼 것이기 때문이니 주를 향하여 이 소망을 가진 자마다 그의 깨끗하심과 같이 자기를 깨끗하게 하느니라" 요일 3:2~3.

당신도 오늘 이 여정에 오르겠는가?

주

Part 01 잃어버린 삶의 예술, 일상영성

01. 변화와 성장은 가능하다
1. C. S. Lewis, *The Screwtape Letters* (New York: The Macmillan Co., 1951), p. 68. (《스크루테이프 편지》, 홍성사)
2. 요한복음 10:10.
3. Lewis, p. 64.
4. Peter Kreeft, *Back to Virtue* (San Francisco: Ignatius Press, 1992), p. 64.

02. 그리스도의 거룩한 통로가 되자
1. 다음 책에 인용된 Martin Luther의 말. Robin Boisvert and C. J. Mahaney, *From Glory to Glory* (Gaithersburg, MD: PDI Publishing, 1993).
2. 위험이란 이것이다. 그리스도를 떠난 기도는 무력하고 무능하다. 그리스도께서 하신 일이 적용되어 우리 마음이 이미 변화되지 않은 한, 기도 자체는 우리를 하나님과 이어주지 못한다. 마찬가지로 성령께서 이미 하신 일이 우리 안에 이미 새 마음을 창조하시지 않은 한, 성품은 우리를 하나님의 임재 안으로 데려다주지 못한다. 하나님이 우리에게 새 생명을 주셨다는 가정 하에서만 기도도 그리고 영성의 실천도 친밀함의 강력한 다리가 될 수 있다.

03. 우리는 그리스도를 닮을 수 있다
1. John Climacus, *The Ladder of Divine Ascent*, Colm Luibheid and Norman Russell 번역 (New York: Paulist Press, 1982), p. 209. (《거룩한 등정의 사다리》, 은성)
2. 다음 책에 인용된 John Owens의 말. *From Glory to Glory*, p. 44.
3. Lewis, p. 15.
4. Jonathan Edwards, *Religious Affections* (Minneapolis: Bethany, 1996), p. 8. (《신앙과 정서》, 지평서원)

5. Edwards, p. 164~165.

6. Edwards, p. 8.

7. Edwards, p. 167.

Part 02 그리스도를 닮아가는 영광스러운 추구

04. 겸손 I _ 겸손은 영혼의 집을 떠받드는 뿌리이다

1. Climacus, p. 83.

2. John Calvin, *Institutes of the Christian Religion* (Philadelphia: Westminster Press, 1960), II.2.11. (《기독교강요》)

3. Edwards, p. 128. 윌리엄 로(William Law)는 겸손을 우리 신앙의 일관되고 주된 주제로 삼을 것을 당부한다. William Law, *A Serious Call to a Devout and Holy Life* (New York: Paulist Press, 1978), p. 278. (《경건한 삶을 위한 부르심》, 크리스찬 다이제스트)

4. Andrew Murray, *Humility* (Springdale, PA: Whitaker House, 1982), p. 24. (《겸손》, 기독교문서선교회)

5. 요한복음 15:5.

6. Murray, p. 59.

7. Edwards, p. 129에 인용된 말.

8. 시편 18:27.

9. 시편 25:9.

10. 시편 147:6.

11. 시편 149:4.

12. 디도서 3:2.

13. 요한복음 13:1~17.

14. Kreeft, p. 100.

15. 요한복음 13:3.

16. Lewis, p. 73.

17. 베드로전서 5:6.

05. 겸손 II _ 속사람에 겸손의 옷을 입히자

1. James Thomas Flexner, *Washington: The Indispensable Man* (New York: Montor Books, 1979), p. 177. (《조지 워싱턴: 미국 역사를 창조한 대통령》, 고려원)

2. Flexner, p. 177~178.

3. 베드로전서 5:5.

4. 야고보서 4:10, 이사야 26:4~5.

5. Edwards, p. 127.

6. 호세아 13:6.

7. 요한복음 5:19. 이 구절들은 앤드류 머레이의 책에서 얻은 것이다.

8. 요한복음 7:16.

9. 요한복음 8:28.

10. J. C. Ryle, *Thoughts for Young Men* (Amityville, NY: Calvary Press, 1996), p. 24.

11. Jeanne Guyon, *Experiencing the Depths of Jesus Christ* (Auburn, ME: The Seedsowers, 1975), p. 16. (《예수 그리스도를 깊이 체험하기》, 생명의 말씀사)

12. 이사야 64:6.

13. Murray, p. 44.

14. John of the Cross, *John of the Cross: Selected Writings*, Kieran Kavanaugh 편집 (New York: Paulist Press), p. 192.

15. Murray, p. 46.

06. 내어드림 _ 주도권을 하나님께 맡기라

1. 마가복음 9:49.

2. 빌립보서 4:12.

3. 히브리서 11장 참조.

4. 빌립보서 4:7.

5. 요한복음 21:19~22.

6. 마태복음 2:10~11.

7. 로마서 1:1.

8. 에베소서 3:7, 골로새서 1:23, 디도서 1:1.

9. Kreeft, p. 101에 인용된 Lewis의 말.

10. Guyon, pp. 37~38.

11. 로마서 8:17.

12. Guyon, p. 38.

13. Guyon, p. 39.

14. Guyon, p. 43.

15. Guyon, p. 45.

16. Climacus, p. 106.

17. Guyon, p. 141.

18. 로마서 8:29.

07. 초연함 _ 하나님을 사랑함으로 자유하라

1. Francis de Sales, *Introduction to a Devout Life* (New York: Frederick Pustet & Co.,), p. 19.

2. John of the Cross, p. 72.

3. John Owen, *Sin and Temptation* (Minneapolis: Bethany, 1996), p. 122. (《죄와 유혹》, 은성)

4. Owen, p. 64.

5. John of the Cross, pp. 64~65.

6. John of the Cross, p. 66.

7. John of the Cross, p. 70.

8. Francois Fenelon, *Christian Perfection* (Minneapoils: Bethany, 1975), p. 13. (《그리스도인의 완전》, 크리스찬 다이제스트)

9. John of the Cross, p. 71.

10. John of the Cross, p. 79.

11. John of the Cross, p. 79.

12. 나의 책 *Sacred Pathways*(《영성에도 색깔이 있다》 CUP)에서 나는 9가지 다른 영적 기질을 소개했는데, 사실 그것은 당신이 하나님과 사랑의 관계를 가꾸어 가는 9가지 다른 길이다. 여기에 관하여 더 많은 통찰을 얻기 원한다면 그 책을 살펴보는 것도 좋을 것이다.

08. 사랑 _ 영혼의 에너지를 하나님께 집중시키라

1. Stephen Ambrose, *D-Day June 6, 1944* (New York: Simon & Schuster, 1994).

2. 마태복음 3:10.

3. Guyon, p. 108.

4. 누가복음 7:36~50.

5. Edwards, p. 9.

6. 마태복음 22:37.

7. Edwards, p. 10.

8. Edwards, p. 10.

9. 빌립보서 1:21.

10. Climacus, p. 286.

11. 히브리서 3:8.

12. 시편 119:32.

13. 여기에 대해서 조나단 에드워즈만큼 탁월한 글을 남긴 사람을 나는 알지 못한다. 바로 *Riligious Affections*(《신앙과 정서》, 지평서원)인데, 당신 삶의 이 부분이 약하다면 추가로 에드워즈의 이 책을 읽어 볼 것을 강력히 추천한다.

14. Climacus, p. 77.

15. John Owen, *Sin and Temptation* (Minneapolis: Bethany House, 1996), p. 84. (《죄와 유혹》, 은성)

16. Climacus, p. 287.

09. 순결 _ 순결의 뿌리는 영적 충만함이다

1. Eric Schlosser, "The Business of Pornography," U. S. News and World Report, 1997년 2월 10일, p. 43.

2. Schlosser, p. 44.

3. Kreeft, p. 165.

4. Kreeft, p. 166.

5. Climacus, p. 172.

6. Kreeft, p. 180.

7. Lewis H. Lapham, "In the Garden of Tabloid Delight," *Harpers*, 1997년 8월, p. 39.

8. 로마서 1:25 참조.

9. Climacus, p. 179.

10. 디도서 1:15.

11. Dr. Dan Allender and Dr. Tremper Longman III, *Bold Love* (Colorado Springs, Colo.: NavPress, 1992), p. 101. (《담대한 사랑》, 이레서원)

12. Allender, p. 103.

13. Allender, pp. 102~103 참조.

14. Allender, p. 101.

15. Kreeft, p. 156에 인용된 Thomas Aquinas의 말.

16. Climacus, p. 171.

17. Kreeft, p. 167.

18. Kreeft, p. 167.

19. 고린도전서 7:3~5.

20. 히브리서 13:4.

21. 고린도전서 7:2.

22. Lewis, pp. 94~95.

10. 베풂 _ 베풂에서 오는 자유를 누리라

1. Ron and Nancy Goor, *Pompeii: Exploring a Roman Ghost Town* (New York: Thomas Crowell, 1986), p. 47.

2. Kreeft, p. 109.

3. Lewis, p. 143.

4. 사도행전 20:35.

5. 디모데전서 6:9~10.

6. 누가복음 6:38.

7. 마태복음 10:8.

11. 주의력 _ 성령께 우리 삶에 보여주실 시간과 공간을 허락하라

1. 신명기 4:9.

2. 열왕기상 2:4.

3. 시편 39:1.

4. 마태복음 26:41.

5. 누가복음 12:15.

6. 누가복음 21:8.

7. Ryle, p. 33.

8. Climacus, p. 196.

9. Climacus, p. 197.

10. Ryle, p. 31.

11. Climacus, pp. 115,117.

12. 마태복음 13:39, 마가복음 4:15, 누가복음 22:31, 에베소서 4:27, 디모데후서 2:26, 야고보서 4:7 참조.

13. Owen, p. 122.

14. Owen, p. 122.

15. Ryle, p. 15.

16. Owen, p. 7.

17. 잠언 3:5~6.

18. Guyon, p. 74.

19. Lewis, p. 25.

20. Ryle, p. 48.

21. Ryle, p. 49.

22. Thomas Kelly, *A Testament of Devotion* (New York: Harper & Row, 1941; HaperSanFrancisco, 1992), pp. 13~14. (《거룩한 순종》, 생명의 말씀사)

12. 인내 _ 삶을 받아들이고 하나님과 사랑에 빠지라

1. U. S. News & World Report, 1996년 11월 11일, p. 16에 인용된 내용.

2. Drs. Redford and Virginia Williams, *Anger Kills* (New York: Harper Perennial, 1994), p. xiii.

3. 야고보서 4:1~2.

4. Climacus, p. 216.

5. Climacus, p. 234.

6. 로마서 12:12.

7. Guyon, p. 141.

8. 디모데전서 1:16, NIV.

9. 히브리서 6:12.

10. Guyon, p. 140.

11. 요한계시록 1:9.

13. 감사_ 감사는 삶에 동력을 주는 연료이다

1. 개인적인 인터뷰에서 들은 말.

2. William Law, *A Serious Call to a Devout and Holy Life* (New York: Paulist Press, 1978), p. 218. (《경건한 삶을 위한 부르심》크리스찬 다이제스트)

3. 로마서 1:21.

4. 시편 100:4.

14. 온유함 _ 온유는 내적 힘과 절제와 회복력을 준다

1. 데살로니가전서 2:7.

2. Edwards, p. 144.

3. 마태복음 25:24~25.

4. 스가랴 9:9, 마태복음 21:5.

5. 고린도후서 10:1.

6. 디모데후서 2:25.

15. 분별력 _ 하나님의 아름다움에 눈뜸이 분별력의 열쇠

1. 이 이야기들은 다음 책에서 온 것이다. Peter Howard, *Frank Buchman's Secret* (London: Heinemann, 1961).

2. Edwards, p. 105.

3. Edwards, p. 107.

4. Climacus, p. 229.

5. 마태복음 7:29.

6. Edwards, p. 109.

7. 마태복음 6:22-23.

8. Peter Howard, *Britain and the Beast* (London: Heinemann, 1963), pp. 124~126.

9. Howard, *Frank Buchman's Secret*, p. 94.

10. Howard, *Frank Buchman's Secret*, p. 25.

11. Howard, *Frank Buchman's Secret*, p. 26.

12. 로마서 1:21.

13. Edwards, p. 113.

14. Edwards, p. 124.

15. Miles Davis with Quincy Troupe, *Miles: The Autobiography* (New York: Touchstone Books, 1989), p. 10.

16. 마태복음 5:27~28.

17. 마태복음 5:21~22.

18. 야고보서 4:7.

19. 베드로전서 1:13.

20. 전도서 7:25.

16. 견고함_ 하나님의 공급을 의지하는 내면의 힘

1. Robert Kotlowitz, *Before Their Time* (New York: Alfred A. Knopf, 1997), p. 16.

2. 창세기 15:1.

3. 창세기 26:24.

4. 민수기 21:34.

5. 여호수아 1:9.

6. 마태복음 1:20.

7. 사도행전 18:9.

8. William Shakespeare, *Julius Caesar*, 제2막 제2장.

9. Kreeft, pp. 181~182.

10. Edwards, p. 147.

11. 누가복음 12:4~5.

12. 조니 에릭슨 타다(Joni Eareckson Tada)는 사지가 마비되었으나 감동적인 그림과 저서와 음악과 강연을 통하여 수많은 사람들을 섬겨 왔다.

17. 순종_ 순종은 충만한 삶으로 나아가는 추진력

1. Wall Street Journal, 저자 불명, 1992년 1월 29일, p. .1

2. 마태복음 7:21~23, 25:44~46 참조.

3. 예레미야 17:9.

4. 고린도전서 4:4.

5. Edwards, p. 174.

6. Edwards, p. 179.

7. Edwards, pp. 179~180.

8. 요한복음 14:15.

9. Edwards, p. 181.

10. 열왕기하 8:7~15.

11. Ryle, p. 64.

12. Melanie Wells, "Endorser-Mentor Matchup Becoming Part of the Game," *USA Today*, 1998년 1월 8일, B-1,B-2.

13. 시편 1:2.

14. 로마서 12:9.

15. Ryle, p. 67.

16. John of the Cross, p. 75.

18. 회개_ 회개는 참된 기쁨의 영적 서곡이다

1. 마태복음 3:2.
2. 마태복음 4:17.
3. 에스겔 9:2~6.
4. 마태복음 5:3~4.
5. 요한복음 10:10.
6. Kreeft, p. 95.
7. Kreeft, p. 95.
8. Sports Illustrated, 1990년 6월 11일.
9. 요엘 2:12~13.
10. Climacus, p. 124.
11. Climacus, p. 146.
12. Climacus, p. 147.
13. Climacus, p. 130.
14. Climacus, p. 140.
15. Climacus, p. 141.
16. Kreeft, p. 101.
17. 누가복음 23:43.